财税法论丛

FINANCE AND TAX LAW REVIEW VOL.17

刘剑文／主　编
侯　卓／副主编
胡　翔／本卷执行编辑

本卷导读

《财税法论丛》自 2002 年创立以来，见证了中国财税法学从春天走过夏天，走进秋天。财税法学明确了领域法学的学科定位，并且形成了“理财治国观”和“公共财产法”两大核心理论。一套上系中国国情、下连民生的开放性、包容性极强的财税法理论体系和财税法制体系已经基本形成。但是，繁荣景象的背后也潜藏着学科研究的可能“瓶颈”。因而，财税法学基础理论的进一步完善也不容忽视。有学者很敏锐地抓住了一些需要完善夯实的地方。本卷论丛收集的几篇关于财税法基础理论的文章分别为公共财产法、领域法学、财税行为的完善提供了分析与建议。

“公共财产法研究新视野”栏目收录了两篇文章。闫然《公共财政权宪法构造的使命、挑战与路径——以当代中国国家建设为视角》之作探讨了如何通过宪法在文本规范与制度实践层面的权力配置，建立与中国国情相适应的现代公共财政权制度，以期实现国家财政治理体系与治理能力的现代化。该文从公共财政权的宪法属性，公共财政宪法规范体系的重要作用，中国语境下公共财政权宪法构造的独特性、普遍性和时代性，以及制度实践中公共财政权在立法规范与制度运行中的双重考验等几个方面依次展开，提出通过公共财政权的宪法规范与制度构造实现现代国家建构的宪法路径。主张从积极层面的制度型保障机制和消极层面的“权利型”制约机制两个层面坚持公共财政权有效性与有限性的二元平衡。谢宇《公共财产法：现代财税法的理念革新与制度建构》一文意在提升公共财产法理论的说服力。该文首先提炼出公共财产法的宪法根基和现实根基两大理论根基。其次指出人民主权、人权保障与法治国家这三大宪法原则构成了公共财产法的宪法根基；现实根基在于其植根于中国实践,对现实问题有极强的回应力,在此基础上系统阐述公共财产法的控权要义,并对否定控权说的观点进行反驳。最后提出实现公共财产法控权要义的制度路径,认为公共财产法应当从主体、行为、追责与救济三方面对公共财产权实施法律规制,进而保障公共财产权能够在公共财产法的轨道下运行,避免对公民财产权造成损害。

"领域法学的发展与协调"栏目收录了两篇文章。王文婷《领域法学视野下破解大气污染危机的财税法之道》一文认为在我国的行政主导体制下,现有的大气污染防治呈现行政主导和地方执行依赖的弊端,反向制约着整体合作治理大气污染的模式形成。作为理财治国的财税法,能够发挥资源分配、行为规制、正向激励和全面监管等作用,借助环保预算收支为防治大气污染提供充沛可用的公共资金,通过财税制度有效规制和激励市场主体进行理性经济活动,开展财政权责配置来厘清政府间防治大气污染的权责关系,从而为破解大气污染危机提供必要的物力支撑、制度供给和精神寄托。从财税法视角观察大气污染治理出路,与时下的领域法学视野相契合,即以大气污染治理为问题导向,促进环境法与财税法的法际理论互融,最终体现理论服务现实的法学研究新范式。黄家强《从割裂到互融:领域法学的价值彰显与研究路径——以财税法学为例》一文指出近年来法学研究中已逐渐脱离部门法划分大格局的主义之争,进入到以问题为导向的小视野探讨,在问题导向的研究路径下日益催生出不同于部门法的全新法学研究范式——领域法学,这是财税法学界的重要贡献。领域法学具有的开放性、交叉性、应用性与整合性特征,在学科视野上着重互融开放价值、在研究方法上强调整合互用价值、在主线逻辑上体现论用并举价值。并总结领域法学是问题法学、专业法学、发展法学、中观法学,具有整合繁杂问题、价值理念、知识结构的功能,还具有在部门法与具体制定法之间、在抽象理论与具体实践之间、在法律科学与其他科学之间的承接功能,以及思维、方法和问题的发散功能。最后指出财税领域是领域法学的促进力量和先遣部队,财税法学研究应遵循综合互融的符合领域法学学科定位的路径,要围绕财政收支行为及其引领的财政基本行为和附随的财政管理行为主线实现"瓶颈"突破。

"财税行为的思考与探微"栏目收录了两篇文章。佘倩影《财税行为理论综述——兼谈财税法学理论建构的本土意识》一文指出以中国当下财政治理的自主发展实践为基础,发现、提炼和建构符合中国理想图景要求和实践状况的行为理论模式,从行为理论角度整合财政行为与税收行为,建构与财税一体化研究范式相一致的财税行为理论,对财税法范畴体系的形成具有重要价值。但财税法行为理论的建构并非一蹴而就之事,而是一项涉及继受、整合、创新既有理论成果的系统工程。该文通过对财税法学行为理论、其他法学部门中的行为理论及社会科学学科中涉及财税行为的理论研究现状的总结和梳理,挖掘财税法领域可能的创新空间,指出财税法基础理论的核心概念——财税行为,应同时具有历史的现实品格和理论的抽象品格。谢捷《财税行为的可诉性初探》一文提出通过对财税行为的明晰界定,可以进一步梳理不同财税行为范式下政府及其相对人的权利和义务关系。对其进行相应法律审视和评价,能为财税法的法治实践提供规范的引导标准。可诉性是法律行为的本质属性。财税行为的可诉性是指财税行为在满足一定标准时可由当事人诉诸法院予以审查的法律属性。无救济则无法律。财税领域的救济种类可分为内部救济和外部救济。财税行为的可诉性涉及外部救济,即通过运用争议解决程序审查财税行为的合法性与合理性。将财税行为提交至法院予以司法审查,无疑会对丰富财税法律法规的法治实践、维护相对人的合法财税权利、促进权力机关合法合规行使财税权力等起到良好的作用。

"聚焦全球热点财税问题"栏目收录了两篇文章。耿颖《特朗普废除遗产税计划之评析——兼谈遗产税改革的路径》一文以特朗普税改计划中"取消'死亡税'"的表述为思考的契机和出发点,先对包括取消遗产税在内的特朗普大规模减税方案可能面临的困境予以检视,随后回归我国遗产税问题,分析该税种的功能及其在我国开征所遇到的困难,进而为我国可能的遗产税改革提供一些整体性的启示。总结遗产税固然具有调节收入分配等经济、社会、伦理功能,但我国尚不具备开征这一新税种的配套准备和必要性。在思考未来开征遗产税乃至其他税制改革问题时,有必要依循财税法治路径,加强税收的支出监管,并从本国税制结构变迁和他国相应税制状况的角度加以综合考量。该文最后提出无论是减税还是增税的税制改革举措,在出台前都应持更加审慎的态度。胡翔《审视与反思:从税收中性原则看特朗普税制选择》一文从特朗普税改计划的文本分析入手,探究特朗普税改法案对现行税制的改变及其对税收中性原则的把握,指出在复杂的经济环境中,受到各种外在因素的制约,税收中性原则只能是相对意义的中性。税收中性原则关注了市场与法制之间的张力,有助于理解税法的功能,并有利于在税制制定中把握税收的逻辑与真谛。该文还从特朗普税改法案中税收中性原则的得失中总结了对我国税种立法的意义,总结了对中国的启示,要克制税法的市场经济影响、形成税法的一般法治模式、保障税法的财政收入功能。认为税收中性原则作为税收法制乃至财税法治的一项基本原则,不仅需要存在于法制的宗旨与设计中,还需在法治运行的实践中不断彰显。

"财税体制改革与法治建设"栏目收录了三篇文章。胡邵峰、秦天宝《环境保护税和排污费缴纳义务成立条件的比较研究——基于公课发生事实认定的视角》一文通过比较环境保护税和排污费缴纳义务的成立条件来考察两种不同性质公共课征之间"平移"的制度基础。该文先介绍了对关于税收债务发生的理论争议:税收构成要件说还是税收核定说。总结我国税法总体上并不承认税收债务的发生以税收核定为条件,而是强调税收构成要件的满足。主张对于排污费的缴纳属核定说,并且认为环境保护税已经不能接受构成要件说作为其理论上的指导。提出排污费、环境保护税这两种公共课征发生的理论基础和制度实践不一样,无法平移,必须进行制度调试和创新,"税"本身需要充分考虑排污费征管的实践进行征管流程的再造。罗昕、王桦宇《财政事权和支出责任划分的地方实践样本——上海市推进改革〈指导意见(试行)〉解读》一文从主要依据、基本内容等方面对上海市《关于推进市与区财政事权和支出责任划分改革的指导意见(试行)》进行了解读,并结合上海市推进改革的政策语境和城市特点进行了分析。总结了还需要进一步解决的问题，例如划分科目的标准化问题、基层实践的法治化问题、城市建设带来的新问题。并提出相比较其他省级政府的实施方案，上海市《关于推进市与区财政事权和支出责任划分改革的指导意见（试行）》的特点主要有三个：一是体现城市特色，二是围绕改革核心，三是彰显法治精神。郭永泉《税收法定和税制改革双重视角下的海关税收立法》一文总结海关税收法制之现状，对外推论税收法定原则对海关立法的要求，对内分析海关税制改革对海关立法的需求，建议海关税收立法应秉持统筹规划和顶层设计的理念，兼顾整体税制的优化和税法体系的完善，做到"三准则、两结合、一目标"，即：围绕税制统一、程序高效、税负公平的准则，实现征税权力和纳税义务的结合、立法技术和税制结构的结合，保证到2020年，形成系统完备、科学公正、运行有效的海关税收法律体系，实现海关税收领域的良法善治。具体而言，从立法方法、新法结构、新法本体、新法程序四个方面提出建议。

"税法理论与税收制度"栏目收录了两篇文章。褚睿刚《"资源税"探源：以租、费、税理论为切入点》一文从对"资源税"本质的思考出发，认为厘清资源租、税、费之间的本质区别，揭开"资源税"的面纱是研究和改良我国资源税费制度的重要前提。该文并由我国资源税的演进路径探讨了"资源税"的本质真的是一种税，还是名税实费抑或其他的收入形式，能否承担资源环保重任等问题，进而梳理了国内现行资源费体系，总结我国现有的资源费体系主要分为矿产资源费和水资源费两大体系，重点介绍了矿产资源费（又分为矿产资源补偿费、矿业权有偿使用费和石油特别收益金）。该文还指出清费立税是资源税改革的重难点之一，对"资源税"本质的再认识能够为资源"费改税"的顺利推进提供一个全新的思考空间。吴凯《论房地产税法的城市空间形成功能：异化与矫正》一文以房地产税法在城镇化，尤其是城市建设与发展过程中的功能为切入点，探讨房地产税法立法的可能优化路径。指出我国现阶段将财政作为国家治理基石的定位、各级地方政府面临事权与支出责任尚未理顺的困难、房地产税法先行试点多年却欠缺立法授权、城市规划与城市建设随意性尚未得到遏制的窘迫等诸多面向共同构成了专属于我国现阶段的特定时空下的城市空间治理中房地产税法发展遇到的需要认真面对的命题,建议回归到治理能力"基础的基础"——具体地块上的利益识别与确认。充分重视房地产税法借由税基塑造而发挥的城市空间形成功能,在与城市规划体系相协调的基础上,夯实基础后前行。

2016年是中韩两国税法学会之间进行国际学术交流的第10年,也是韩国税法学会成立30周年。"交流与对话"栏目也顺势收录了玉武锡《韩中税法学会间国际学术交流的回顾与展望》一文,该文梳理了中韩两国进行的五期学术交流及韩国税法学会和中国税法学会的学术发展过程。该文首先回顾了中韩两国学会间举行的五期交流活动,紧接着介绍了中国税制法治化十年的变化过程。另外还提及两国学会未来可能共同关注的话题:税制即股票境外转让税的外国纳税控除问题、增值税的代理征税问题、对股息所得的外国纳税控除问题等遗留问题,以及东亚三国学者将探讨的长期性课题即引进环境税问题、中国税收通则的引进等课题。最后提议,韩国、中国和日本在世界税制的协调发展的国际议程中,需要摆脱过去的周边性立场,更加积极地扮演国际性讨论的核心角色。

每卷《财税法论丛》都是相应时期财税法学优秀研究成果的汇总。本卷《财税法论丛》可以说是财税法学发展黄金时期的硕果之一,为财税法学的进一步发展提供了细致具体的理论支撑,也期可以进一步推动中国财税法治的发展与繁荣。从本卷开始,本论丛由北京大学刘剑文教授担任主编,中南财经政法大学侯卓博士担任副主编,以加强论丛的前瞻性建设。每一卷增设执行编辑一名(本卷执行编辑为北京大学博士研究生胡翔),以推进本论丛编辑工作的梯队建设,让年轻人获得更多与前沿理论交流对话的机会。

《财税法论丛》编辑部
新时代财税法治研究院
2018年9月

目　录

【税法理论与税收制度】

【交流与对话】

公共财产法研究新视野

公共财政权宪法构造的使命、挑战与路径
——以当代中国国家建设为视角

闫 然*

目 次

公共财政权作为从公民财产权让渡由国家行使的公权力,具有重要的宪法属性。通过厘清公共财政权的宪法概念属性,落脚于中国公共财政权宪法构造的使命特点与实践挑战,本文所要论证的核心问题是:如何通过宪法在文本规范与制度实践层面的权力配置,建立与中国国情相适应的现代公共财政权制度,以期实现国家财政治理体系与治理能力的现代化。为此,我们需要回答什么是公共财政权,为什么要在宪法层面构造公共财政权,中国语境下公共财政权宪法构造的时代背景,以及制度实践中的现实挑战,最终方能落脚于通过公共财政权的宪法规范与制

* 闫然,法学博士,现任职于全国人大常委会法制工作委员会,个人研究方向为宪法学、立法学和公共财政制度。本文所持观点及立法建议,属于个人研究,不代表任何机构的官方意见。

度构造实现现代国家建构的宪法路径。

一、宪法内涵:公共财政权的三重宪法属性

公共财政权是基于公民财产权的让渡,并在权利主体的合意与监督下运行制约自身权力行使的宪法制度。但无论是历史上的纵向比较,还是各国间的横向比较,公共财政权制度在制度结构或制度体系上都存在巨大差异。在现代国家财政治理体系下,我们需要跳出传统的所有制分类标准①,建立现代公共财政权的概念体系。因此,分析阐释现代国家公共财政权的宪法构造,必须首先深入现代公共财政权制度体系的背后,探索支撑公共财政权宪法构造的基本原理,厘清公共财政权概念的本质属性,并基于此阐明为何要在宪法层面研究公共财政权的建构问题。公共财政权的实质就是宪法问题,其制度构造无论从制度实践还是文本规范角度都需要在宪法的层面完成。究其理由,公共财政权的宪法属性可从以下三个层面进行阐释:

(一)公共财政权的“权力”属性是国家意志的体现

公共财政权的“权力”属性,较之宪法上的财产权、公有财产权等权利概念,在现实中的权力行使中具有天然的扩张权力的本性和强势地位。基于公共利益对于私人财产权的限制,公共财政权通过税收等法定形式,征收私人财产以实现宪法之公共目的,如由国家财政支持建立的社会保障体系,即是公共财政权的行使以国家名义实现对私人财产的二次分配。公共财政权在历史的发展中其权力属性随着国家功能定位的改变而呈现出波动上升趋势。1870 年以前,自由放任经济在西方居于主导地位,亚当·斯密《国富论》中那双“无形的手”主导了西方公共财政的发展。但进入 20 世纪 20 年代末期,经济大萧条来临,席卷全球的经济危机显示出单纯依赖市场的缺陷,一味地强调市场的力量已无法稳

① 《宪法》第 6 条第 2 款规定:“国家在社会主义初级阶段,坚持公有制为主体、多种所有制经济共同发展的基本经济制度,坚持按劳分配为主体、多种分配方式并存的分配制度。”第 11 条规定:“在法律规定范围内的个体经济、私营经济等非公有制经济,是社会主义市场经济的重要组成部分。”据此,我国所有制分类为公有制经济与非公有制经济,与之相对应,在财产权分类中一般也采取公有财产权与私有财产权的二元划分。

定宏观经济形势、保障私有财产权。故而在罗斯福新政时期，凯恩斯主义盛行，公共财政权力得到大幅度提升，通过公共财政权的积极投资，进而带动经济增长，保障公民私有财产权利，其主张政府在市场发展中应发挥积极的调节作用，一定程度上导致政府的功能大为提升，政府规模急剧膨胀。尤其是“福利国家”口号的提出及盛行，政府承担的社会职能越发增加，国家权力的触角伸向了社会和经济的每一个角落，国家和社会出现了融合的趋势，其基本精神是注重公益、强化国家干预。与之相对应，公共财政权的权力触角越发扩大，其价值属性也随之发生了转变：一方面，国家直接行使公共财政权，通过财政补贴和社会救济等财政支出，直接增加人民的财产权利；另一方面，通过公共财政权的间接行使，出台积极财政政策促进经济增长，也会使人民获得财富增值的机会，公共财政权的价值目标从保护“私人占有”逐步转换到维护“公平分配”。② 公共财政权凭借权力之手在维持国家经济宏观稳定上做出了巨大的成绩。

（二）公共财政权的“公共”属性是对公权力滥用的制约

现代国家公共财政权与传统财政权的概念演进中，公共性是其核心特征。究其财政权的“公共”属性，张馨等学者在1998年的公共财政权论战中进行了详尽的阐述，其核心便是将权力置于公众监督之下，通过权力重构与程序规范对国家公权力滥用进行监督制约。公共财政权的公共属性，首先表现在私人财产权对公权力的天然制约关系上。一般认为，公共财政权具有同私人财产权的先天对立特性，因其公共属性，公共财政权需要在权力行使中更好地处理与私人财产权的关系，接受其监督与制约。实现对公权力的制约，需要进一步巩固私人财产权利的地位，法国思想家伏尔泰将私人财产权称为“抵制专制王权的堡垒”。公共财政权力与私人财产权利的对立的根源在于资源稀缺性，因其目的不同，财产权自诞生之日起，就出现了私人财产权与公共财政权的裂分。从公共视角出发，一般认为在共同的目标建构过程中，私权利让位于集体，出

② 王福平：《试论宪政上公民财产权与公共财产权的关系》，中国政法大学2005年硕士学位论文。

现私利服从公利的结果;而换至私人视角,私主体个人利益则是私人财产权最为关注的重点[③],所以私人财产权会对公共财政权的权力行使存在天然的制约。基于历史的经验教训,植根于现实中对国家权力肆意妄为不受约束的恐惧,各国宪法通过对私人财产权的保护以期实现对公共财政权的监督与约束。与私人财产权一样,公共财政权的权力指向对象也是公民个人的财产利益。在一个相对静态的过程中,公民与国家所掌握的财产呈现出零和博弈的状态,此消彼长互为对立,[④]私人财产权与公共财政权之间一定程度上呈现出此强彼弱的相互制约和博弈关系。公共财政权的公共属性,其次表现为政府财政公权力的触角涉及公共生活的方方面面。在福利国家的建构下,作为公共财政权力的行使主体,政府本身就好比一个大企业,通过税收、公债等方式来扩大政府的相关财政收入,所以政府也具有经济人对于利益的最大化诉求。以上种种,造成了现实中的"强政府、弱社会"以及公共财政权与私人财产权的冲突对立。[⑤] 需要我们在进一步的财政体制改革中明确公共财政权的公共属性,进一步在宪法上强化对于财政权的权力配置制约,通过普通公民的监督形成对国家公权力的制衡和限制。

(三)公共财政权的"财政"属性是对公民财产权利的保障

公共财政权对于公民经济权利的保障,一方面来自理论上古典自然法和天赋人权思想的影响,另一方面来自现代福利国家建构过程中对于国家权力越发积极的要求。公共财政权的实质目的要求与私人财产权互补统一,尽管两者存在制约对立的紧张关系,但公共财政权是私人财产权成立的保障,没有公共财政权,私人财产权就无法得到保障,而这也正是私人财产权与公共财政权互补统一的体现。短期来看,公私资源配

---

③ 何真、唐清利:《财产权与宪法的演进》,山东人民出版社2006年版,第31页。

④ 对此刘剑文先生曾举例,某人通过自身劳动合法获得100万元收入时,此100万元并非全部是其私人财产,而是私人财产与公共财产的合集。因为此100万元还需经过相关的税收法律法规在纳税人和政府之间进行分配,政府拿去法定公共财产之后的部分才是该公民的私人财产。参见刘剑文:《强国之道:财税法治的破与立》,社会科学文献出版社2013年版,第23页。

⑤ 王福平:《试论宪政上公民财产权与公共财产权的关系》,中国政法大学2005年硕士学位论文。

置与私有财产收入分配间有不可避免的矛盾，纳税主体特别是纳税大户的利益似乎受到了严重的削弱；然而从中长期来看，私有财产权与公共财政权一荣俱荣一损俱损，宏观经济稳定是公共财政的一项基本职能，而倘若失去了宏观经济的稳定发展，私有财产权利主体的利益必然将受到打击。西方现代国家宪法制度建立以来，公共财政权的首要职责是保护人民的财产权，英国、美国等西方国家在传统国家向现代国家的转型中就很好地通过对财政权的建构做到了这一点。美国 1787 年宪法和法国 1789 年人权宣言，都把私人财产权的保护置于首要的地位，将其确立为现代国家得以存在的法理基础，是个人自由的保障。⑥

综上，公共财政权本质上是一个宪法概念，其对于整合国家、社会财产资源具有重要意义，公共财政权概念和体系的构建应立足于宪法层面的整体规范，建立一个开放多元包容的概念体系。将整合的财政资源在公开透明可控的制度体系下集中于国家建设、社会保障，不仅有效地加强了国家财政调控能力，更从制度层面为民众对公共财政权制度体系的合意与监督提供了路径保障。

二、域外经验：公共财政宪法规范的发展历程

公共财政的宪法规范，构成了现代国家秩序之基石，作为现代国家的基本事项，应通过宪法及相关宪法性法律进行制度规范的构建。梳理世界各国公共财政的宪法规范形式，其作为公共财政制度保障，各国公共财政宪法规范体系在确保公共财政权有效实施并监督执行国家秩序中均发挥了重要作用。从人类历史上现存的第一部成文法典《汉谟拉比法典》到古代印度的《摩奴法典》以及罗马法，都可以找出有关财政的法律规范。到了资本主义社会，尽管私有制在社会经济中占统治地位，财政权作为国家公权力的代表始终存在并发挥着不可替代的作用。这是国家在履行国家职能，兴办公用设施、强化社会保障和公益事业时不可或缺的制度安排。⑦ 综观西方现代国家的制度转型，公共财政的宪法规

---

⑥ 高全喜：《财富、财产权与宪法》，载《法制与社会发展》2011 年第 5 期。

⑦ 王福平：《试论宪政上公民财产权与公共财产权的关系》，中国政法大学 2005 年硕士学位论文。

范保障始终是维护国家权力运行、保证政府目标实现的重要制度安排。

(一)发展历程

自英美等西方发达国家在宪法中确立规范财政权制度,世界各国财政立宪在近一百年来呈现出快速发展的态势。根据笔者对于世界 192 个国家宪法文本的统计分析,世界各国财政立宪发展分为三个阶段(见图 1)。

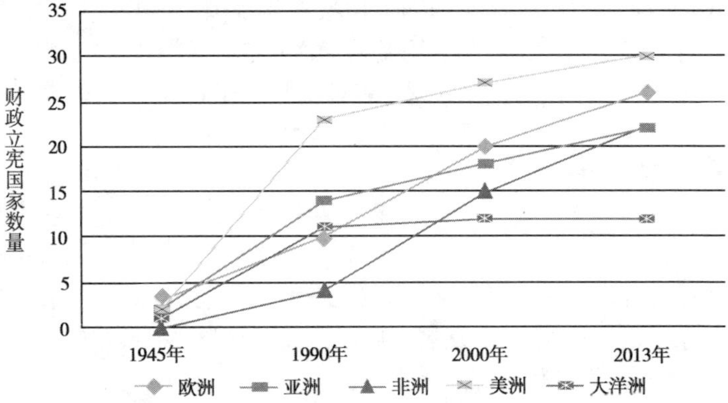

图 1　世界各大洲财政立宪的国家数量变迁

第一阶段,作为最早完成传统国家转型的区域,美国、英国、加拿大、卢森堡等西方现代国家早在 1945 年之前就已完成财政立宪,建立起现代国家公共财政宪法规范体系。法国、荷兰、意大利、挪威等传统欧洲国家则因历史传统局限及宪法修改困难等诸多原因,未在宪法中设置财政专章。

第二阶段,在"二战"后,德国、日本、葡萄牙、西班牙及刚刚摆脱殖民统治的广大发展中国家如印度、哥斯达黎加、马来西亚等国也迅速完成财政立宪。值得一提的是,美洲与大洋洲国家经过在"二战"后这一阶段的发展,完成财政立宪比例已超过 80%,这得益于其在民族国家独立过程中大量吸收借鉴了西方现代国家的立宪经验,形成了较为科学完整的财政宪法的文本规范。

第三阶段,20 世纪 90 年代以来,随着苏联解体,东中欧多国完成了从计划经济向市场经济转轨的过程,立陶宛、罗马尼亚及白俄罗斯等独联体国家皆是在这一时期完成了公共财政在宪法文本上的制度构造。

在独联体12个国家中,有4个国家用专章将“财政”写进宪法文本,即乌兹别克斯坦共和国宪法(第二十五章:财政与信贷)、白俄罗斯共和国宪法(第七篇:白俄罗斯共和国的财政信贷体制)、摩尔多瓦共和国宪法(第五篇:国家经济与公共财政)、格鲁吉亚共和国宪法(第六章:国家财政与监督)。⑧

进一步分地域比较而言(见图2),欧洲62%的国家已完成财政立宪。而亚洲、非洲国家在宪法中设置财政专章比例低于50%,凸显出亚非等后发国家在宪法规范制定的科学性与完整性上还有很多要进一步完善之处。

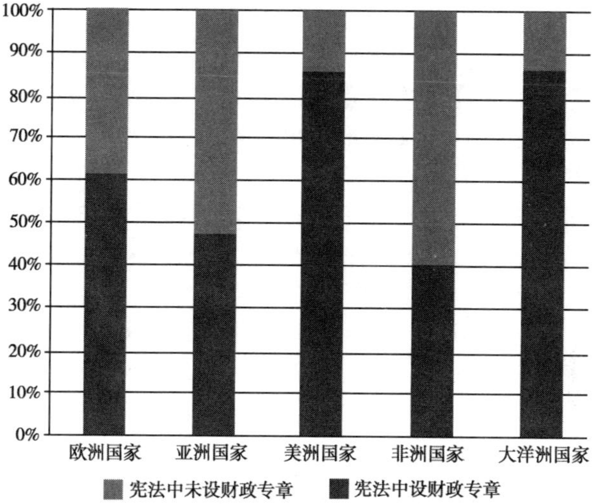

图2 世界各大洲国家在宪法中设置财政专章情况分布

(二)形式规范分析

考察世界各国宪法,财政立宪的基本形式有两个:一是分散式,即分散在宪法的不同章节中予以规定,如美国、法国、荷兰、意大利等国,在具体条款中规定财政的收入和支出内容;二是集中式,即在宪法中由专门的财政章节予以规定。根据笔者统计,世界各国在传统国家转型到现代

⑧ 任允正:《独联体国家宪法比较研究》,中国社会科学出版社2001年版,第11页。

国家建设过程中,192个国家中共计有100个国家采用第二种方式,在宪法中将财政作为宪法的专门章节进行规定,凸显出财政在国家宪法治理中的重要地位。[⑨]

在宪法文本上,各国对"财政"的相关规定并不是范围一致,用语一致。根据笔者统计,在世界100个集中式财政立宪的国家中进一步细化分类,有80个国家将财政事务置于独立的一章,与公民权利、议会、行政、司法等内容并列,凸显出财政内容在国家现代化治理中的重要地位。在宪法规范的表述中,上述80个国家的宪法文本是用专章规定"财政"并直接用"财政"作章标题,如属英美法系的东南亚国家联盟,对财政活动的法律规定都列入了宪法的范围并确定下来:1945年的印度尼西亚宪法的第八章、1957年马来西亚联邦宪法中的第七编、1965年新加坡宪法第十一篇。而在分散式国家的规范中,以美国、法国为代表,其宪法是在具体条款中规定财政的收入和支出内容,采用"预算""决算""税收""国库""拨款"等用语。

综上所言,公共财政权的宪法规范作为运行规范的最重要法律渊源,是公共财政权的最高效力保障,宪法通过专章对政府财政职能进行了职权界定,将引领政府全面深化财政体制改革的进程。[⑩] 世界各国的财政立宪经验与我国当前的财政活动实践表明,通过在宪法中设立财政专章,将财政宪法作为公共财政的基础,才能使政府的财政权运行如同有本之木,有源之水,公共财政的制度化保障需要依靠财政宪法的专章规范最终实现财政法治化。

三、使命叠加:中国当代公共财政转型构造的三大特点

公共财政权宪法构造的路径考察,不仅需要明晰一般现代国家的发展路径,还应聚焦于中国等后发国家的具体国情进行分析。作为后发国家的中国与现代西方国家的立宪路径显示了人类社会现代法律发展的普遍性与特殊性:一方面,与西方的现代立宪路径截然不同的后发国家

---

⑨　孙谦、韩大元:《世界各国宪法》,中国检察出版社2012年版。

⑩　崔巍:《财政宪法的民生导向研究》,世界图书北京出版公司2013年版,第158~162页。

立宪道路并不存在；另一方面，中国作为后发国家的独特历史前提又凸显出其建立现代立宪国家路径的特殊使命。[11] 从历史出发，西方公共财政权宪法构造首先关注于公共财政权的有限性，而中国等后发国家基于国家经济发展的需要首先关注于公共财政权的有效性，只有首先促进经济发展、提高民众的生活水平，公共财政权的宪法制度构造才有意义。正是在这种双重使命的进程与压力下，中国的公共财政权成长路径才呈现出现代国家建设中历史使命的叠加与错位的特殊性。

（一）独特性：后发国家的民族国家建构

与英美德等西方现代国家不同，中国人口众多，地区广袤，这在客观上决定了中国现代公共财政权建构的复杂性。因而如何从总体上描述中国公共财政权宪法构造的过程就成为研究中的一大难题。以公共财政权为着力点的现代国家建设路径研究不仅要从西方国家的立宪过程中得到启示，而且要从与我们所处的社会具有某种共同历史情境的国家的立宪过程来体悟某种规律，从而真正认识本国所经历的制度空间以及制度精神。[12]

当代中国的公共财政权构造首要特点便是与其民族国家建设的历史任务叠加。现代各国的制度构建是在完全不一样的历史语境中展开，故而其制度实践所强调的价值理念及制度视角同样也会有所差别。从1949年新中国国家财政权的快速建立可以看出，中国与西方发达国家走上现代化道路的不同历史际遇，造成各自对其公共财政权的制度设计并不一致。如果说发达国家通过对王权的限制实现公共财政权的现代化路径的话，那么中国不仅要完成内部权力体系的整合制约，而且要同时观照于外部层面国家建设的历史使命，应该说这个过程到现在很多后发国家尚未完成。[13] 中国在发展过程中与发达国家所处的历史阶段错位，决定了其在公共财政权的制度构建中不能完全照搬西方发达国家的既有经验，而应在认真考察分析自身与发达国家的国情差异后，决定自身的发展路径。后发国家立宪的基本任务即在于如何创造一种制度使

---

⑪ 潘伟杰：《宪法的理念与制度》，上海人民出版社2004年版，第157页。

⑫ 潘伟杰：《宪法的理念与制度》，上海人民出版社2004年版，第136页。

⑬ 潘伟杰：《论宪政与主权：权力的有限性与权力的合法化》，载《复旦学报》（社会科学版）2001年第4期。

多元分散的社会利益仍能凝聚为民族整体的政治意志和政治向心力,即国民通过宪政制度而对本民族的长期利益具有高度的政治认同感以及由此所形成的政治向心力。[14]

民族国家的建构必须保证国家政权作为一个统一且独立个体的合法性,笔者认为,倘若没有一个积极作为的强大权力结构的支撑,中国在当下转型时期便无法通过限制政府权力和保障公民权利的自发性转换从而实现国家治理体系的现代化。正如迈克尔·曼所言,"国家成长与其说是有意识扩张权力的结果,不如说是为了避免财政崩溃而竭力寻求权宜之计的结果"。[15] 宪政秩序正是产生于国家权力和社会权利的张力之中,对于国家权力的限制体现了宪政秩序对于国家主权的有限性与正当化之间的张力平衡。民族国家的制度建构不仅要为了防止权力滥用而做出基于现代国家一般意义上对国家公共财政权力的制约,而且需要认识到,权力制约的另一个面向也是宣示和支持国家公共财政权的独立和积极行使,是体现国家公共财政权正当性和合法性的重要制度保障。[16] 故而,我国作为后发国家在自身民族国家构建中,通过公共财政权的宪法构造不仅是对作为国家公权力的公共财政权的制约,而且也是对国家合法行使公共财政权的支持和保障。作为国家权力的重要层面,公共财政权的正当化和合法化应当是宪法制度设计中的一个重要主题。

(二)普遍性:限权政府的现代化使命

当代中国的公共财政权构造无法脱离现代西方国家的既得路径,其同样置身于限权政府的宪政背景下完成。回顾各国现代化发展进程,如果说西方现代国家经由资产阶级财产权的构建保护到民主政治的财政权力建设,是一个在整体上看属于自然连续的生长流程,其公共财政权体制属于内部创新过程,那么中国的公共财政权的宪法构造则是在外部压力与内部变迁的双重结合中发生的。故而我们可以看到中国在公共财政权宪法构造过程中经常性地处于民族主义的国家发展与民主主义

[14] 潘伟杰:《宪法的理念与制度》,上海人民出版社2004年版,第182页。

[15] [英]迈克尔·曼:《社会权力的来源》(第1卷),刘北成、李少军译,上海人民出版社2002年版,第584页。

[16] 潘伟杰:《宪法的理念与制度》,上海人民出版社2004年版,第157~182页。

的限权政府构建的紧张关系之中。日本学者杉原太雄认为,“在人类的历史进程中有一个不可忽视的特点,这就是人类在不断地为共同生活制定规则。特别是近代以来,人类以国家为单位的各个历史阶段,每走过一个艰难困苦的里程,都要通过宪法来制定为克服困难所需要的新规则,以此来继续人类的发展;每经历一段困难深重的生活,都要通过宪法来确定为消除苦难所需要的新的政治及社会形态,从而进入新的历史阶段”。⑰ 回首中国改革开放以来走过的发展道路,其在完成民族国家建设之后又随即面临着西方限权政府的建构挑战,新的国家要求有必要通过公共财政权的权力体系完成新的历史使命。

限权政府的制度路径是这个时代任何国家合法性建构中无法逃避的改革责任。法国学者让-马克·夸克曾言,“最通俗地讲,合法性是对被统治者与统治者关系的评价。它是政治权利和其遵从者证明自身合法性的过程。它是对统治权力的认可”。⑱ 对于转型中的中国而言,我们所面临的最大的现实矛盾根源就在于政府行政权力的失控与市场经济的异化。强权者寻租与弱势者集体失声,成为转型期挥之不去的阴影,国家与社会的和谐关系遭受严峻挑战。因此,如何限制政府不做“不应为”之事,尽责履行“须为”且“必为”之事,真正做到“法无授权不可为,法定职责必须为”,还社会空间以“法无禁止皆可为”,便成了当下现代国家立宪政府建设中的重要使命。⑲

(三)时代性:福利国家下的公共财政权的强化

当代中国的公共财政权构造时间上同步于西方福利国家的建设。福利国家开始于第二次世界大战之后,其社会福利保障的职能要求已逐步成为国家职能的核心部分,为世人所认同。在西方现代国家已进入福利化国家阶段,财政对于中国的国家建设具有了更为重要且现实的意义,不但要为国家的基本生存提供资源,而且必须为干预经济运行和提

⑰ [日]杉原太雄:《宪法的历史——比较宪法学新论》,吕昶译,社会科学文献出版社2000年版,第1页。

⑱ [法]让-马克·夸克:《合法性与政治》,佟心平、王远飞译,中央编译出版社2002年版,第1页。

⑲ 赖勤学:《转型与立序:公共财政与宪政转轨》,知识产权出版社2007年版,第233页。

高公众福利提供资源。在现代,一个不能降低经济运行风险,为民众提供基本生活福利的国家,便无法获得执政的合法性。[20]

走向福利国家是每一个现代国家的宿命,当代中国也概莫能外。在根本上,这是由现代社会中个人主体地位独立带来的,按照梅因的说法,现代化体现的就是“个人自决原则,将个人从家庭和集团的束缚的罗网中分离出来;或者,用最简单的话来说,即从集体走向个人的运动”。[21]从西方历史的发展来看,20世纪以前的国家职能基本局限于安全职能,因而被称为“夜警国家”。国家提供经济职能和社会职能是在20世纪初尤其是大萧条后,才逐渐凸显出来,并越来越成为国家主要的职能。社会职能在今天又被称为社会福利职能或社会保障职能,其所要实现的目标即为社会养老保险、健康保险、教育医疗等社会福利制度。[22] 福利国家的出现强化了中国公共财政权的发展。

福利国家的基本职责要求公共财政权在国家生活中以更为积极的形态运行,而当代中国公共财政权的第一责任正是保障公民的生存和发展。[23] 财政的存在源于人们的公共需要,是一种服务于大众的公共物品,所以必须取得人民的参与和同意。中共十八大向全国人民公开承诺,要多谋民生之利,多解民生之苦。报告提出了未来民生任务和目标:人民生活水平全面提高;基本公共服务均等化总体实现。具体而言,就是通过公共财政权的行使,建立教育、医疗、养老、失业等多层次的全面社会保障和公共服务体系。逐步实现教育现代化,全民享有基本社会保障,收入分配差距缩小,基础医疗卫生服务全覆盖,低收入群体住房保障体系基本形成,中等收入群体持续扩大,社会和谐稳定。保障和改善民

---

[20] 刘守刚:《国家成长的财政逻辑:近现代中国财政转型与政治发展》,天津人民出版社2009年版,第6页。

[21] [英]梅因:《古代法》,沈景一译,商务印书馆1997年版,第18页。

[22] 刘守刚:《国家成长的财政逻辑:近现代中国财政转型与政治发展》,天津人民出版社2009年版,第256页。

[23] 在现代福利国家的建构中,对政府来说最主要的,莫过于保证民众的物质利益的增加和生活水平的提高,具体而言包括所提供的最低福利水准项目如下:(1)国家或政府介入市场经济;(2)保障每一个公民最基本福利需求满足;(3)保证每一个公民享有健康保障、营养、卫生、住宅、教育、就业与福利服务的最低标准。

生福利要从制度的建构入手,要均等化地让每个公民都能享受到社会财富增长带来的福利,公平法治的公共财产权是保障民生均等化的基石。国家在公民财力汲取上要保持公平,在公民之间分担财政上也要公平,在国家提供公共服务上要一视同仁。均等化、公平性是折射政治国家和市民社会关系合法性和正当性的标尺。[24] 故而,当代中国公共财政权在福利国家的建设中发挥着越来越大的作用。其运行已从单纯的自我限权转向积极承担现代国家的社会福利职能,以更好地保障公民权利,促进社会公平的实现。[25]

四、实践挑战:公共财政权在立法规范与制度运行中的双重考验

自 1982 年宪法以降,中国宪法规范的变迁过程深刻涉及国家理念之变更、经济体制之转型、财政体制之变革,其权力结构在推动经济发展和维护社会秩序方面取得了巨大成功,中国公共财政权的宪法构造已经在实践中探索前行。通过上文对于中国现代财政转型发展中的叠加使命的论证,我们深刻认识到各国国情的巨大差异所带来的公共财政权构建上的巨大差别。故而公共财政权的宪法构造,需要结合国情加以具体分析。通过分析国家转型阶段对中国公共财政权实施的影响与挑战,当代中国公共财政权宪法构造面临着立法规范与制度实践的双重挑战,两者互为因果,阻碍了我国公共财政权的运行,凸显出公共财政权宪法构造任重道远。

(一)立法规范不健全凸显公共财政权有效性危机

公共财政权的有效性来自宪法,体现在对于国家义务的履行和均等公共服务的提供。但在立法规范层面,因为宪法及相关法律规范不健全,致使公共财政权在权力行使中缺乏制度规范的保障,国家公权力权威受到减损,其权力有效性亦随之降低。1982 年宪法颁布以来,我国在公共财政权领域制定出台了一系列相关法律规范,在财政权方面,我国 1982 年《宪法》第 1 条、第 2 条、第 62 条、第 67 条、第 70 条、第 89 条、第

---

[24] 崔巍:《财政宪法的民生导向研究》,世界图书北京出版公司 2013 年版,第 13 页。

[25] 刘守刚:《国家成长的财政逻辑:近现代中国财政转型与政治发展》,天津人民出版社 2009 年版,第 91 页。

91 条、第 99 条、第 107 条、第 117 条等条文的规定构成了我国宪法对于公共财政权的规范内容(见表 1)。但总体而论我国公共财政权宪法规范领域还存在诸多不健全之处。一方面体现在文本规范层面上我国公共财政权领域宪法及相关宪法性法律文本规范的不足,与德、日等国立宪过程相比较,其宪法规范中对于私有财产的保护和公共财政权的保障均作出了较为具体的制度安排,而我国公共财政权宪法规范规定过于简单,部分制度规定已不适应经济发展的要求;另一方面更体现在宪法权威及公共财政权的有效性在制度实践中的缺失,一定程度上阻碍了我国深化公共财政领域改革的脚步,严重影响了财政立宪的进程。现有公共财政权领域部分行政规制、规范性文件的法律位阶过低,权威不够,缺乏刚性,不利于公共财政权的行使与调控,直接导致一些财政税务问题长期得不到解决,一个健全完备的公共财政权法律制度体系还有待进一步完善。

表 1　我国 1982 年《宪法》对于公共财政权的主要规定

总则	《宪法》第 2 条	中华人民共和国的一切权力属于人民。 人民行使国家权力的机关是全国人民代表大会和地方各级人民代表大会。 人民依照法律规定,通过各种途径和形式,管理国家事务,管理经济和文化事业,管理社会事务
税收	《宪法》第 56 条	中华人民共和国公民有依照法律纳税的义务
人大财政权	《宪法》第 62 条	全国人民代表大会行使下列职权:……(九)审查和批准国民经济和社会发展计划和计划执行情况的报告;(十)审查和批准国家的预算和预算执行情况的报告
	《宪法》第 67 条	全国人民代表大会常务委员会行使下列职权:……(五)在全国人民代表大会闭会期间,审查和批准国民经济和社会发展计划、国家预算在执行过程中所必须作的部分调整方案
	《宪法》第 70 条	全国人民代表大会设立民族委员会、法律委员会、财政经济委员会、教育科学文化卫生委员会、外事委员会、华侨委员会和其他需要设立的专门委员会。在全国人民代表大会闭会期间,各专门委员会受全国人民代表大会常务委员会的领导

续表

国务院财政权	《宪法》第89条	国务院行使下列职权:……(五)编制和执行国民经济和社会发展计划和国家预算
地方财政权	《宪法》第99条	县级以上的地方各级人民代表大会审查和批准本行政区域内的国民经济和社会发展计划、预算以及它们的执行情况的报告
	《宪法》第107条	县级以上地方各级人民政府依照法律规定的权限,管理本行政区域内的经济、教育、科学、文化、卫生、体育事业、城乡建设事业和财政、民政、公安、民族事务、司法行政、监察、计划生育等行政工作
	《宪法》第117条	民族自治地方的自治机关有管理地方财政的自治权。凡是依照国家财政体制属于民族自治地方的财政收入,都应当由民族自治地方的自治机关自主地安排使用
审计监督权	《宪法》第91条	国务院设立审计机关,对国务院各部门和地方各级政府的财政收支,对国家的财政金融机构和企业事业组织的财务收支,进行审计监督。 审计机关在国务院总理领导下,依照法律规定独立行使审计监督权,不受其他行政机关、社会团体和个人的干涉

(二)制度运行失范反映公共财政权有限性挑战

制度实践层面,纵向权力的财责异位、横向权力运行的弱势监督是今天中国公共财政权所面临的现实制度难题。当代中国公共财政权的实践运行经历着从国家财政权向公共财政权的转变。国家财政权运行模式作为计划经济体制下的制度设计,一直在高度集权政权的保障下依靠自上而下的行政监控保障实施;而随着市场经济的发展,权力无法继续任性,公民权利和地区利益的诉求日益强烈,传统政治体制之下的财政权运行体制,已无法跟上今天社会经济生活的发展步伐。近年来,我国政府财政实践中所发生的诸多实例足以说明,在当前转型时期,政府面临巨大的财政压力,而我国公共财政权制度体系在财政权力监督与保障上所存在的一系列缺陷,使国家财政对于实现权力有效地行使和制约面临严峻的危机挑战。[26] 面对我国在公共财政权行使的宪法体制上所存在的一系列问题,如未能建立有效的横向权力制约机制、中央政府与地方政府财权与支出责任的划分问题、财政决策和活动中缺乏对于公民权利的保障和尊重,等等,这些制度缺陷在一定程度上放任与助长了地方各级政府及具体行政官员滥用财政权力的倾向,造成我国公共财政权实践过程中的混乱局面,[27]这是我国现阶段面临公共财政权宪法构造的现实挑战,需要我们通过机制体制的重塑构建来破解难题。

破解当代中国公共财政权立法与实践的双重挑战,需要深入研究理解在深化改革中立法规范与制度实践的关系。脱离于现实制度运行的立法规范,即使技术设计再完美亦无用处;反之,没有宪法及相关法律规范的支撑,制度实践的硕果也无法生根发芽。只有协同立法与实践"两驾马车",一方面将公共财政权制度实践中成功经验及时通过法律形式固定下来,另一方面通过提前立法规范,有效制约规范公共财政权的依法行使,才能促进宪法在公共财政领域有效性与有限性的有机统一。

五、逻辑进路:公共财政权有效性与有限性的二元平衡构造

当代中国公共财政权的宪法构造应坚持公共财政权有效性与有限性的二元平衡,一方面着力构造实现规范治理的法治体系,制定完善旨在实现有效治理的公共财政权宪法法律规范,另一方面在制度实践中通过公共财政权纵向规范分权与横向预算监督的制度安排,保障公民基本权利,规范公共财政权的权力运行。探寻两者平衡下的逻辑进路,公共财政权宪法构造可以从积极层面的"制度型"保障机制和消极层面的"权利型"制约机制两个层面展开。前者是指为提供均等公共服务、保障公共财政权的有效性,而在公共财政权宪法规范中予以积极保障;后

[26] 周刚志:《论公共财政与宪政国家——作为财政宪法学的一种理论前言》,北京大学出版社 2005 年版,第 169 页。

[27] 周刚志:《论公共财政与宪政国家——作为财政宪法学的一种理论前言》,北京大学出版社 2005 年版,第 188 页。

者则是指通过纵向分权设计与横向权力制约规范公共财政权的有限性，保护公民财产权利不受国家公权力的恣意侵害。

（一）有效性：宪法文本规范的制度建构保障

对于公共财政权权力有效性的宪法保障，要从制度建构中探索公共财政权的规范路径。一般而言，我们普遍认为国家法律对于公共财产的保护要优于对于私人财产权的保护，无论是宪法中对于公共财产和非公有制财产的区别表述，还是公司法和刑法中对于两者的不同保护，[28]似乎都体现出国家在保障机制上对于公共财政权的倾斜。公共财政权保障制度的设计配置应当有助于公共财政权的合理公平分配，面对当前我国的公共财政权“一开始堵不住流失，流失后又无法治理”的保护状况，[29]我们需要从制度层面反思公共财政权的权力配置。与西方现代国家公共财政权宪法规范及我国财政领域实践发展相对照，我国公共财政权宪法规范领域还存在诸多不完善之处，我国财政法治化的进程的步伐尚待进一步加快。从表 2 可见，我国财政法治化的规范结构的缺失不仅体现在宪法本身对于公共财政权的规定尚显不足，也包括财政基本法等宪法性法律所构成的公共财政权法律体系的缺失。究其财政法律结构体系而言，应包括宪法，财政基本法，以及财政收入、财政支出、财政管理等专门领域的财政立法，其整体构成了公共财政权的法律规范基础。通过公共财政权宪法规范体系的建立完善，首先在文本制度层面建立公共财政权制度有效性的规范保障，以民主和法治为基础，运用公共财政权维护社会正义和公平，建构符合我国国情的公共财政权制度规范。

---

[28] 比如《刑法》第 271 条规定，将非国有财物非法占为己有，数额巨大的，处五年以上有期徒刑。

[29] 王利明：《试论物权法的平等保护原则》，载《河南省政法管理干部学院学报》2006 年第 3 期。

表2 中国公共财政权宪法规范体系

类别	法律名称	制定时间
宪法	《宪法》	1982年制定
公共财政权基本法律	《财政基本法》	(未制定)
	《关于实行分税制财政管理体制的决定》*	1993年12月国务院制定
公共财政权收入领域法律	《税收基本法》	(未制定)
	《行政收费法》	(未制定)
	《国债法》(缺)	(未制定)
	《个人所得税法》	1980年9月制定,2011年6月修订
	《企业所得税法》	2007年3月制定
	《车船税法》	2011年2月制定
	《增值税暂行条例》*	1993年12月制定,2008年11月修订
	《消费税暂行条例》*	1993年12月制定,2008年11月修订
	《营业税暂行条例》*	1993年12月制定,2008年11月修订
公共财政权支出领域法律	《预算法》	1994年3月制定,2014年8月修订
	《政府采购法》	2002年6月制定
	《财政转移支付法》	(未制定)

续表

类别	法律名称	制定时间
公共财政权管理领域法律	《财政监督法》	(未制定)
	《会计法》	1985 年 1 月制定,1999 年 10 月修订
	《企业国有资产法》	2008 年 10 月制定
	《税收征收管理法》	1992 年 9 月制定,2001 年 4 月修订

注:本表中《关于实行分税制财政管理体制的决定》及相关税收暂行条例在法律位阶上只属于规范性文件或行政法规,但鉴于其作为公共财政权法律制度体系的重要组成部分,本表暂将其列入其中。

(二)有限性:财政预算监督的权力制约

公共财政权的有限性机制是建立法治政府、保障公民基本财产权利的基础。消极层面上公民财产不受侵犯的实现,主要表现为公共财政权的限制。面对公共财政权有限性的构建,应在制度实施层面,明确公共财政权的直接行使主体及具体权力范围,对当前公共财政权较大裁量幅度的处置自由加强预算监督,让公共财政权的运行在透明的环境下得到最大限度的保障和监督。并通过机制设计,保护公民财产权,着力建立民众需求的民主表达机制,保证民众需求表达渠道的畅通,使公共财政权的行使反映民生、尊重民意。

建立完善预算监督机制,需要构建多层次财政预算监督体系,通过科学完整的财政监督法律体系完善相关制度规范,进而在实践中扩大监督参与主体,明确问责主体、扩大监督范围等。正如美国学者 Schick 所言,不断地强化预算控制监督,则政治家、行政官员都必须遵守正式预算制度才能取钱、要钱、用钱,则法治原则就植入政治过程和公共管理过程。[30] 在此过程中,政府首先扩大监督参与主体,组织专业人士向民众和人大代表对预算审议案进行讲解说明,通过对话、商谈等形式推进财

---

[30] Allen Schick, *The Capacity to Budget*, Washington, D. C., Urban Institute Press, 1990, p. 225.

政预算的广泛参与,政府的财政决策只有以民意作为基础,财政资金的使用方能符合法治精神,公共财政资源才能真正用在刀刃上。再次拓展财政监督范围,使人大的公共财政权监督职能贯穿政府整个财政活动的始终。要让人大的财政监督工作覆盖到预算编制、预算执行、国家决算等每个环节,充分使用多种监督手段,积极拓宽财政监督的范围,完善预算监督的方式程序,实现公共财政权有限性的构建,保障公民权利和公共财政权的有效运行。

综上所言,中国的公共财政权的宪法构造是在历史任务的重叠交错中进行,中国在民族独立和民主建设的初始阶段试图发展和维护公共财政权的有效性,在国家成立的起步之初,通过限制公民权利和扩张政府权力推动了国家的经济发展,促进国家经济发展与民众生活水平的提高。然而虽然各国发展道路各有不同,但在宪法层面审视,规范公共财政权的权力行使,建构现代限权政府是立宪政府发展的必然趋势。我们必须正视中国在改革发展中尚未厘清国家与社会、政府和个人、个人与个人的关系,公共财政权的有限性规范尚待我们在进一步深化改革中完善促进,通过宪法构造实现公共财政权的现代体制转型。

公共财产法：现代财税法的理念革新与制度建构

谢 宇*

目 次

一、前言

任何一门学科的发展首先必须搞清楚这门学科是什么，部门法的研究与发展也是如此。面对经济社会发展日新月异的变化，如果对部门法的理论基础和本质属性认识不足，不仅难以带来学科的繁荣，反而会将学科建设带入歧途。长期以来，财税法在我国被认为是经济法的一部分，学界将其本质界定为宏观调控法，认为其作用主要在于实现国家宏

* 谢宇，男，湖北随州人，北京大学法学院15级博士生。

观调控和社会公平。① 然而,随着市场经济的发展以及法治政府理念日益深入财税法的研究之中,有关财税法理念和属性的认识也发生了里程碑式的革新:部分财税法学者提出,现代财税法的本质并非宏观调控法,而是公共财产法,即财税法的本质是由私人财产转化而成的公共财产的正当化及其运行规则。② 从宏观调控法到公共财产法的演进,并非简单的概念置换,而是表征着财税法根本理念的革新。传统学说将财税法界定为宏观调控法,实为"管理"思维在财税法领域的呈现,即认为财税法不外乎是国家管理经济的一种方式。与之相反,公共财产法则将控权作为基本要义,强调财税法的功能是"驯化"公共财产权,进而对私人财产权提供公法层面的保护。本文认为,公共财产法理论的提出是财税法学界的重大理论创新,对于提高财税法理论的解释力、指引财税法治建设有着重要意义。然而,由于该理论尚处于探索阶段,只有从不同角度深入思考,理论自身的说服力才能不断提升。本文即尝试在这方面做些努力,首先提炼出公共财产法的两大理论根基,在此基础上系统阐述公共财产法的控权要义,并对否定控权说的观点进行反驳,最后提出实现公共财产法控权要义的制度路径。

二、公共财产法的二维根基

公共财产法的提出并非面壁虚构而是有着坚实的宪法根基和现实根基。一方面,宪法作为根本法,财税法作为"宪法施行法",从宪法原则出发探寻财税法作为公共财产法的理论根基自有其必要性;另一方面,一个有生命力的理论必然植根于现实土壤,公共财产法也是如此,对公共财产法现实根基的探讨对于理解其内涵和价值实属必要。有鉴于此,本部分首先对公共财产法的宪法根基和现实根基进行阐发。

---

① 参见杨紫烜主编:《经济法》(第5版),北京大学出版社、高等教育出版社2014年版,第500~504页;刘文华主编:《经济法》(第4版),中国人民大学出版社2012年版,第294~295页;王卫国等主编:《经济法学》(第2版),中国政法大学出版社2013年版,第585~586页。

② 刘剑文:《重塑半壁财产法——财税法的新思维》,法律出版社2009年版,第1~8页;刘剑文、王桦宇:《公共财产权的概念及其法治逻辑》,载《中国社会科学》2014年第8期。

(一)纵向探源:公共财产法的宪法根基

依法治国首先是依宪治国,宪法作为我国的根本法和法治体系的核心,[③]其理念和内容引领着我国法治体系的建立,部门法的发展也应当汲取并契合宪法的发展理念,一个缺乏宪法基础的部门法很难称得上是健康的部门法。宪法的核心精神是通过规范国家权力来保障公民基本权利,这与公共财产法经由控权实现公民权利保障的精神一脉相承。笔者认为,人民主权、人权保障与法治国家这三大宪法原则构成了公共财产法的宪法根基,为公共财产法的学科体系和制度框架奠定了坚实的基础。

1. 人民主权原则

人民主权作为现代宪法的理论基石,[④]也是我国宪法的基本原则,我国《宪法》第 2 条规定,"中华人民共和国的一切权力属于人民"。人民主权意味着人民是主权的享有者,国家的一切权力属于人民,这就要求国家权力的行使必须以人民的利益为依归,在国家权力行使的过程中必须受到人民的监督和制约,而不能侵犯人民的权利。公共财产权作为一项公权力,其行使也必须服务于人民,并且受到人民的监督和控制。"人民作为主权者而法律是其意志的表达",[⑤]通过公共财产法来规范和控制公共财产权,是人民行使主权的具体形式,是人民主权原则在财税法领域的具体体现。

2. 人权保障原则

宪法的保障功能中,人权保障是最核心的命题和原则,[⑥]财产权则是其重要组成部分。法国 1789 年《人权宣言》宣称,"凡权利无保障分权未确立的社会,就没有宪法……财产权是神圣不可侵犯的权利"。我国宪法中也确认了人权保障原则,2004 年宪法修正案中增加了"国家尊

---

③ 《中共中央关于全面推进依法治国若干重大问题的决定》,载《〈中共中央关于全面推进依法治国若干重大问题的决定〉辅导读本》,人民出版社 2014 年版,第 8~9 页。

④ 莫纪宏:《实践中的宪法学原理》,中国人民大学出版社 2007 年版,第 71 页。

⑤ Huhn, W., *Constantly Approximating Popular Sovereignty: Seven Fundamental Principles of Constitutional Law*, Social Science Electronic Publishing, 2010, p. 19.

⑥ 韩大元:《宪法学基础理论》,中国政法大学出版社 2008 年版,第 69 页。

重和保障人权”“公民的合法的私有财产不受侵犯”等内容,标志着我国宪法在人权保障特别是财产权方面取得了里程碑式的进步。而公共财产法革新了传统学说将财税法功能定位为实现宏观调控和社会公平的理念,认为现代财税法的核心是通过控权实现对公民财产权的双重保障,其基本要义是控权,其落脚点是对公民基本权利的保障。可以说,宪法中的人权保障原则为公共财产法提供了强有力的理论基石,同时,公共财产法也使宪法的人权保障原则在财税法中得以充分体现,是宪法与部门法发展相得益彰的典范。

3. 法治原则

法治作为现代宪法的一项基本原则,是每一个有效民主架构的重要支柱。正如卢梭所说,“凡是实行法治的国家——无论采取何种行政模式——我都称之为‘共和国’:因为唯有在这种情况下,公共利益才起决定作用,共和国才是真正存在的”。[⑦] 随着我国市场经济的发展,法治理念也逐渐深入人心,1999 年宪法修正案规定“中华人民共和国实行依法治国,建设社会主义法治国家”,在宪法层面确立了法治原则。法治原则要求政府必须受到法律的约束,依照法律行使权力,所有对法律的侵犯均被视为对个人权利的侵犯,应予明确禁止。[⑧] 公共财产权作为政府基于其公共性特质取得、用益和处分私人财产的权力,[⑨]是政府赖以存在并提供公共物品的重要基础。然而,“一切有权力的人都容易滥用权力,这是亘古不易的一条经验”,[⑩]如果公共财产权在行使时不受法律的约束,那么其在为社会提供公共物品时也存在被滥用的可能。而公共财产法正是控制公共财产权的法律,公共财产法既控制政府在私有财产转化为公共财产过程中的权力,又控制政府在使用公共财产过程中的权力,

---

⑦ [法]卢梭:《社会契约论》,钟书峰译,法律出版社 2012 年版,第 34 页。

⑧ [法]莱昂·狄骥:《宪法学教程》,王文利等译,辽海出版社、春风文艺出版社 1999 年版,第 27~30 页。

⑨ 刘剑文、王桦宇:《公共财产权的概念及其法治逻辑》,载《中国社会科学》2014 年第 8 期。

⑩ [法]孟德斯鸠:《论法的精神》(上册),张雁深译,商务印书馆 1961 年版,第 154 页。

进而遏制公共财产权的滥用,避免对公民财产权造成损害。运用公共财产法对公共财产权进行控制,是宪法中法治原则的具体呈现,也是法治政府建设的必然要求。

（二）横向审思:公共财产法的现实基础

一个新兴理论不仅要有坚实的理论基础,还必须紧密结合当下的现实,特别是对转型中的中国而言,各项情况较为复杂,脱离中国现实的理论只能是空中楼阁。公共财产法的提出,不仅使财税法的发展契合了现代宪法的潮流,有着坚实的宪法基础;同时,其植根于中国实践,对现实问题有极强的回应力。概括地讲,可从以下三个方面进行理解:

1. 公共财产权与公民权利的现实张力

随着我国市场经济的发展,经济社会发展突飞猛进,但是由于市场失灵等原因,我国贫富差距扩大、地域发展不均衡等诸多社会问题频繁出现。为有效解决上述问题,实现缩小贫富差距、统筹区域发展等目标,人们需要国家权力特别是公共财产权对经济和社会发展进行干预,这种干预具体体现为通过税收对收入进行再分配、通过财政支出和政府投融资优化资源配置等方面。但公共财产权的行使是一把"双刃剑":一方面,其有利于发挥宏观调控的作用,克服市场经济中市场失灵等问题;另一方面,公共财产权作为一种公权力,随时可能通过对私有财产征税、处罚、国有化等方式侵犯公民权利,特别是财产权。因此,为了能够让公共财产权发挥作用但又不致滥用进而损害公民的权利,通过公共财产法对公共财产权进行控制,并凸显其控权的特性就显得十分必要和迫切。

2. 市场经济与法治建设的时代诉求

在我国财税法发展的起步阶段,即 20 世纪 80 年代中后期,[11]由于法学发展尚未完全脱离计划经济体制以及国家高度垄断权力等因素的影响,导致人们将财税法的本质界定为宏观调控法,强调其"管理"内涵。然而,随着市场经济的发展以及法治建设的深入,公民的私有财产与权利意识日益增长,使得公民维护私有财产权的诉求更加急切,2004 年在

[11] 刘剑文:《公共财产法:财税法的本质属性及其法治逻辑》,载《财经法学》2015 年第 1 期。

宪法中明确规定"公民的合法的私有财产不受侵犯"等内容就是对这种诉求的积极回应。在市场经济和法治建设的冲击之下,宏观调控论已经无法满足公民保护私有财产权的强烈诉求,在此背景下,公共财产法理论应运而生,其以控权为基本要义的理念积极回应了公民对私有财产权保护的诉求,顺应了市场经济和法治建设的潮流,并反作用于经济社会的发展。

3. 公法与公法学的价值变迁

财税法与宪法、行政法在性质上同属公法范畴,财税法学在很大程度上也是从宪法、行政法学科中脱离而出,财税法学与宪法、行政法学科的发展有着密不可分的联系。因而这些相邻学科的价值变迁,对于财税法的理论革新,同样是不应忽视的现实基础。

改革开放以来,随着高度集中的计划经济体制被市场经济所取代,宪法与行政法学科在理念上均进行了较大的革新。新中国成立至改革开放初期对宪法的认识深受苏联影响,毛泽东曾将宪法界定为确认民主事实的根本法,[12]学界也长期认为宪法是"政治法",是服务于阶级斗争的工具,[13]而忽视宪法对公民权利的保障和对国家权力的限制。改革开放以后,随着宪法学界将宪法权利作为宪法价值核心的共识逐渐形成,现今学界普遍认为宪法是调整公民权利和国家权力基本关系的部门法。[14] 与宪法学的发展相似,行政法学也经历了由"管理论"向"控权论""平衡论"的转型。所谓"管理论",是指苏联、东欧和中国行政法发展早期,以行政权力为本位,认为行政法是政府管理公民的法的一种行政法观念。[15] 管理论与权力高度集中的计划经济体制相匹配,但随着市场经济的发展,市场在资源配置中居于决定性地位,一味地强调行政法的管理功能已经无法适应新的时代需求。在这种背景下,行政法的控权论与平衡论分别被提出并逐渐成为主导,虽然二者对于行政法的本质有不同

⑫ 参见《毛泽东选集》(第2卷),人民出版社1991年版,第735页。

⑬ 李林、莫纪宏主编:《中国宪法三十年》,社会科学文献出版社2012年版,第51页。

⑭ 李林、莫纪宏主编:《中国宪法三十年》,社会科学文献出版社2012年版,第51页。

⑮ 李娟:《行政法控权理论研究》,北京大学出版社2000年版,第17页。

见解，[16]但均否定了将行政法本质简单界定为管理的观念，带来了行政法理念的革新。财税法学中公共财产法理论的提出，很大程度上表现出财税法学与宪法、行政法学科发展中的默契，在学科发展上起到了相互呼应的效果。

三、控权抑或调控：现代财税法本质的辨正

公共财产法建构于宪法根基和现实根基之上，并由此形成了以控权为基本要义的理论体系。但这一理论的发展毕竟处于初探阶段。一方面，应当进一步阐发公共财产法的控权内涵，对其控制对象、控权目的、控权体系进行定位和探讨；另一方面，作为一种新的理论，公共财产法还必须对各种诘难进行回应，特别是回应财税法的本质为何不是宏观调控。

（一）本旨探析——控权作为公共财产法的基本要义

公共财产法与宏观调控法的本质区别即在于，公共财产法的基本要义在于控权，并且通过控权对公民私有财产权进行保障。公共财产法的控权理念贯穿于公共财产法理论的始终，其控权基本要素如下：

1. 公共财产法的控制对象

公共财产法的核心范畴是公共财产权，同时，公共财产权也是公共财产法的控制对象。公共财产权是政府基于其公共性特质取得、用益和处分私人财产的一项公权力，[17]但其并非独立于立法权、行政权、司法权的另一类公权力，而是上述公权力在公共财产领域的集合称谓，其主要构成是行政权，如征税、国有化、征收土地房屋等，同时也包含一定的立法权。[18] 之所以对公共财产权进行控制，根本原因在于公权力的行使是一把“双刃剑”：一方面，政府不仅仅被认为是“守夜人”，而且运用公权

---

[16] 代表性成果可以参见罗豪才：《现代行政法的平衡理论》，北京大学法学院 1997 年版；李娟：《行政法控权理论研究》，北京大学出版社 2000 年版；罗豪才等：《行政法的“平衡”及“平衡论”范畴》，载《中国法学》1996 年第 4 期，等等。

[17] 刘剑文、王桦宇：《公共财产权的概念及其法治逻辑》，载《中国社会科学》2014 年第 8 期。

[18] 姚来燕：《我国人大财政权研究》，中国监察出版社 2010 年版。

力为人们提供赖以生存和发展的公共服务,[19]如治安、国防、教育等;另一方面,权力总有自我扩张的天性,不加控制就可能因为被滥用而损害私人权利,背离人们设置权力的初衷。

2. 公共财产法的控权目的

“权力之所以授予某些人是为了管理人民和保护他们的财产,一旦被应用于其他目的,以及被利用来使人民贫穷、骚扰他们或使他们屈服于握有权力的人的专横和不正当的命令之下时……就立即成为暴政”。[20] 对公共财产权进行法律控制,根本目的是防止公共财产权的行使偏离人民的初衷,避免公共财产权对公民权利特别是私有财产权造成损害。需要注意,公共财产法的目的与公共财产权的目的并非完全一致,公共财产权的目的侧重于高效供给公共产品和公共服务,而公共财产法的目的强调对公共财产权进行控制,避免侵犯私人权利,这一区别在下文会具体论述。

3. 公共财产法控权的双重面向

公共财产法对公共财产权的控制,根据公共财产权行使的特性,分为两方面:一是对私有财产转化为公共财产进行控制,其典型形态表现为对政府征税、征收等行为的控制。该面向上公共财产权的行使往往与公民有更为直接、频繁的联系,同时也更容易对公民财产权造成损害,公共财产法对这部分行为的控制主要是防止公共财产权对公民财产权造成直接的侵害。二是对公共财产的管理和支配进行控制,其典型形态为对财政支出、转移支付等行为的控制。这部分公共财产权的行使主要是政府将私有财产转化为公共财产后,对其进行高效的运营、管理和分配,从而使公共财产权的行使能积极地造福于民。该面向上公共财产权的行使主要表现为授益而非侵权,但传统公法对这部分权力关注不足,这也体现出公共财产法理论的创新之处。

---

⑲ [美]史蒂芬·霍尔姆斯等:《权利的成本——为什么自由依赖于税》,毕竞悦译,北京大学出版社 2011 年版,第 19~30 页。

⑳ [英]洛克:《政府论》(下篇),叶启芳、瞿菊农译,商务印书馆 1983 年版,第 123 页。

4. 公共财产法的控权体系

公共财产法对公共财产权的控制并非由某一部法律独自完成，而是形成了以宪法为根基的公共财产法体系，通过不同法律之间协同发力以实现控权目标。关于公共财产法体系，基于不同标准可作不同划分，[21]但在笔者看来，为了更清晰地表达公共财产法建构的逻辑结构，其体系应当表述如下：公共财产法的控权体系以宪法中的人民主权条款、人权保障条款、法治条款、财产权条款等为根基，以财政基本法、税收基本法等为主干，以财政预算法、财政收入法、财政支出法、财政监管法等为分支。同时，以公共财产权控制的阶段为标准，公共财产法体系可一分为二：一是公共财产取得的相关法律，包括税收基本法、所得税法、流转税法、财产税法等；二是公共财产的管理与支配的相关法律，包括政府采购法、转移支付法、政府投资法、财政监管法、国有资产管理法等。

（二）对诘难的回应：财税法的本质为何不是宏观调控

前文已经对公共财产法的宪法根基和现实根基进行了阐述，说明公共财产法理论与宪法的精神更为契合，也更能顺应时代发展的潮流，同时，也从反面说明了宏观调控论的谬误。更进一步讲，笔者认为，将财税法的本质界定为宏观调控，根本性错误在于混淆了公权力与公法的界分。

国家公权力与公法在性质和功能上有着本质的区别。按照现代国家基本理念，人们接受对权利的限制，将权力授予国家，目的是通过公权力为社会提供公共产品和服务。公共财产权是国家公权力的重要组成部分，其目的同样是提供宏观调控等公共产品和服务，这一点无论是宏观调控论还是公共财产法理念均不否认。然而，公法与公权力的区别不容混淆，公法的功能在于规范公权力，[22]“避免产生任何混乱的方式来组织和支配公共服务”。[23] 这种区分在财税法领域同样如此，宏观调控和

---

[21] 如将公共财产法分为财税法和非财税法，参见刘剑文、王桦宇：《公共财产权的概念及其法治逻辑》，载《中国社会科学》2014 年第 8 期。

[22] ［英］马丁·洛克林：《公法与政治理论》，郑戈译，商务印书馆 2013 年版，第 6 页。

[23] ［法］莱昂·狄骥：《公法的变迁》，郑戈登译，辽海出版社、春风文艺出版社 1999 年版，第 54 页。

实现社会公平只是公共财产权的目的,但其并非财税法的目的;相反,财税法作为公法的重要组成部分,其本质是对公共财产权的规制,确保这一权力在行使的过程中确实是用于宏观调控等目标,而不是侵害公民的私有财产权。因此,虽然财税法与宏观调控有着密切的联系,但宏观调控只是公共财产权的目标,现代财税法的本质不是进行宏观调控,而是对这种国家权力的控制。

四、制度建构:实现公共财产法控权理念的可能路径

如前所述,公共财产法的基本要义是控权,但实现对公共财产权的控制并非易事,为有效实现对公共财产权的控制,公共财产法应当从主体、行为、追责与救济三方面对公共财产权实施法律规制,进而保障公共财产权能够在公共财产法的轨道下运行,避免对公民财产权造成损害。具体包括:

(一)对主体的法律规制

权力的行使离不开主体,公共财产法对公共财产权的控制,首先就是对权力主体进行法律规制。公共财产权的主体既包括立法机关,也包括行政机关:立法机关作为权力机关,依法享有审查和批准预算、国民经济发展规划等权力;行政机关作为权力机关的执行机关,依法享有征税、征收、编制和执行预算等权力。为了有效对上述主体进行规制,应当从以下方面着手:

第一,明确权力主体在宪法层面的行权依据。宪法作为规范国家权力、保障公民权利的根本法,为了保障权力主体依法行权而不致侵犯公民基本权利,应当首先通过根本大法对公共财产权进行规制。一方面,应当通过宪法明确公共财产权的依据,确保相关主体行使公共财产权有法可依;另一方面,应当通过宪法对公共财产权进行限制,避免相关主体滥用公共财产权进而侵犯公民基本权利。

第二,健全组织法,明确权力主体的产生方式、组成以及职责、职权。根据职权法定原则,相关主体行使公共财产权必须有法可依,除宪法以外,还应当有更为全面、具体的组织法对公共财产权进行规范:首先,明确规定公共财产权主体的产生方式。公共财产权主体实际上是代表人

民取得并支配相关公共财产，必须确保权力主体通过民主、合法的方式产生，对人民及其代表负责并受其监督。其次，明确规定公共财产权主体的组成。公共财产权主体是依据组织法组成的有机统一体，其组成部分以及各部分之间的关系对于公共财产权能否合法有效行使至关重要。最后，明确规定公共财产权主体的职责和职权。通过组织法合理配置公共财产权主体的职权和职责，有利于厘清各主体之间的关系，避免公共财产权主体滥用公权力或者不作为。

（二）对行为的法律规制

行为是法律的核心规制对象。如果说对公共财产权主体进行规制是静态的控权，那么对其行为的规制则是动态的控权。一旦公共财产法无法控制公共财产权行为，公共财产权就将如脱缰野兽，随时可能侵害公民权利。对公共财产权行为进行法律规制，应当从以下三方面入手：

其一，完善《个人所得税法》《政府采购法》等实体性法律。公共财产权行使范围广泛、方式多样、内容复杂，对公共财产权行为进行控制，首先必须完善实体性法律，对公共财产权行使的具体条件、情形、内容、方式等问题进行详细规定，减少公共财产权行使过程中的恣意行为。同时，公共财产权的行使也离不开一定的裁量空间，这种裁量权是保障个案正义的必然要求，也可能因其滥用而侵犯公民的基本权利，因此，还要运用“硬法”和“软法”相结合的方式对裁量权进行控制。㉔

其二，制定完善《税收程序法》等程序性法律。程序正义是看得见的正义，通过程序性法律对公共财产权进行规制，是实现控权理念的重要途径。我国在对公权力的控制上长期重实体而轻程序。在公共财产法领域，虽然《预算法》《审计法》《个人所得税法》等法律中包含了一定的程序性条款，但无论是在财政税收还是在国有资产管理等方面，均无专门的程序性法律对公共财产权进行控制，这在一定程度上也可能导致公共财产权的恣意。因此，应当加快《税收程序法》等程序性法律的研究与制定，对公共财产权行使的过程、方式、形式和时限等方面进行法律规制。

㉔ 罗豪才、周强：《法治政府建设中的软法治理》，载《江海学刊》2016 年第 1 期。

其三,加强公共财产权行使中的公众参与。公共财产权涉及公民私有财产向公共财产的转化以及对这些公共财产的支配,与普通公众的切身利益关系密切,因此,在公共财产权行使的过程中应当充分保障公众参与。一是加强公共财产权行使的透明度,确保"权力在阳光下行使",特别是确保预算、三公经费等事项的公开,保障公众知情权,这是公众参与的前提和基础;二是在公共财产权行使的过程中积极听取公众意见,增加权力行使的民主性、科学性;三是主动接受公众监督,保障公众通过行政诉讼、罢免人大代表等方式对公共财产权的行使进行监督。

(三)对追责与救济的法律规制

尽管有了对主体和行为的法律规制,但如果没有合理的追责与救济法律制度,对公共财产权的控制和对私权利的保障都将形同虚设。要保障公共财产权不被滥用以致侵害公民合法权益,必须确保权力主体在滥用公共财产权时承担相应的法律责任,并且当公民遭受侵害后可以得到有效的救济。

一方面,健全对公共财产权追责机制。"如果人都是天使,就不需要任何政府了。如果是天使统治人,就不需要对政府有任何外来的或内在的控制了"。㉕ 对公共财产权侵扰私人财产权的担忧以及对其高效发挥的期许,都要求责任机制的建构。当前健全追责机制主要包括:一是宪法追责机制,体现为全国人大及其常委会通过罢免公职人员、撤销相关法律规范等方式追究公共财产权行使的责任;二是行政法追责机制,体现为通过行政复议、行政诉讼、行政处分等方式对相关机关和公职人员违法行使公共财产权的行为予以追责;三是刑法追责机制,对于行使公共财产权过程中违反刑法的机关和公职人员追究刑事责任。

另一方面,健全公共财产权救济机制。所谓"无救济即无权利",通过公共财产法对公共财产权进行控制,其落脚点就是对公民权利的保障。当公共财产权对公民权利造成损害时,公共财产法应当主要通过三种途径实现对公民的救济:一是立法机关的救济,例如,各级人大及其常

㉕ [美]汉密尔顿等:《联邦党人文集》,程逢如等译,商务印书馆 1980 年版,第 264 页。

委会可以通过成立特定问题调查委员会,[26]也可以通过撤销规范性文件等方式实现对公民权利的救济。二是司法救济,例如,公民可以通过行政诉讼对行使公共财产权过程中侵犯公民合法权益的行为进行撤销、变更,并获得国家赔偿。三是行政救济,例如,公民可以通过行政复议、行政监察等途径实现对自身合法权益的保障。

五、结语——在探索中砥砺向前

公共财产法作为一种新兴的理论,其所涉及的许多问题都仍然需要进一步阐述,例如,公共财产法主体和行为如何进一步建构?公共财产权与行政权、立法权的关系如何?公共财产法是否有独立的法律责任?这一切都有待我们更加深入地探索和回应。然而,正如本文所述,公共财产法理念为中国的财税法注入了人权保障、法治政府等时代的血液,使其可以被称为“现代财税法”以及财税领域的“人权保障书”,彰显了公共财产法理论旺盛的生命力。因此,虽然该理论现在看来还有诸多问题值得进一步探索,但由于它把准了时代脉搏、看清了前进方向,所以笔者相信并期盼着,公共财产法理论将茁壮成长,不断强化现代财税法的理论说服力,为我国财税改革和财税立法注入新的不竭动力!

㉖ 王磊:《选择宪法》,北京大学出版社2003年版,第206~216页。

领域法学的发展与协调

领域法学视野下破解大气污染危机的财税法之道*

王文婷**

目　　次

近年来,以雾霾为首的大气污染问题日益恶化,给民众身心健康和社会秩序稳定带来严重危害,成为萦绕于国民心头和困扰政府治理环境的一大病患。作为理财治国的财税法,能够发挥资源分配、行为规制、正向激励和全面监管等作用,借助环保预算收支为防治大气污染提供充沛可用的公共资金,通过财税制度有效规制和激励市场主体进行理性经济活动,开展财政权责配置来厘清政府间防治大气污染的权责关系,从而为破解大气污染危机提供必要的物力支撑、制度供给和精神寄托。从财税法视角观察大气污染治理出路,与时下的领域法学视野相契合,

* 本文是中国法学会一般项目《财税法视野下大气污染治理的政府间分担机制研究》(CLS[2016]C40)的阶段性成果。

** 王文婷,法学博士,中央党校政法部讲师。

即以大气污染治理为问题导向，促进环境法与财税法的法际理论互融，最终体现理论服务现实的法学研究新范式。

第一次科技革命以来，人类社会在享受技术文明带来的舒适生活的同时经历着人类文明的消极附属产物——环境问题日益增添的生存压力。在相当长的历史时间内，人对自我能力的认识停留于“战胜自然”“改变自然”，流露出“改天换地、唯我独尊”的孤傲气势，陷入了一种“人类中心主义”的思维禁锢之中。20世纪30年代至80年代相继发生的著名“八大公害”事件（比利时马斯河谷事件、美国洛杉矶光化学烟雾事件、英国伦敦烟雾事件、日本水俣病事件、日本富山的痛痛病事件、日本四日市哮喘事件、日本爱知县米糠油事件、美国多诺拉事件），使人类重新认识环境与经济之间的关系，重新定位“自然中我的位置”。改革开放以来，中国经济的快速发展令世界叹然，自2010年国家经济总量跃居世界第二位并保持至今。但与此同时，中国发展也面临着各方面的挑战，其中最为突出的就是日益恶化的环境问题。特别是进入21世纪以来，大气污染、水污染、土地污染加剧，森林锐减、土地荒漠化严重，二氧化碳排放导致温室效应凸显，大气污染相当严重，民众感受最为直接和强烈的雾霾天气逐渐增多，一时间公众“谈霾色变”、处于“十面霾伏”之中。2013年我国绝大多数省份遭遇严重雾霾天气，全国平均雾霾天数达29.9天，创52年来之最，“雾霾”成为年度关键词。① 之后，雾霾问题虽有所缓解，但区域性和季节性生成恶化的特点使得该问题仍备受社会关注。再者，我国处于产业结构调整和经济快速发展的全面转型期，工业、汽车排放产生的各类大气污染物总量叠加递增。此外，新的大气污染问题逐渐突出，如臭氧层破坏等，使我国遭遇前所未有的大气环境危机。

日趋恶化的大气环境危机给国家发展秩序带来了巨大冲击，中国每年因污染导致的经济损失规模庞大，无法预估。其中主要涉及财产性损失和居民健康损失，前者包括可量化计算的企业的污染物处理成本、农

① 《2013年全国遭史上最严重雾霾天气，创52年以来之最》，载《经济参考报》2013年12月30日。

渔业的收成损失等,后者反映的间接损失涵盖广泛、难以精确衡量。同时,环境风险社会的到来更激生出许多的社会矛盾,集中表现为我国环境群体性事件呈现高发、频发态势,已成为继违法征地拆迁、劳资纠纷之后备受社会关注的第三大群体性事件。② 总之,转型时期的中国面临着经济发展趋缓和环境风险递增的双重压力,环境治理趋向成为与经济治理价值并重的国家任务。对此,近年来大气生态环境问题已然跃升为全社会的热点话题,如何在政府决策实施和社会共同参与下达成多主体间的环境合作关系,最终实现大气环境污染的有效治理,成为环境风险急遽攀升的国家转型时期的当务之急。

一、问题提出:中国传统环境治理模式的利弊

我国环境保护的基本国策由来已久,20 世纪 70 年代初,中央领导人就注意到该问题,并在全社会的共同努力下取得了一定的生态保护效益,但从总体上来看我国的生态环境质量依旧呈现出逐年下滑的发展趋势,特别是生活于共同环境中的普通民众的直接感观并不乐观。之所以出现这一局面,一方面与改革开放以来中国经济社会快速发展的现实国情不无关系。这一时期由于摒弃了原有的计划经济思维,改以市场经济机制,尊重市场规律、确立市场规则、发展市场权利和培育市场能力,无论是企业组织数量还是居民收入水平都取得了突飞猛进的增长,在此形势下,长期以来的粗放式经济发展模式使得大气污染风险激烈爆发。另一方面,更为主要的是,受制于行政主导体制,限制了自由市场和地方政府的权力与能力,又造就了各环境主体行动的相互背离局面,政府内部、政府与市场以及政府与社会之间的“领导和实施、分工和协调、主导和辅助、执行与配合”的关系处于反向曲张的状态,无法达成前述主体的合作关系。

1. 在行政主导体制下,我国的环境治理呈现如下特征:一是行政主导体制下的政府主导。这既体现在环境政策工具体系中政府管制措施仍占据主导地位,也表现为在环境治理和保护方面市场和社会对“强大

② 冯洁、汪韬:《“开窗”:求解环境群体性事件》,载《南方周末》2012 年 11 月 29 日。

有力"政府的强烈心理依赖及其自身权力、义务和能力的弃失。二是中央政府权威决策。一方面通过人事激励、财政激励、分权激励等引导地方政府积极遵从中央政府指示,另一方面借助考核监管、问责追究和财政约束等压力型手段来使地方政府不脱离预设轨道。

2. 各级政府部门、自由市场、环保组织和企业个人等环境主体治理责任实际上是彼此分立的,中央政府的高度统筹、地方政府的环境治理、市场机制的协力参与和公民社会的守法遵从未能形成一体连贯的"合作链条",而是彼此分离甚至孤立。这一主体间权责分离的问题症状具体表现在以下方面:

一是中央政府的环境统筹治理面临困境。处于转型时期的中国,环境治理与经济发展的矛盾对立尤其突出,自改革开放以来从上至下达成了"以经济建设为中心"的政策共识,"经济发展优先,环境保护劣后;先污染,后治理"的 GDP 至上发展理念占据主流。为扭转这一固有思维惯性,中央通过在顶层政治话语中突出生态环境的重要性来平衡环境与经济之间的非对称关系,如近年来党政机关发布的大政方针文件中大多都强调了生态环境保护的国家战略位置,同时在环境治理上既严重依赖地方执行,又借助指标考核、巡回督查等手段严格监管地方政府,进而实现其保证全国生态环境质量总体向好的国家意志。由此,中央政府在放权与集权上齐并发力,一方面分权给地方政府以此激活其环境治理的积极性,另一方面促进环境监管权力向上集中,保证地方的环保行动符合中央的整体利益所需,但也在一定程度上陷入了权力循环收放的状态。现实情境下的央地环境权责配置既缺乏规范支撑,导致央地政府陷入各自困境之中,即中央面临环境集权监管体制的利弊同构,③地方遭遇权责划分不稳定、不清晰和不规范带来的自主行动不便。

二是地方政府缺乏环境治理的自主权力、能力赋予和责任约束。为创设有利于经济发展的宽松政策环境,地方会根据上级压力的松紧度适

③ "利"的一面是集权监管可以实现地方分割化环境利益的加和结果最大接近中央整体性环境利益,维护统一主权国家范围内的生态社会秩序,"弊"的一面是地方的环境治理权可能偏离自主原则,使得力求建立的"自主决策型环境治理模式"反而回退到原有的"地方依赖型环境治理模式"。

时调整环境政策,却缺乏治理大气污染的长远规划和经济牺牲准备。大气污染的跨区域流动性,以及地方政府责任和监督机制的单向性,使环境这一公共产品能够轻易摆脱属地责任的限制,最终累积转化为中央政府的统筹治理义务,地方政府的属地治理责任由此被隐性淡化。在此情形下,环境权威治理当然地成为我国现阶段应对环境危机的有效模式,但也由此导致地方自主开展环境治理的权力和能力依然处于规范空白的状态,纵向事权划分不清晰、不合理、不规范,事权与支出责任划分积累了不少矛盾。④ 特别是单纯的"对上负责"通道催生了地方政府操纵统计数据、应付上级考核、回避民众诉求等诸多弊病。⑤

三是共同参与环境治理的市场机能仍较脆弱,自由市场发育滞缓。许多环境资源根本不能通过市场行为进行交换,或者它赖以交换的市场在某些方面是不完备的。⑥ 由于存在潜在的、严重的市场失灵,外加环境污染的负外部性影响,政府就有必要通过生产、资助和监管的方式进行合理干预。⑦ 但这并非意味着环境治理在政府管制的绝然控制之下,实际上从环境污染治理成效显著的发达国家政策演进来看,市场导向型环境政策的黄金时代已然来临,具有更强的政治和经济上的可行性和可接受性。⑧ 在治理环境污染方面,政府将市场视作有效化解环境风险的政策手段,而非与政府管制互动互补的平行治理机制。这主要体现在一方面政府过多承担了本可由市场解决的事务,设置了过高的门槛,使市场能够参与环境治理的机会大为削减;另一方面政府出台的大量"命令控制"型环境政策以规制市场行为,这无疑给市场发育造成较大影响,故

---

④ 楼继伟:《中国政府间财政关系再思考》,中国财政经济出版社 2013 年版,第 287~289 页。

⑤ 冉冉:《"压力型体制"下的政治激励与地方环境治理》,载《经济社会体制比较》2013 年第 3 期。

⑥ [英]罗杰·珀曼等:《自然资源与环境经济学》,张涛等译,中国经济出版社 2002 年版,第 146 页。

⑦ See Paul A. Grout, Margaret Stevens, "The Assessment: Financing and Managing Public Services", *Oxford Review of Economic Policy*, 2003, p. 2.

⑧ [美]保罗·R. 伯特尼、罗伯特·N. 史蒂文斯主编:《环境保护的公共政策》,穆贤清、方志伟译,上海人民出版社 2004 年版,第 82 页。

促进环境政策体系的主导工具由“命令控制型”向“市场激励型”转化实为必要之举。

四是在社会层面,民众普遍存在“环保靠政府”的观念,缺乏对自我行为的克制。公民社会对于生态环境保护的道德约束力较低,环境的公益属性与个人的私利本性相对立,导致环保部门在执法过程中,一些个人、企业、单位和组织往往是顶风作案、敷衍应付,偷排、漏排、私自篡改环境监测数据以及违规申报和使用环保补贴资金等违法乱象屡见不鲜。在狭隘的自利本性下,企业经营者往往倾向于追求短期经济效益而不肯在提升技术和产业升级上投入更多成本。

当然,我国的环境污染治理所取得的成就与这种治理体制有很大的关系,现实问题是如何在现有治理体制下通过某种路径来促成环境参与主体的有效合作,尽可能地避免出现脱离市场化和地方执行偏差的问题,从而实现治理体制与环境保护的最佳组合调适。

二、观点亮明:化解传统治理体制弊端的财税法路径

表面上来看,财政在环境治理当中具有工具性价值,即作为为环境治理提供一切开支费用的支撑性工具和作为引导社会向环境友好型转变的调节性工具,但从深层意义上来说,以财税为主要内容的改革成为实现国家治理现代化的现实路径,以财税调节激励市场发育、以财税制度引领社会向善,承载着众多期待的财税领域改革既面临前所未有的机遇,也遭遇来自诸多方面的挑战。环境治理是当前国家诸项治理事务中的突出部分,生态环境能否得以有效保护,既关系国民感受,又牵涉代际发展公平,财政改革的嵌入无疑为传统的行政主导型环境治理提供了另一条更优越的可选方案,并在已有的传统环境治理格局下积极发挥公共财政的物质供给、制度供给和精神供给,以期最终形成政府主导实施、地方责任治理、市场有效驱动和社会民众参与的合作型环境治理局面。

1. 物质供给。正如前文所述,国家财政在环境治理过程中发挥的最基本功能就是财力给付,物质供给在财政嵌入环境治理中起基础作用,但一个有效的财力供给系统意味着如下方面:首先,立足于财力供给但

又不能拘束于财力供给,在争取环保开支充足可用的同时,不能以牺牲公民的合法财产权以及违背量能课税原则、受益原则、税收法定主义、信赖利益保护等基本税法正义理念;其次,财力供给的有效性不仅在于供给结果与治理需求之间的量性适配,更在于供给过程与治理正义之间的质性对等,即不能过分强调政府对于环境治理的支出责任而不关注政府的具体支出过程;最后,财权与财力结构配置的适当性是形成国家环境治理有效财力供给系统的关键所在,政府间环境事权与支出责任的明确界定必须有与之相一致的财权和财力相配合,从而使得政府"应为之、能为之"。

2. 制度供给。相比单向的政府直接规制举措,公共财政为环境治理引入了更多间接引导和激励作用的具体财税制度,例如环境补贴、税收优惠、税收返还、奖励、绿色税制结构等,同时也有一些与直接规制手段相融合的措施,比如环境保护税、排污费、行政罚款、专项基金等,这些环境政策工具整合统一于财税与国家战略的融合视野当中,除了能够产生惩治环境污染和破坏违法行为的直接效果,也能够通过财政的"承上启下"作用激励市场作出符合经济效益的产业结构调整以及渐进引导民众绿色消费和爱护环境。

3. 精神供给。财政对于环境治理更为重要的作用在于其为之提供了可期的先进精神,这体现在财政在环境治理过程中所供给的自主精神、法治精神。其一,在自治精神层面,财政适度分权的实践能够对环境权威治理中的行政干预起到一定缓慢稀释作用;其二,在法治精神层面,财税法治为环境问题提供规范治理的法理思维,伴随着以税收法定、预算法定等为标志的财税法治变成现实,依法治理环境将成为主旋律,一改以往"重实体结果轻程序正义"的环境行政管理思维。预算法中预算公开的全面落实,财税立法中征求公众意见的推行,环境公益诉讼制度的建立等,都预示着民众参与和公共监督是环境合作治理当中必不可少的一环。

作为"理财治国之法"的财税法,主要关注立法与行政、中央与地方、政府与市场、国家与纳税人等关系,并在现代民主法治国家当中发挥着多面功能:在政治层面规范政府的理财行为,包括财政收入、支出和监管行为;在社会层面以促进收入公平分配为目标;在经济层面以保障社会经济稳定健康发展为依归。[9]“财税乃经济政策、政治体制和法律规则的综合载体,全面深化改革的突破口和着力点”,[10]也是当前从传统行政主导管理模式向现代社会合作治理模式转换下处理国家各类治理事务的主要切入口。具体到大气环境治理这一问题,一方面,财税法是关乎财税制度集群的法律规范,是通过立法的形式确立和实施财政税收制度,从而将财税政策工具的选择和运用规则化,并最终使得财税制度的治理效用在大气环境保护中得以完美体现。另一方面,财税法也是财税权力主体与财税权利主体行为互动的规制法律,通过对政府间财政权责(主要是财权、财政事权和支出责任)进行依法合理配置,使府际财政权责划分明晰化、规范化和法治化,形成一个“权责一致、分工合理、决策科学、执行顺畅、监督有力”的现代服务型政府,进而保障各级政府部门能够“有动力、有能力、有责任心”地去解决关系民众切身利益的大气污染问题。总体上,财税法在其中主要发挥着分配、规制、激励和监管等作用,具体体现在以下方面。

1. 财税法是引导资源合理配置的优化分配之法。大气污染治理是一项耗费庞大的公共支出工程,依托政府编制并经全国人大审议通过的年度预算案而展开,环保预算支出计划直接或间接地导致社会资源向着有利于实现环境保护政策目标的方向进行分配和流动。预算资金分配是兼具政治考量和理性计量的活动。各级政府每年根据大气污染的不同地区形势和全国整体形势,经过对大气污染治理成本的计算比对,编制本地区或全国性的政府预算中的节能环保支出项目,作为政府进行大气环境治理的财政支出依据。以法治为核心要义的现代预算法对政府节能环保支出的全过程进行规范和控制,确保各级政府部门合法开支,将财政资金用到民众所希望去向的地方。通过环保预算支出安排的计划性和法定性,可以直接或间接地实现社会资源配置的绿色化。即一方面把财政资金直接用于治理大气污染,对一些污染治理项目加大资金投

---

⑨ 刘剑文等:《财税法总论》,北京大学出版社 2016 年版,第 183~189 页。

⑩ 熊伟:《中国国家治理的进路选择:财税治理及其模式转换》,载《现代法学》2015 年第 3 期。

入力度;另一方面,将公共财政投入到节能环保产业,如高新技术产业、新能源产业等,能够吸引社会资源涌向该领域,从而促成整个国家经济结构的优化调整,实现社会资源配置的绿色导向。

2. 财税法是规制权力主体和权利主体行为之法。行为规制是财税法具有的另一重要价值,主要包含对财税权力主体即政府部门和对财税权利主体即纳税人的行为规制,体现出控制权力和规范行为的双重语义。财税治理大气污染实质表现为财税权力与权利相互作用、双向互动的过程,政府与市场机制运行有着同样的机理,都逃脱不了经济因素的中介连接,因此,财政是贯穿于环境治理任务的基本行为逻辑。在此意义下,治理大气污染所内含的规制政府环境治理权力和公众自主行为权利,就必然涉及财政维度上的法律规制手段运用,而这正是财税法的治理意义之所在。显性来看,财税法是实现控权目的的法律规范,其主要体现在对权力主体——政府部门的行为规制上,以期确保政府部门的财政收支行为和管理行为都能依法进行,防范政府权力滥用对公共财政体制的侵扰。更具深层含义的是,财税法也是规制广大纳税人个体行为的行为规范,排污费的征收、环境保护税种的确立、税制结构的绿色化发展趋势,都夹杂着政府利用财税手段间接规制私人行动的治理目标,以赋以课税、行政收费或其他财政收入方式,附加对违背生态环境利益的个体自私行为以公共责任成本,通过这种增加成本的方式,能够促使权利主体在保持或增加营利的趋利本性下自主调整行为,逐渐向公共利益指引的方向靠近,从而尽可能地规避或减弱政府对其权利规制。

3. 财税法具有激励市场主体绿色行动的正向功能。财税法不仅是关涉财税权力与权利之法,也是实现多种政治意旨的政策之法。除规制作用之外,财税法更为优越的价值体现为利用财税制度所蕴含的经济诱导功能来激励市场主体作出合乎政策指向的行动。将环境保护的政策目标委与财税调控的过程中,利用财政税收的正向激励功能,通过对一些节能环保的生产和消费行为施加直接性的财政补贴或间接性的税收优惠、税收返回、减免税政策,可以在遵循市场经济运行规律的基础上,诱导市场主体作出符合环境保护政策意图的绿色行动。这种财税激励举措将政府与社会之间的直接性强硬规制关系,内化为“直接规制+间接引导"的双向治理措施,与直接规制相比更为有效的地方在于,财税的经济诱导功能把行为的自主决定权交还给了市场主体本身,只不过为同时实现公共意志、避免发生集体行动选择的非理性,政府以财税政策为治理工具,通过给予那些有利于社会整体利益实现的权利主体以财政返还或财政奖励,从而为企业组织和个人作出理性行为选择和安排创设正面的经济诱因。

4. 财税法能够发挥有效监督公共治理过程的作用。作为控权之法的财税法,其实现控权目标的路径除了对财税权力主体的各项权力行为提供规范指引以外,更为重要的途径是其具有严密而有效的监管体系。财税法的监督功能主要通过对财政收支全过程的监督而展开,涉及所有行使财政收支权力的政府部门,财税法的监督功能是全过程、全方位的监督,也是行政监督中最切实关键的部分。大气污染治理监督指的是广义上的监督,即包括财税法体系内外的监督。按照大气污染治理央地财权事权分担的阶段、财税治理大气污染过程规范阶段以及财税治理大气污染效果评价阶段的划分,主要分为事前监督、事中监督和事后监督。总之,在财税法视野中研究大气污染治理的切口即在于通过对相关财税行为的监督和约束而达到规范的目的。

三、观点立足:领域法学视野下学科交叉的新尝试

理论研究绝不是凌驾于社会现实问题的空中楼阁,理论的生命力正是在于来源于现实、服务于现实和超然于现实。在坚持理论与现实相结合的研究路径下,从大气污染治理这一当下最为社会关注且极为棘手复杂的问题出发,并选取公共财政这一关键切入点,借助财税法和环境法的有关理论,希冀于在财税法的视野下探索出一条最为有效的大气污染治理路径。细言之,本研究拟以大气污染治理为问题导向,力图从财税治理视角、财税法基本理论和财税行为的法治逻辑出发,一方面寻求财税政策工具在大气污染治理中发挥最大功效,实现我国环境政策工具系统从行政管制型政策工具为主导向经济激励型和公众参与型为主导转变,促使当前过多依赖大气污染的事后、被动治理效果更多向事前预防和主动治理转变;另一方面,政府主导大气污染治理归根结底表现为其

运用公共财政进行环境公共治理的过程,环境保护和治理作为一项由政府主导负责的公共治理任务,固然被纳入政府预算之中,但其中各级政府部门在大气污染防治这一大事权上的具体事权和分工各有不同,同时也应有相应的支出责任与之对应,若要摆脱当下传统环境治理模式的弊端,转向更为有效的环境合作治理模式,就不能忽略财政分权改革的作用,这正是本文提出的化解大气污染危机的突破路径。

(一)领域法学视野下环境财政的理论创新

近年来,一种区别于传统的部门法学视域的领域法学范式正兴盛而起,它是"以问题为导向,以特定经济社会领域全部与法律有关的现象为研究对象,融经济学、政治学和社会学等多种研究范式于一体的交叉性、开放性、应用性和整合性的新型法学学科体系、学术体系和话语体系"。[11] 问题导向、综合视角和实质理性构成了领域法学的独特立场,[12] 其中问题导向构成了领域法学促进理论与现实互融的基本立足点,"关于国家治理现代化和法治中国建设的理论构想不是抽象的玄思,须以现实存在的问题为导向"。[13] 本文贯穿始终的一个问题是如何实现政府有效治理大气污染的目标。再从财税法与环境法的法际理论融合的研究路径出发,财政在大气环境治理中具有二维嵌入作用:一是财政的制度性嵌入,为大气污染治理过程中的财力给付、工具运用和权力规范提供必要支撑;二是财政的分权性嵌入,通过财政权责配置来塑造环境主体间的正当角色和合作关系。[14] 环境与财政看似联系不够密切的两类事务,一旦具体到治理议题,便因此产生关联,这是由于财政嵌入到国家治理的方方面面。在法学的规范语境下,综合环境法与财税法的基础理论,适应法学研究向着"理论结合现实"的实用主义转型发展。

---

⑪ 刘剑文:《论领域法学:一种立足新兴交叉领域的法学研究范式》,载《政法论丛》2016 年第 5 期。

⑫ 熊伟:《问题导向、规范集成与领域法学之精神》,载《政法论丛》2016 年第 6 期。

⑬ 季卫东:《问题导向的法治中国构思》,载《法制与社会发展》2014 年第 5 期。

⑭ 黎江虹、黄家强:《论财政嵌入环境治理的制度逻辑和分权路径》,载《江汉论坛》2018 年第 4 期。

(二)政府权责适配下助推大气环境有效治理

梳理国内外现有关于环境与财政的跨学科研究成果,不难发现理论界对于财政在环境治理中所起作用的认识仍旧陷入工具性思维之中。有学者将财政体制视作确保环境法实施责任得以落实的工具保障,⑮另有托马斯·思德纳、杨洪刚、刘丹鹤等学者从环境政策工具角度将财税政策作为经济激励型工具类型之一进行研究。⑯ 值得肯定的是,从静态层面上而言,财税政策确然为一项必不可少的环境治理工具,它在提供环境治理所需的公共资金、培育市场参与治理环境的意愿和能力以及引导社会民众主动采取节能环保行动等方面发挥着不可小觑的作用。然则,国家治理进程中公共财政的社会意义非仅限于资金给付、培育市场、规制权力和引导行为等,更为显著地投射于政府财政的动态作用。立足于我国时下财税体制改革焦点——财政分权的时代进路,从这一维度探讨环境与财政的动态作用范式逐渐盛行开来。理论界关于财政动态作用于环境治理的模式认知主要有"集权派"和"分权派"之分,"集权派"中有学者认为地方环境自主规制会导致扑向底层的竞争(Race to Bottom),主张由中央政府对环境事务统一进行管理;⑰"分权派"以Oates 等学者提出的环境联邦主义理论为代表,他们认为,与中央政府相比,地方政府具有信息优势,更加了解自己辖区内公民的偏好和环境状况,因而地区性污染的规制责任适宜于由地方政府承担。⑱ 总而言之,现有的环境财政理论研究不啻于税费政策工具的静态面向,更延展到国家财政权责集中或分散的政经体制动态改革领域。在我国如何让公共财政全面且深入地作用到环境治理之中尤为迫切,从而既最大限度地发

⑮ 高利红:《论财政体制与我国环境法的实施责任——以丹江口市为例》,载《法学杂志》2016 年第 3 期。

⑯ 兹可参见[瑞典]托马斯·思德纳:《环境与自然资源管理的政策工具》,三联书店、上海人民出版社 2005 年版;杨洪刚:《中国环境政策工具的实施效果与优化选择》,复旦大学出版社 2011 年版;刘丹鹤:《环境规制工具选择及政策启示》,载《北京理工大学学报》(社会科学版)2010 年第 2 期。

⑰ See Stewart R. B.,"Pyramids of Sacrifice? Problems of Federalism in Mandating State Implementation of National Environmental Policy",*The Yale Law Journal*,1977,p. 6.

⑱ See Oates,"On Environmental Federalism",*Virginia Law Review*,1997,p. 7.

挥预算控制、税费规制、资源配置的财税政策工具功能,又通过财政适度分权改革来厘清各级政府协同治理环境污染的权责关系,调和央地政府双方的冲突利益,重塑从上至下的激励机制,引导形成市场机制和公民社会共同参与的环境合作局面,最终在现代公共财政的"制度效用"和"权责重构"下嵌入式地促成"政府主导"下的环境共治模式。

(三)提供事权与支出责任划分的样本研究

十八届三中全会公报在深入财税体制改革任务中指出要"建立事权和支出责任相适应的制度",2016年国务院印发《关于推进中央与地方财政事权和支出责任划分改革的指导意见》,进一步明确了政府间财政事权和支出责任划分改革的必要性、指导思想、总体要求、划分原则、主要内容、保障和配套措施、职责分工和时间安排等,其中就明确了2016年在国防、国家安全、外交、公共安全等基本公共服务领域率先启动财政事权和支出责任划分改革,2017~2018年要争取在教育、医疗卫生、环境保护、交通运输等基本公共服务领域取得突破性进展,2019~2020年基本完成主要领域改革,形成中央与地方财政事权和支出责任划分的清晰框架。由此可见,目前我国的事权与支出责任划分改革已然进入关键期和深化期,具体到环境保护领域,2015年国务院印发《生态环境监测网络建设方案》,其中提出了明确生态环境监测事权这一改革任务,要求环保部适度上收生态环境质量监测事权,在此之后财政部、环保部联合发布《关于支持环境监测体制改革的实施意见》,提出到2018年,全面完成国家监测站点及国控断面的上收工作,国家直管的大气、水、土壤环境质量监测网建立健全。对大气污染防治中的政府财政权责配置的研究,一定程度上为其他环境污染治理(如水污染治理、固体废弃物治理、土壤污染治理、噪声污染治理等)以及其他领域内的事权与支出责任划分改革提供理论研究样本,甚至提出了一些可行参照的建议。

四、简短结语:环境国家与财政国家之治理耦合

"环境国家"和"财政国家"是近代历史发展的理论产物,反映着人们对生态环境和公共财政两种不同事物的莫大关注,代表着对国家形态的最新理想预期。按照一般逻辑而言,"环境国家"和"财政国家"不相

联系，各有承载的价值目标。“环境国家”蕴含的价值理念在于“出于综合平衡的目的，国家负有环境保护的责任”，[19]它是出于环境风险议题下化解生态危机的现实需要。“财政国家”的制度体系主要由财政收支划分制度、财政收入制度和财政支出制度所构成，因而实质是“分权国家”、“税收国家”和“预算国家”的统合，[20]其内在功能意蕴为规范政府理财，促进社会公平和保障经济发展。[21] 实际上，财政治理贯穿国家存续历史的始终，而环境治理则产生于近现代环境风险陡增背景之下，从公共治理语境上，环境治理是政府承担的众多公共治理事务中最为紧要突出的部分，而任何公共事务的有效治理都离不开公共财政的嵌入作用，因此，可以说在治理语境上环境与财政具有耦合的必然性。其中，政府主导环境治理要在公共财政的轨道中运行，一是环境治理需要花费必要公共资金，这涉及如何确保政府财政支出体现公共性，即用于环境治理的公共利益需要；二是政府制定和实施的环境政策工具就包含财税政策，并且发挥着越来越重要的作用，特别是体现经济诱导功能的环境税费制度能够有效实现环境问题的预先防治；三是负责环境治理具体任务的政府部门之间存在相应的权责分配，财政事权、财政支出责任和财政收益权的纵横划分是实现环境行政分工的首要一步，只有政府间财政权责得以明确合理配置，才能形成权责清晰、协调配合的府际合作关系，进而实现政府主导环境治理的力量最大化和效果最优化。

---

⑲ 陈海嵩：《环境治理视阈下的“环境国家”——比较法视角的分析》，载《经济社会体制比较》2015 年第 1 期。

⑳ 周刚志：《论财政国家的宪法类型及其中国模式》，载《法学评论》2012 年第 1 期。

㉑ 刘剑文等：《财税法总论》，北京大学出版社 2016 年版，第 183～189 页。

从割裂到互融:领域法学的价值彰显与研究路径
——以财税法学为例

黄家强*

目　　次

一、法学危机下中国法学向何处去?

我国借鉴苏联的部门法划分理论以来,独立地位备受质疑的经济法部门与伴随时代发展应然而生的新兴法律学科一直都在花费大量智识精力来佐证其存在合理性,试图通过解决主义之争实现理论自足性和逻辑自洽性,进而维护该法律领域的"研究利益"。客观来说,引入部门法划分理论,对形成中国特色社会主义法律体系具有促进立法行动和达致基本共识的作用,但也给学科发展、理论创新和实践接轨带来致命创伤,

* 黄家强,中南财经政法大学法学院经济法学博士研究生。

甚至导致"部门法大战"下相互之间画地为牢、故步自封,对立情绪严重泛滥。[1] 这从民法与经济法之间拉锯式的攻守历史可见一斑,双方关系甚至一度落入剑拔弩张的危急时刻。[2] 如果说一开始部门法的兴起对划分和统合传统生活形态和基础社会关系有"革命性的意义",那么现如今部门法理论已然成为现代法学分支学科交叉细化与研究方法互通互融之路上的一块"绊脚石"。

部门法理论具有的滞后性和割裂性缺陷,严重阻碍了富有"中国特色、中国风格、中国气派"的"学科体系、学术体系、话语体系"目标实现,[3]致使其无法再独自担负起引领法学研究迈向现代化的历史任务。然而,植根于时代环境变迁下的法律现象也在悄然地新陈代谢、此消彼长和千变万化,并呈现出类型化和领域化的特点,既存在局部归类法律现象的微观视角,也不乏整体统合法律现象的宏观立场。[4] 在传统部门法兴盛勃发之际,以彰显某一领域特色的金融法、环境法、财税法、航空法、互联网法、教育法、海洋法、军事法、体育法、卫生法、科技法、安全法、慈善法、娱乐法、文化法、新闻传播法等正乘势而起,此外还有大量的制定法充斥其中,形成"大部门法+中领域法+小制定法"的法学研究格局。转而,讨论在这一格局中孰主孰次、谁优谁后十分重要,它关系到以何种范式、何样思维和何种理念来支撑起整个现代法学研究。

面对部门法过于宏大叙事且囊括一切而导致理论自洽和实践回应

---

① 黄丙喜、冯辉:《从对峙到融合——论经济法对"部门法理论"的贡献》,载《西藏民族学院学报》(哲学社会科学版)2010 年第 2 期。

② 例如,旅美法律学者、中国社会科学院法学研究所特聘研究员周大伟曾在其《经济法:一道困扰中国法学界的难题》一文中尖锐地提出"经济法属于明显缺少'技术含量'的'非创新产品'",此语一发立刻遭致经济法学者的一致声讨,中南大学法学院陈云良教授厉声回应,"这种妄言偏见就如头插在沙子里的鸵鸟一样无知无畏"。参见周大伟:《经济法:一道困扰中国法学界的难题》,载《西部法学评论》2008 年第 5 期;陈云良:《傲慢与偏见——经济法的现象学分析》,载《法商研究》2009 年第 4 期。

③ 习近平:《在哲学社会科学工作座谈会上的讲话》,载《人民日报》2016 年 5 月 19 日,第 2 版。

④ 王桦宇:《法律现象的领域化与领域法学的新发展——兼论财税法学研究范式转型》,载《中国财税法学研究会 2016 年年会论文集》,重庆,2016 年 9 月。

的功能盲点,加之制定法过于关注细微且面面俱到而无法做到事无巨细,易导致部门法研究向法理守则倾斜,制定法研究则偏向法条释义,而作为中观视野下的领域法学很好地将理论创制和实践应用结合在一起,综合运用法哲理学、法社科学、法教义学与法释义学的研究范式,并在部门法与制定法之间发挥承接勾连的作用,自应成为法学研究当中的主体思维、通行标准和时代话语。萌发于财税法学理论研究中的领域法学,⑤以中观的视角、全新的标准和综合的方法来审视和定夺现代法学发展过程中的新兴学科属性定位,应当得到法学界的理论重视。财税法学界的重要理论贡献就是开启了领域法学的“生命之门”,其引发的理论波及力瞩目可期,既将赋予法学的新兴学科、交叉学科及边缘学科以生命养分,又将改观现有部门法“诸侯割据”“闭门造车”的僵持局面。

二、部门法主义之争与领域法问题导向

理论法学界关于部门法划分应坚持何种标准一直争论不休,无论是“调整对象说”还是“调整方法说”抑或两者的结合——“主对象辅方法说”,理论上的主义之争使得各个学者“自说自话”,难以达成统一共识,即便在主流学说的推动下争议趋向平息,但仍无法消除“平静水面下的暗流涌动”。偏向主义争执的整体法学研究格局,大大转移了学者应有的问题导向意识,造成研究力量的极大浪费,致使理论与实践相互脱节,法学研究和教育陷入“学术高地”,未能接触“实践地气”。值得欣慰的是,近年来法学研究中已逐渐脱离大格局的主义之争,进入以问题为导向的小视野探讨,加上涵括于某一部门法总体的法律现象逐步分离出来,新兴的、呈碎片化的法律现象也不断产生聚合反应,由此在问题导向的研究路径下日益催生出不同于部门法的全新法学研究范式——领域法学。

---

⑤ 财税法学著名学者刘剑文教授首先提出财税法属于“领域法学”的范畴,认为财税法学是一个以财税为领域,法学为基本元素,融经济学、政治学和社会学于一体的应用性的“领域法学学科”。参见中国财税法学研究会:《关于“强化财税法基础理论研究,繁荣现代财税法”的倡议》,载《财税法学动态》2013 年第 4/5 期。

(一)部门法划分的主义之争

“五四运动以来,中国知识分子就一直在‘主义’与‘问题’两个方面苦苦求索着。”⑥争辩主义正确还是坚持问题出发可谓林立两派——理论建构派与实证分析派的主要争执所在。具体到法学领域,长期以来主义之争成为研究主流,每一法学二级学科的成立必须首先论证其在部门法体系中的位置合理性,似乎“有位即是合理”取代了“存在即是合理”的天然逻辑。然而,随着学科分类趋向细化,研究视角日渐微观,思维范式流向问题导向,以包含宪法及其相关法、民商法、行政法、经济法、社会法、刑法、诉讼与非诉讼程序法等多个法律部门的中国特色社会主义法律体系⑦已难以支撑和涵盖环境法、金融法、财税法、航空法、海洋法、军事法等新兴的交叉性领域学科。

其一,部门法体系是基于传统法律解决常态性问题和维护基本社会秩序之目的所做的大致分类。宪法及其相关法解决国家组织运行、形象识别及公民基本权利义务设置问题,民商法规范公民个人、法人及其他组织的私人自主活动和市场交易行为,刑法打击犯罪活动并付诸刑罚,行政法指向国家机关及其工作人员的行政行为规制,经济法以借助国家干预来调制市场经济活动进而确保资源配置的最优化,社会法关注普遍性的社会问题主要如劳动与社会保障方面,诉讼与非诉讼程序法规定司法裁判或其他调解纠纷方式过程中各方的权义配置与行为规范。综合来看,这些虽然涉及国家运转、社会发展和公民活动的基本方面,但却难以应对时代变幻(如国际共同的环境问题愈演愈烈、科技发展渗透并影响人类生活方式、主权国家战略眼光从陆地转向海洋和航空等)下的突出领域问题。即便浩瀚如云的各部门法理论也难以同一划分标准适用于解决社会习常性问题,例如消费者权益保护法中有关合同的部分就可归入民商法范畴,而政府相关的管制措施又可以列入经济法范畴,何况将生发于现代历史进程中的环境保护、金融创制、财税改革、海洋权益、军事管理、新闻传播、娱乐活动等与传统的人类生活方式、风俗习惯和舆

⑥ 秦晖:《问题与主义:秦晖文选》,长春出版社 1999 年版,第 1 页。

⑦ 中华人民共和国国务院新闻办公室:《中国特色社会主义法律体系》,人民出版社 2011 年版,第 10 页。

论氛围相对接,本身就是一种“旧瓶装新酒”的过时性思维。就财税法而言,长久以来一直将其视为经济法中宏观调控法的一部分,过度宣示“财税作为国家进行宏观调控的必要手段”,这种“工具主义”思维不仅使得国家“用财税调控、借财税反腐、以财税改革”,导致过多承担经济目的、政治目的和社会目的的财税政策性规定大行其道,而且造成纳税人权利保护至上理念在财税政策的制定过程中有所缺失。但若视其为行政法中的一部分,又忽视了经济法语境内的国家调控功能维度,使得在部门法理论下财税法的法域属性和学科位置到底为何难以言说。若不在法理上创新出一个新的学科划分依据,则类似于财税法这样的新兴学科可能难以保持持久和旺盛的生命力。

其二,部门法理论容易形成法学研究中的“版块思维”。在秉持学界公认的划分标准下,人为地形成几大“研究阵地”,各阵地上的学者既出自于热爱“学术故土”之情又基于“学术共同体”之利,极力捍卫着他身处的阵地。如同三国之战一般,各个“研究阵地”之间亦难免发生“争抢地盘”的利益竞争,这揭示出主观趋利性和道德性因素之外的一个更为深层次客观因素,即部门法划分的主观标准已使得基于此形成的法学研究格局极为脆弱,既难以承担理论发展过程中不断提出的新挑战,更无法承接时代发展过程中日益兴起的新领域。当下的法学研究除了遭受内部的“阵地之争”以外,还禁锢于自身视角,无法立足于人文社科的大框架下。然而,正如美国著名法学家霍姆斯所言,“法律的生命不在于逻辑,而在于经验”,只有立足于社会鲜活现实当中的法学研究才是最有利用价值的。这就不仅需要法学自身的理论创制,更需要与政治学、社会学、经济学等进行理论交融。

其三,部门法划分直接或间接地形成了以部门法律为专长或专业的学术圈或法学教育。应当肯定的是,这种法学研学格局对过去、现在乃至未来都具有一定的现实意义,但偏重于部门法内共同理论体系的塑造往往忽视其中交叉问题或特殊问题的解决之道,导致出现以“捍卫部门法”为指向的法学理论研究动机和以“重理论轻规范”为特征的法学教育现状。诚如史际春所呼吁,“每个部门法都要到数万个法律法规中去寻找其规范,以拼凑其部门,如此精确之理论,于法制实践乃至理论本身又何益之有?”[8]面对邓正来所提出的“中国法学向何处去”,一个掷地有声的回答便是“中国法学应朝向回应现实问题的道路上去”,中国法学研究和教育的意义便在于培育具有创新法理逻辑和解决问题意识的综合型专业人才。

(二)领域法兴起的问题导向

与此同时,国家治理问题的复杂性、现代性和多发性与部门法理论日渐凸显的逻辑缺陷和实践脱节相伴而生,大量社会问题如环境治理、财税改革、金融监管等亟须重视,由此形成现代社会对于重要领域问题解决的极大关切。“这些复杂的领域问题远非任何一个单独的部门法所能解决,法律部门之间的界限也开始出现融合。”[9]在现实问题层出不穷和部门法沦入主义之争下,迫切需要在回归法律的社会治理功能基础上开拓法学研究新的范式、话语和体系,实现这一转型的关键在于坚持问题导向。诚如马克思所言:“历史本身除了通过提出新问题来解答和处理老问题之外,没有别的方法”,法学的历史进步和当下价值正是体现于它的定分止争和引导促进作用,毫不夸张地说,法学乃“经世治国之学问”。尤需注意,当前我国提出推进国家治理现代化和法治中国建设,绝不能陷入抽象的理论玄思之中,须以现实存在的问题为导向。[10] 基于此,面对社会主要领域存在的突出问题,需要发挥该领域自身的学科智慧,以解决领域内具体问题为研究动机,突破传统部门法各自为政的思维限制,以跨部门法乃至跨学科的更广阔视野去看待某一领域问题,“跳出部门法看问题,跳出法学看问题”,力图在对该问题全面认识的基础上寻求妥当处置路径。

领域法学正是在此背景下提出的全新话语和划分基准,区别于部门法学中“部门”二字流露出的分割主义和“官僚色彩”,领域法学则以“领域”二字显示出交融互联与专业主义。当然,领域法学概念的提出并不是建立在全盘否认或推翻现有部门法学理论的基础之上,反而需要从传

---

⑧ 史际春、邓峰:《经济法总论》,法律出版社 1998 年版,第 137 页。

⑨ 刘剑文:《中国大陆财税法学研究视野之拓展》,载《月旦财经法杂志》2005 年第 1 期。

⑩ 季卫东:《问题导向的法治中国构思》,载《法制与社会发展》2014 年第 5 期。

统部门法中汲取理论养分，并要将视野延展到法学之外的人文社会科学甚至自然科学中去，因而保持开放姿态是领域法区别于部门法的显要特征所在。此外，又不同于某一制定法中对具体细微问题的专门研究，它是对某一领域内共性问题的理论统合、知识建构与策略共享。以环境保护问题为例，传统部门法受到自身法律价值、学术传统、理论体系和研究范式等方面的历史限制，严重制约传统部门法应对环境问题能力，因而需要整个法律体系的不同法律部门之间在针对环境问题的对话、沟通与互动基础之上形成协同性回应。⑪ 自此，特定领域内的自我话语体系塑造便尤为必要，这也切实反映到如科技法、体育法、教育法、海洋法、军事法、卫生法、航空法、金融法、财税法等新兴领域学科独立性的理论自证当中，⑫这种"自证其实"绝非出于争夺学科利益的狭隘心理，而是基于解决现实问题作出的理论对接。

坚持问题导向而非划分主义是领域法学的立论之本和基本范式，与部门法遵循的"先建构理论再谈论问题"的研究路径有所不同，领域法生发于某一突出领域问题的法律规制紧要性之下，是一种基于解决实际问题基础上的理论提炼与制度统合。可以说，领域法学是对部门法朝向问题研究范式的继承、发扬和升华，继承的是传统部门法的成熟理论，发扬的是依法治理社会问题的法学视野，升华的是实现国家有效治理的问

---

⑪　柯坚：《当代环境问题的法律回应——从部门性反应、部门化应对到跨部门协同的演进》，载《中国地质大学学报》(社会科学版)2011年第5期。

⑫　关于这些新兴学科独立性的理论论证，可参见牛忠志：《论科技法在我国法律体系中的部门法地位——兼论传统法律部门划分标准的与时俱进理解》，载《科技与法律》2007年第5期；朱琳：《论我国体育法独立部门法地位的确立》，载《贵州民族学院学报》(哲学社会科学版)2005年第4期；蒋超：《论教育法是一个独立的部门法》，载《康定民族师范高等专科学校学报》2004年第3期；徐祥民：《走出国际法范畴的海洋法——服务于我国海洋基本法建设的思考》，载《山东大学学报》(哲学社会科学版)2015年第1期；张艳：《论军事法的部门法地位》，载《南京政治学院学报》2008年第3期；石东风：《从学科属性谈卫生法学姓甚名谁》，载《中国卫生法制》2016年第2期；郝秀辉：《中国视域下航空法独立性之辩》，载《北京理工大学学报》(社会科学版)2013年第3期；李有星：《论金融法学学科的独立性与教材模式的选择》，载《金融服务法评论》2010年第1期；刘剑文：《作为综合性法律学科的财税法学——一门新兴法律学科的进化与变迁》，载《暨南大学学报》(哲学社会科学版)2013年第5期。

题导向，将良法善治置放到社会、人文、政治等整体环境中接受检验，真正实现“依法”去“办事”，“依法”去“治国”的行为准则与工具思维。

三、领域法学的价值、品格与功能刍议

在部门法主义之争无法带给新兴法律学科成长养分之时，体现视野延伸、方法互通和理论整合的领域法学便应运而生。一方面，它给新兴法律学科的存在意义和成长空间提供了自足理论和自洽逻辑，使得诸如财税法这类新兴学科找到各自位置，不再受制于部门法版块划分的局限性，而是以更加开放、更为融合、更为理性的姿态去迎接现代社会各个领域内的法治任务；另一方面，它也使得犹存已久且有继续发展趋势的“部门法主义之争的火焰”得以缓缓熄灭，又犹如“一颗火星点燃了另一片辽阔法学草原”，形成以解决具体问题为导向和以统筹领域共识为线索的“‘理论+应用’型法学”。

（一）领域法学的价值彰显

在认清领域法学所具有的多元价值之前，有必要对其概念进行阐释。领域法学概念的开拓者、中国著名财税法学者、北京大学刘剑文教授认为，领域法学（Field of Law），是以问题为导向，以特定经济社会领域全部与法律有关的现象为研究对象，融经济学、政治学和社会学等多种研究范式于一体的交叉性、开放性、应用性和整合性的新型法学学科体系、学术体系和话语体系，它是一门研究“领域法”及其发展规律的法律科学。[13] 从定义来看，领域法学具有的开放性、交叉性、应用性与整合性特征显而易见，因而在学科视野上着重互融开放价值、在研究方法上强调整合互用价值、在主线逻辑上体现论用并举价值。

1. 学科视野上着重互融开放价值。现代社会各类问题不再是单一学科知识给予治理对策，一个跨越边界的“学科互涉时代”已然到来，“不同学科间的每一个互动都标志着提升某些观点的承诺，它们的共同

---

⑬ 刘剑文：《论领域法学——一种立足新兴交叉领域的法学研究范式》，载《政法论丛》2016 年第 5 期。

特征是都具有混杂品格”。[14] 摒除了部门法学“领地纷争”的弊端,领域法学以一种更为包容、更加开放和更趋理性的学科态度和学科视野来看待不同法学学科尤其是新兴法学学科互融发展。这种互融开放的价值不仅是领域法学区别于部门法学的卓越品质,更为深层地来自领域问题的复杂性与关联性。

2. 研究方法上强调整合互用价值。对于领域法学而言,研究方法、研究范式与研究路径的确定尤为重要,作为一门新兴法学理论类别,虽无法像部门法那般“从无到有”地创建“独创理论”,但却正是建立在大量丰富的部门法理论知识之上,同时又不仅仅局限于部门法理论方面,可能还要借助法学之外的其他人文社会科学理论,因而领域法学体现出一种“整合互用”基础上的专属理论创新。同时,由于坚持问题导向的基本路径,以发现问题、分析问题和解决问题为主线的领域法学,除了理论建构上大有作为之外,还在研究方法上突破社科法学与法教义学的争议,不仅可以采用法社会学、法经济学乃至法哲学等理论研究方法,还可以吸收法释义、法实证、法调研、法假定等多元实践研究方法。

3. 科学定位上体现论用并举价值。“法学非理论科学,而系应用科学;非徒凭纯粹的理论认识,即足济事,而应统合理论与实践,通过法律的应用,始足满足吾人社会需求,达到社会统制目的。”[15]领域法学以问题为切入并形成各自领域内的理论话语,又广泛吸纳其他领域学科、传统部门法乃至政治学、经济学、社会学等人文社会科学的理论精华,服务和应用于领域问题的具体解决,因而可以说领域法学是集理论科学和应用科学于一体的综合全面性法律科学,体现出研学结合和论用并举的理论与实用一体价值。

(二)领域法学的品格塑造

1. 领域法学是问题法学。前已所述,领域法学以坚持问题导向为话语底色,其下之学术团体以秉承基本的问题意识为研究路径,因而从“问题”中来,又到“问题”中去是领域法学的基本要求。毫不夸张地说,领

---

[14] [美]朱莉·汤普森·克莱恩:《跨越边界——知识、学科、学科互涉》,姜智芹译,南京大学出版社2005年版,第27页。

[15] 杨仁寿:《法学方法论》,中国政法大学出版社1999年版,第38页。

域法学是一门问题法学,它不仅要求在研究方法上“时常既需要运用不同法律学科的思维和方法,又需要仰仗不同法律部门的协力互助”,⑯而且还需要在研究范围上注重挖掘本领域内的“具体制度之上的基础问题、具体制度之间的共通问题以及具体制度之外的学科问题”,⑰既要防止因偏重具体问题而沦为“制度法学”,又要防止因偏重抽象问题而沦为“理论法学”,这两种“法学模式”都绝非领域法学的全部,领域法学应是理论与实践紧密结合的产物。问题导向而非“问题即全部图景”,并且“问题”也绝非单指具体实践中的制度问题,还应存在理论建构上的共性问题与学科问题。从财税法、环保法、金融法等领域法学分支学科来看,当下紧要之义并不是关于具体制度问题的讨论与解决,而应在凝练共性问题和构造学科基础理论上发力,从而应从广义上理解领域法学坚持问题导向中的“问题”二字。面对财税法学等学科研究一直存在的“冷热不均、联系不畅、法味不浓”等问题,“从内部建构起自洽的理论架构,进而在‘学科自主’和‘知识自足’的基础上形成理论与实践的良性互动”⑱应成为领域法学分支学科建设必须马上展开的行动。值得欣慰的是,上述新兴学科在基础理论研究上已有所突破,⑲逐渐实现了理论自主、提升了学科自信、赢得了学科位置。

2. 领域法学是专业法学。《辞海》当中对“领域”一词的解释有二:其一,泛指国家主权所及的区域;其二,指思想意识、学术研究或社会活

---

⑯ 叶金育:《税法整体化研究——一个法际整合的视角》,北京大学出版社 2016 年版,第 3 页。

⑰ 刘剑文、陈立诚:《财税法总论论纲》,载《当代法学》2015 年第 3 期。

⑱ 刘剑文、陈立诚:《财税法总论论纲》,载《当代法学》2015 年第 3 期。

⑲ 尤其以财税法学最为突出,近年来财税法学基础理论研究得到极大重视,涌现了不少的研究成果并呈现蓬勃发展的势头,特别是刘剑文等所著《财税法总论》一书以及《财税法总论论纲》一文从学科理论建构上大胆突破、力求创新,另外还有陈立诚等从财税法学当中财税行为理论、财税责任理论等尝试革新,这些都为实现学科自主、进而为领域法学概念的正当性提供了学科经验和实践佐证。参见刘剑文、侯卓、耿颖、陈立诚:《财税法总论》,北京大学出版社 2016 年版;刘剑文、陈立诚:《财税法总论论纲》,载《当代法学》2015 年第 3 期;陈立诚:《财税行为构建论纲》,载《北京社会科学》2015 年第 7 期;陈立诚:《财税法律责任探微》,载《税务与经济》2015 年第 4 期。

动的范围。[20] 具体到领域法学的概念,应是指学术研究或思想意识上的范围。众所周知,通常提及"领域"二字,常常不由自主将其与"专家"或"专业"二字相联系,故而领域法学相较部门法学具有更为学术性的意味,同时相较某些学者所提出的"行业法学"[21]又更具专业性的形象。在领域法学的新型法学评价标准之上,有助于培养法学研究者"一专多能"的研学技能以及"理论联系实际""从问题中来到问题中去"的应用思维,更有利于基于对领域专业性的信赖而促进社会公众对于法律从业者的合作信任、对法律研究者的理论共识和对法律制定者的管理服从,从而以法理和法治的专业化带动良法善治。

3. 领域法学是发展法学。不同于民商法等传统部门法倾向于关注微观的权义配置和定分止争,经济法、社会法等现代部门法更关注如何通过法律的调整去促进发展,关注经济与社会的未来走向。[22] 从经济法、社会法以及其他部门法当中所衍生重组的领域法学分支——财税法学、金融法学、环境保护法学、文化法学等都当然地承继了"发展法学"的特性,例如财税法通过对政府收支活动的规范及公共性指向来实现政治文明发展与社会民生发展的目标,金融法通过对金融机构的各种金融行为进行规制监管来达致国家良好的金融发展秩序,环境保护法通过对个人、企业组织等破坏污染环境行为的惩处追责来赢得代际间的可持续发展局面,文化法通过规范政府文化行为进而促进文化事业和文化产业的繁荣和发展。[23] 综上所言,领域法学是一门极力彰显和永恒追求经济、政治、社会、生态、文化五位一体发展理念的"发展法学",它关注发展效益和发展正义问题,以促进、引导、纠正全面发展为终极目标。

4. 领域法学是中观法学。所谓中观法学,既非全然"高高悬浮于空中"的宏观法学,也非所有"事无巨细而察察"的微观法学,而是一种宏观视野与微观视角的有机结合。领域法学因其具有的问题导向的研究

---

[20] 夏征农、陈至立主编:《辞海》,上海辞书出版社1979年版,第4232页。

[21] 孙笑侠:《论行业法》,载《中国法学》2013年第1期。

[22] 张守文:《"发展法学"与法学的发展——兼论经济法理论中的发展观》,载《法学杂志》2005年第3期。

[23] 肖金明:《文化法的定位、原则与体系》,载《法学论坛》2012年第1期。

路径和所在领域的学科理论,是在大部门法与小制定法之间起着承接对应作用的新型法学分类,因而能够以一种既非宏大叙事又非细微琐碎的中性眼光去审视具体问题、共性问题与学科问题,真正能够打破理论研究与问题研究之间的方法隔离和思维对立,从而有利于法学理论研究的兴盛勃发,以及在此基础之上有效服务于具体问题的解决,进而产生理论法学与应用法学融贯一体的法学格局。

(三)领域法学的功能维度

1. 整合功能。领域法学的整合功能体现在三个方面:一是繁杂问题的整合。以凸显问题为导向的领域法学,在其领域内充斥着各类繁杂多样的问题,既有具体制度问题,也有共性制度问题,还有学科本身问题等,如何将前述问题进行整合尤其值得深思,例如,如何对一般公共预算、政府性基金预算、国有资本经营预算、社会保险基金预算等预算类别进行预算共性问题整合,如何将财政法与税法整合为一体化财税法?这些都是财税领域所必须面对的问题。二是价值理念的整合。某一领域法学学科分支之所以能够形成,关键在于该学科内问题集合化和领域化所秉承的共同价值理念,如财税法以调节财富分配、规范公共财产和限制政府权力为价值内容,㉔环境保护法以维护人类利益、人际社会秩序和当代人的公平作为价值取向等。㉕ 共同的价值理念不仅让领域法学有了理论建构的坚实基础,也引发了学术共同体的学术共鸣与共同追求。三是知识结构的整合。视野开放、胸怀包容的领域法学更为主要的是进行知识结构的整合,既要从领域共性问题上进行法理统合,还要从部门法合作上进行法际整合,更要从自然人文科学方面进行跨法融合。

2. 承接功能。领域法学主要通过以下三种路径发挥承接功能:在部门法与具体制定法之间发挥承接功能;在抽象理论与具体实践之间发挥承接功能;在法律科学与其他科学之间发挥承接功能。当然地,承接功能的最终目标是实现跨法域、跨空间与跨学科的知识汲取和理论统合,从领域问题关联的多元部门法理论、制度实践反思和跨学科知识结构来

㉔ 侯卓、胡瑞琪:《财税法价值论刍议》,载《江汉论坛》2014年第5期。

㉕ 谢冬慧、王建国:《论环境保护法的价值取向》,载《法学杂志》2008年第1期。

形成对该问题的全方位和多视角论证,以期形成对该问题解决的最合理方案。

3. 发散功能。这主要表现为思维发散、方法发散和问题发散,领域法学的包容兼用视野给予法学研习者归纳问题、思考问题和解决问题的发散思维和多元方法,既要在思维、方法和问题上发散,为下一步的整合工作提供碎片化知识,又要注意思维发散应当坚持解决领域问题为导向,防止陷入"悬浮于空中的理想主义"或"不切实际的浮夸滥想"。

四、促生和仰赖领域法学的财税法学研究

(一)财税领域是领域法学的促生力量和先遣部队

前已所述,领域法学概念首现于财税法学理论研究,毫不夸张地说财税领域是领域法学的促进力量和先遣部队。之所以出现这一状况,一个原因在于过去财税法学一直囿于二分经济法的宏观调控法范畴之下,由于从国家干预视角过度侧重财税手段的调控功能,加之经济法的"大部门法"观念,财税法学难以找到自身应有的独特位置。但随着公共财政体制在市场经济的中国逐步确立,有必要建构起"规范理财行为、促进社会公平、保障经济发展"的财税法全方位功能定位,[26]尤其当前财税体制改革得到极大重视,财政作为国家治理的基础和支柱自然首先需要在智力支持上有所突破。此外,财税法学的独特性和统合性使得其具有个性独特的领域色彩与条理分明的主线逻辑,这构成了领域法学理论于财税法学兴起的另一原因所在。一方面,财税乃国家良性运行秩序的物质保障,财税法是"理财治国之法",通过依法、科学、民主的公共理财行为实现国家有效治理,这种区别于传统部门法的新兴领域法学有其独特且显著的地位。另一方面,财税领域主要涉及国家与人民之间的财政收入与公共支出两个方面,财政收支的两条主线在民主法治、公平正义等价值理念下贯穿了整个财税法之全部,并由此衍生出财税法逻辑严密的行为体系。最后,领域法学之所以萌生于财税法学,还是财税法学研究的

[26] 刘剑文:《财税法功能的定位及其当代变迁》,载《中国法学》2015 年第 4 期。

集体智慧结晶，预示着财税法学的学科自觉、学科自省和学科自信，[27]这一理论提出无论对于财税法学还是对于新兴领域法学学科乃至整体法学格局都将产生“牵一发而动全身”的影响。

（二）朝向综合互融的领域法学研究路径

在领域法学的学科定位下，财税法学研究应遵循综合互融的路径，这意味着研究财税问题不仅要对领域内的共性问题进行理论统合，“跳出具体问题看具体问题”，形成自身的理论体系，而且还要从现有划分的部门法中吸取理论养分，“跳出财税法学看财税法学”，实现法际之间的互动整合，更要将视野延伸到法学之外的学科之中，“跳出法学看法学”，赋予财税法学更为科学、更接地气、更为实用的特性。

1. 领域共性问题的法理统合。不同于制定法偏重对某一具体问题展开研究，领域法学还需要在大量具体问题研究的基础上达成各自领域内的理论共识。从这方面来看与部门法存在理论同构的关联性，即二者都是主张“总论+分论”的研究范式，只不过二者的理论建构起点有所区别：部门法基于“先总后分”的路径，因而可能发生“总论”的理论失败而导致“分论”体系的分崩离析，这点可从我国经济法调整对象“全—大—中—无”的未尽之争[28]得以反映；领域法则从相反的路径着手，即基于对领域具体问题的类型化现象进行法理统合，反映的是“从分到总”的思路，这使得领域法理论更为贴近现实和更易达成共识，也能够应对各自领域层出不穷新现象带来的理论错位等问题，激发了各领域学术团体的理论创新活力。

以财税法学为例，近年来该领域逐步形成了以领域法学理论、理财治国理论、公共财产法理论等为基础的理论体系。领域法学理论回答了

---

[27] 梁文永：《一场静悄悄的革命：从部门法学到领域法学》，载《财税法学动态》总第61/62期。

[28] 在部门法划分理论中，“调整对象”被视为部门法正当性的通说标准，但经济法学内部以及与之相纠葛的民商法学、行政法学等在经济法“调整对象”这一问题上一直难以说服彼此，这无疑成为经济法的一大理论“瓶颈”，也由此造成经济法学难以形成强大的统合之力。关于我国经济法调整对象“全—大—中—无”的未尽之争可参见漆多俊：《经济法调整对象及其他》，载《法学评论》1991年第2期。

财税法等新兴学科、交叉学科的学科定位问题,是基于财税法学的学科属性而论;理财治国理论回答了财税法的目标宗旨问题,反映财税法的功能属性;公共财产法则回答了财税法的属性特质问题,标明财税法的价值属性。[29] 前述财税法学的基石理论或者说主线逻辑,以及纳税人权利保护、财税一体化、税收债务、民生财政等次位理论,都是对国家财政收支活动整体或局部的共性统合,例如,狭义上的财政法涉及如何确保公共财政资金规范且有效使用,而税法则系如何规范政府从纳税人手中收取税费收入,二者共同的对象都是公共财政收入,只不过各自规制的时间点不同,但总归来说,都是贯穿于公共财政收支全过程之中,也因此有了可以法理统合的逻辑基础。

2. 部门法合作下的法际整合。领域法与部门法、制定法同构于整体法学研究格局,它既要从具体制定法乃至法规、规章以及规范性文件中寻找微观研究课题,更要从与之紧密关联的各个部门法当中汲取理论养分。虽然领域法的产生是基于领域化现象的产生和解决现实问题的法学归位,但不容否认的是,领域法学的诸多理论仍是部门法的"具域化产物"或"理性合成物",但正是这种"不问英雄出处但求治病救人"的实用主义,使得领域法在解决具体领域问题上能够不受部门法边界约束,"摆脱部门法主义之争而为应对具体问题而自由组装",形成以问题为中心的部门法合作格局。具体到财税法学,在其发展初期,凭借着行政法学、经济法学、民商法、刑法等学科平台的确争取了一片天空,积累了较为良好的发展条件,[30]但立足于现实社会当中的财税法学又或多或少地与前述传统部门法学科发生交集,甚至存在冲突,例如民法上债之理论于税法上形成税收债务关系,并基于此形成具有独特性的税收优先权、税收撤销权等税收征管制度,体现出一种公法私法化的趋向,还比如如何认定税务工作人员玩忽职守罪的主观过失绝非单纯的刑法问题,可能还要考量税收征管法规的相关规定。综上所述,财税法学必须打破部门法的

---

[29] 梁文永:《一场静悄悄的革命:从部门法学到领域法学》,载《财税法学动态》总第61/62期。

[30] 刘剑文:《理财治国观——财税法的历史担当》,法律出版社2016年版,第23页。

界限，从多部门法的角度进行综合性研究，[31]这种法际整合研究路径必须建立在领域法学而非部门法的定位当中，但又要借力于部门法之间的合作关系，因而可谓部门法与领域法之间对立且统一的辩证关系的最好体现。

3. 自然人文科学的跨法融合。“尽管适用于自然科学的严格标准，则法学永远无法进入科学的殿堂；但将科学定位在知识化的体系，则法学可以属于科学的范围。”[32]因而在学术研究当中，法学应属于一门科学，并且法学是对自然、人文及社会科学现象进行理性规范的科学。正因如此，法学除有其自身的法律理论以外，这一“法学知识结构”更建立在自然人文社会等基本常识、道德伦理与社会环境之上，故以有效解决问题为导向的领域法学自不应拘束于“法学”视角，还要跳出法学的思维怪圈，深入法学之外的自然科学知识、人文伦理基础以及社会现实环境当中寻找答案。就财税法学而言，例如在自然科学方面，各类税种的繁杂计算过程可能要具备数理方面的知识；在人文科学方面，量能课税原则无不体现出国家对纳税人基本生存权利的体恤照顾，封建统治时期新王朝的建立往往伴随着“休养生息、减税降负”等财税惠民政策的出台亦是佐证；在社会科学方面，财税往往被视作调控宏观经济和改善民生状况的可靠工具，当前房价日趋攀升，已成为民怨集中指向的对象，尽快出台房产税法成为民众期待政府有效调控房价的最后一根“救命稻草”。结合领域法学所具有的互融开放的价值特性，我们在解决财税领域问题时，应当具备法学及其之外的其他科学知识，以一种严谨求真的科学态度、悲天悯人的人文情怀和总揽大局的社会本位去看待财税法。

（三）从主线逻辑看财税法学未来发展的“瓶颈”突破

值得庆幸的是，财税法学较其他领域法学（如金融法、环境法等）更早和更好地找到自己学科的主线逻辑，围绕着财政收支行为及其引领的财政基本行为和附随的财政管理行为形成了财税法独特的行为体系，[33]不再像部门法那般执着于划分标准的确立之争，而是围绕着权利、义务、

[31] 刘剑文：《走向财税法治——信念与追求》，法律出版社2009年版，第21页。

[32] 胡玉鸿：《法学是一门科学吗?》，载《江苏社会科学》2003年第4期。

[33] 陈立诚：《财税行为构建论纲》，载《北京社会科学》2015年第7期。

行为、责任等法学基本范畴和民主、法治、公平、正义、秩序等法学基本价值进行法理构建。但从财税法学的发展状态来看,虽然领域法学、公共财产法理论、理财治国理论等赋予了其越来越浓郁的法学色彩,但无论是过去还是当下,其一直难以突破"对财政学、税收学等法域之外学科的长期依赖"[34]这一"瓶颈",加上政策之治明显多于法律之治,导致经济色彩强于法律色彩、政策色彩盖过法治色彩,容易使人产生"财税法知识无非是对财政税收学知识在更换了包装基础上的另类重述"[35]的错误认知。因而,虽然财税法学通过提出前面三个主线逻辑渐渐赢得了理论意义上的学科地位,但如何让财税法真正地在现实生活当中发挥其法治效应尤为值得关切。笔者认为,财税法学未来之发展不仅在于服务理论创制,更为重要的是如何将互认的法理价值落实到财税法治的实践当中去,以推动财税活动在法治轨道上规范且有效运行。

首先,推动财税法治理念从书本到现实的"落地生花"。无论从学者著述呐喊还是从顶层改革设计来观察,以预算法定主义、税收法定主义、府际财政关系法治化和财税权责利规范化等组成的现代财税法治理念已然构成大国财税治理的新思维,财税法治已经成为新一轮财税体制改革的优选路径。然而,不论将财税法治理念推崇到何样高度,最终的改革任务必然要落到依法治理财税现实问题的具体实践当中去,难点并不在于理念逻辑达到何种自洽程度,而在于如何实现法治财税从书本上的理想图景转化为实实在在的现实诉求。有学者认为要完成财税法治理念的"落地生花",应当从三个方面着力:一是从"无法"到"有法",二是从"有法"到"良法",三是从"良法"到"善治"。[36] 这显示出一个国家财税法治局面的形成依托于财税良法与财税善治的齐并发力,但立足于现实,我们的眼光似乎停留于制定一部合乎法定、控权为首的财税良法的初级阶段上,将财税善治的结果效应更多聚焦到财政本身目的之外的其他目的(比如调控目的、政治目的等)上。例如,社会正翘首期盼的房

---

[34] 叶金育:《税法整体化研究——一个法际整合的视角》,北京大学出版社 2016 年版,第 2~3 页。

[35] 王东:《税法理念问题研究》,法律出版社 2015 年版,第 150 页。

[36] 刘剑文:《落实税收法定原则的现实路径》,载《政法论坛》2015 年第 3 期。

地产税法，其主要立税理由并不是增加财政收入，而是承载着缓解房价过快上涨背后的社会目的和政治目的，财政目的只不过作为该税种立法的后发斟酌事宜或附随功能，不被作为立税考量的首要因素。再比如近期的个人所得税改革，从个人所得税法出台以来起征点的历次调整来看，[37]过去主要侧重对低收入群体的税收减免，是一种生存型的税收分配，体现国家体恤性；当下随着经济实力攀升，高收入群体的日渐壮大，又可能出现剥夺型的税收分配，体现国家抑制性；但基于税收引导发展的正向激励角度来说，更应提倡的是一种兼容型的税收分配，体现国家发展性。因而，不同于调节功能占主导的房地产税，个人所得税又较为侧重分配功能，虽然这两种功能在形式上具有一致性，但实质上还是有所不同，前者体现对国民资源占有利用的调节正义，后者体现针对民众之间收入所得的分配正义，不过二者却都从税收本身应具有的财政目的当中逃逸，其所占主导的政治目的和社会目的掩盖了自身汲取财力的特质，由此导致税法的异质性，这种异质性体现在某一税种的开征所容纳的多元诉求遮掩了该行为自动引发的“直接性结果”——国家财政收入的增加，反而聚焦于税收行为背后的“牵连性作用”——借财税手段治理国家，致使税法陷入一种自我悖论——“我之行为非为我而为他”。

综合来看，财税法“虽然名为法律但实重财税”，作为领域法学之一种，其领域学色彩相比法学色彩更为浓重，尽管以体现控权民主特征的学科主线逻辑已然厘清，但这一法学价值仍旧停留于财税良法的制定过程中，也只扮演着形式上的宣示作用，一旦落到如何推动财税善治这一现实问题上，又将视野转移到财税领域学，“站在领域之内解决领域问题，而非站在法学高地解决领域问题”，由此导致财税法学的内在矛盾性——领域学的实质意义超越法学的形式价值。立足于领域法学的定位，财税法学的重要突破应是力图塑造法学学科定位，将更多的目光聚焦于财税制度的合法性评价而非有效性产出，纵然制度设计再为优越、计划安排再为周详、政策指令再为确定，亦无法规避财税权力主体腐化

---

[37] 我国个人所得税的起征点从1980年的800元，先后于2006年提升至1600元，2008年提高到2000元，2011年增加到3500元，2018年增加到5000元。

堕落的可能性,这正构成了财税法学作为法学本质属性的意义所在,其跨界之领域学组成了法学本体的规制对象范围。厘清了财税法学的这一内在异质性矛盾,就可以将财税法治从书本理念融入制度现实当中去,即理念跃迁、制度创新和技术革命都应当坚持财税法治的理念导向,[38]任何财税改革都要符合合法性前提和接受财税良法的正义考验,当然还要注意体制改革亦有可能超越现有法治语义,特别是在"政策之治多于法律之治"的我国财税领域,尤其要牢记财税改革对法治理念的遵从度和方向感。

其次,实现偏向政治问责的财税责任向法律责任主导转化。长期以来,由于财税活动的泛政策化,针对财税权力主体的责任追究机制偏向于政治问责,纵然存在一些财税法律责任也散见于财税法之外的部门法范围内(主要是行政法、刑法等公法部门),无法建构起独属于财税法的法律责任制度。作为领域法学的财税法学若无法建构起一套独立且系统的法律责任体系,那么财税法学就难以在领域法学这一现代法学理论下找到自身位置和赢得学科发展。因为虽然领域法学不像部门法学那般侧重板块划分,但和部门法学一样都十分注重各自学科内的理论同构、逻辑整合和话语统一,法律责任作为法学范畴体系当中的重要要素,自然应成为财税法学自创自筑基础理论的一个主体部分,而正是通过政治问责主导向法律追责主导的财税责任法治转化才使得领域法学的法味更浓、法韵更足、法意更实。当然地,在财税治理方面,将全部希望寄托于法律责任体系的建构难免产生"法律万能主义"的误解,一般而言,在法治型公共财政国家应坚持法律责任为主、政治问责为辅的责任体系。

最后,积极促进财税司法的创新与突破以激发财税法活力。权力配置不均衡的构造和相关的制度设计使得财税司法难以承担起保护公民财产权最后一道防线的重任,[39]从财税权力配置上看,决策权、立法权、行政权和司法权所对应的主体作用大小不一,"相对于人民代表大会的

---

[38] 黎江虹、黄家强:《中国税收征管法修订新动向:理念跃迁、制度创新与技术革命》,载《广西大学学报》(哲学社会科学版)2016 年第 1 期。

[39] 余启平:《中国财税司法发展展望》,载刘剑文主编:《财税法论丛》(第 5 卷),中国法制出版社 2004 年版,第 87 页。

权力机关身份,相对于政府在公共政策方面的强势,法院的政治和法律权威都比较有限”,[40]但正是司法机关在财税活动当中的角色定位,导致“中国司法机关在税务机关面前的独立性下降了”。[41] 司法介入财税治理的机制创新,能够将财税权力行为的政治监管转变为司法约束,继而通过独立司法形式使得财税行为法治化,愈加彰显财税法学作为领域法学的法学色彩。

五、简短的结语

面对部门法理论日渐显露出来的中国法学危机问题,领域法学如同一缕清风掠过,迎合了新兴领域问题亟须学术理论智力支持的现实所需,但亦要警惕部门法过度沉浸于理论争吵而渐渐与实践应用相脱节,导致法学沦为“理论之学”、“书本之学”、“头脑之学”而非“实用之学”,这对于法学这一社会科学学科定位属性而言无疑十分关键。因而,我们既要积极深入挖掘领域法学这一新法学范式的理论价值,更要看到其背后所代表的社会发展现代化下的治理领域法治化趋向,这意味着法治理念真正不再限于对传统现象和事务的规范制约,更随着全民对法治国家的共同期盼而不断向着日新月异的新领域、新现象和新问题而渗透,成为国家治理的必备手段和可靠武器。

---

[40] 熊伟:《法治财税:从理想图景到现实诉求》,载《清华法学》2014 年第 5 期。

[41] 崔威:《中国税务行政诉讼实证研究》,载《清华法学》2015 年第 3 期。

财税行为的思考与探微

财税行为理论综述
——兼谈财税法学理论建构的本土意识

佘倩影*

目　　次

如果说传统法学侧重于研究规范(规则)、规范体系及其结构,那么现代法学的焦点正从规范重心转移到行为重心,并通过观察、解释法律行为来解释法律现实。① 以中国当下财政治理的自主发展实践为基础,发现、提炼和建构符合中国理想图景要求和实践状况的行为理论模式,从行为理论角度整合财政行为与税收行为,建构与财税一体化研究范式相一致的财税行为理论,对财税法范畴体系的形成具有重要价值。但财税法行为理论的建构并非一蹴而就之事,而是一项涉及继受、整合、创新既有理论成果的系统工程。鉴于财税法的跨部门法、跨社会科学学科的

---

* 佘倩影,北京大学法学院经济法专业博士研究生,研究方向为财税法。

① 张文显:《法哲学通论》,辽宁出版社2009年版,第220页。

领域法属性,梳理理论争议,归纳现有研究的理论共识,提炼最具理论解释力的建构路径则更凸显其意义。

一、部门法学研究中的行为理论

法学是研究和规范人类行为的科学,理论法学与法学各分支学科内部皆发展出旨在阐释本部门法律实践规律的行为理论,如刑法学中的"犯罪行为"、民法学中的"民事法律行为"、行政法学中的"行政行为"、经济法学中的"调制行为"等,这些"行为"的范畴构成各部门法理论的要素甚至核心,发挥着各自不可替代的功用。其中,民法领域最为卓越的贡献是法律行为理论的构建,刑法领域则是违法行为理论的构建。此外,大陆法系行政法学在反省民事法律行为理论的基础上,又独具匠心地构建了"行政处分"这一概念。然而,随着各法学分支学科研究的日益精细、深入,不同法律部门对行为理论研究的分离趋势愈加明显,无论是概念意涵、内在功用还是外在体系等方面均存在一定程度的割裂基础概念的继承传统、内涵外延界定模糊的情形,且在促进法学学科内部体系化整合以及实现学科核心目标方面,也凸显穿透力不强,从而无法在法理学层面上建构整个法学行为概念体系。鉴于财税法的公法属性及其与债法、行政法、经济法的密切关系,梳理这几个部门法行为理论的渊源、特征与分类与差异,一方面可以清晰地把握已有的理论成果,提炼理论洞见与共识,为财税行为理论的研究提供理论起点与边界,另一方面则可透析各学科行为理论构造的优势与不足,挖掘财税法领域可能的创新空间。

(一)民法——法律行为

法律行为理论是当代德国民法体系的核心。其一般性的定义为"当事人旨在根据意思表示的内容获得相应法律效果的行为"。② 一般认为传统法律行为制度主要是从契约和遗嘱制度中抽象出来的,其理论素材源自于罗马法上的诺成契约、遗嘱等财产流转方,用以解释民事财产流转中的债权合同现象。萨维尼在《当代罗马法体系》中将法律行为的概

② 朱庆育:《民法总论》,北京大学出版社 2013 年版,第 78 页。

念和理论系统化、精细化,并把法律行为的概念提炼为“行为人为创设其意欲的法律关系而从事的意思表示行为称为法律行为。”[③]自萨维尼以来,法律行为通常被置于法律事实(Rechtstatsachen)概念框架下讨论。[④]我国民法在继受大陆法体系的过程中将法律行为制度纳入了制定法中,并体现在1986年颁布的《中华人民共和国民法通则》第54条。但我国并未使用“法律行为”这一术语,而是创造了“民事法律行为”概念指代合法的民事行为,并另创设“民事行为”这一涵盖了合法民事行为、无效民事行为和可撤销民事行为的上位概念。这是我国民法学的独创之举,旨在解决传统理论上法域区分与用语逻辑矛盾两方面的难题。[⑤] 多年来,民法学的这一创新引发诸多争议,并出现了“意思表示要素说”“合法行为说”“私法效果说”等多种学说,试图廓清这一民法上的重要概念。[⑥] 近些年,越来越多的民法学者主张回归罗马法上的本源意思,将法律行为看作实现私人意思自治的法律工具,抛弃以“合法性”为法律行为基本属性的错误理论。[⑦]

(二)行政法——行政行为及其相邻概念

行政行为是大陆法系行政法学最为基础的概念。从世界范围来看,行政行为的概念最早可追溯至法国行政法学中Acte Administratif一词,用以说明行政机关像法院作出司法判决一样依法律处理具体事件,并将其视为与法院判决具有同等性的权力行为。行政行为作为一个学术概念

---

③ 董安生:《民事法律行为》,中国人民大学出版社2002年版,第1页。

④ 对法律事实的分类有不同的标准,如分为“自然事实”与“行为”,或“法律上的行为”、“状态”和“事件”,“(具有法律意义的)行为”可进一步分为合法行为(法律行为、准法律行为与事实行为)和违法行为(犯罪行为、侵权行为、公法上的违约行为)等。参见[德]亚图·考夫曼:《法律哲学》,刘幸义等译,台湾五南图书出版公司2000年版,第102页;王泽鉴:《民法总则》,北京大学出版社2009年版,第192页;孙宪忠主编:《民法总论》,社会科学文献出版社2004年版,第86页等。

⑤ 梁慧星:《民法总论》,法律出版社1990年版,第190页。

⑥ 王利明:《民法总则研究》,中国人民大学出版社2003年版,第508页。

⑦ 参见薛军:《法律行为“合法性”迷局之破解》,载《法商研究》2008年第2期;薛军:《法律行为理论在欧洲私法史上的产生及属于表达问题研究》,载《环球法律评论》2007年第1期;迟颖:《法律行为之精髓——私法自治》,载《河北法学》2011年第1期;朱庆育:《法律行为概念疏证》,载《中外法学》2008年第3期,等等。

最先由德国行政法鼻祖奥托·迈耶(Otto Mayer)提炼和概括。奥托·迈耶认为,行政行为是"行政机关决定个人权利义务的裁决,其效力及于行政之外"。[8] 奥托·迈耶理论建立于19世纪警察国家背景之下,以强制性和命令性为基本特征,表现为"相对人必须服从主权者单方面的决定或命令"。[9] 此后,日本、韩国和中国台湾地区等学者承袭大陆法传统,在行政法学中引入行政行为概念,行政行为理论成为行政法学知识传统的基本范畴。

行政行为理论在我国只有30余年的历史。1983年,王岷灿先生主编的《行政法概要》首先提出"行政行为"概念,将其定义为国家行政机关实施行政管理活动的总称,我国早期的行政法学教材、专著中多秉承此观点。[10] 随着公共行政的变革和行政方式的多样化,行政行为的概念、特征与范围不断遭受挑战,行政法学界产生了数十种行政行为的代表性学说,如最广义说、主体说、行政权说、公法行为说、行政立法行为除外说、具体行为说、最狭义说等。[11] 其中较具代表性的是"四说":最广义说认为"行政行为是国家行政机关实施行政管理活动的总称……实际上是行政管理活动的代称";广义说认为"行政行为是国家行政机关或者法律、法规授权的组织和个人具有行政职权因素的行为,包括行政法律行为、准行政法律行为和行政事实行为";狭义说认为"行政行为是享有行政权能的组织或个人运用行政权对行政相对人所作的法律行为";最狭义说认为"行政行为是指行政主体依法行使国家行政权,针对具体事项或事实,对外部采取的能产生直接法律效果使具体事实规则化的行为"。[12] 仅这四种学说,在不同的学术著作中也存在不同的表述。正如应松年教授所观察到的:"行政行为是行政法中最重要、最复杂、最富实

---

⑧ [德]奥托·迈耶:《德国行政法》,刘飞译,商务印书馆2013年版,第65页。

⑨ 翁岳生:《行政法与现代法治国家》,台湾详新印刷公司1979年版,第3页。

⑩ 王岷灿:《行政法概要》,法律出版社1983年版,第97页。

⑪ 杨海坤、蔡翔:《行政行为概念的考证分析和重新建构》,载《山东大学学报》(哲学社会科学版)2013年第1期。

⑫ 章剑生:《现代行政法基本理论》,法律出版社2008年版,第128页。

践意义、最有中国特色,又是研究最为薄弱的一环。"⑬与行政行为紧密相关的基本概念,如行政法律行为、行政事实行为、具体行政行为、具体行政法律行为、抽象行政行为、抽象行政法律行为等,在行政法学研究中也存在或重叠、或矛盾、或不周延的情况。以行政法律行为为例,一些学者认为行政法律行为与行政行为的表意并无不同的简称概念;⑭一些学者则认为行政法律行为是根据行政主体是否依意思表示及其法律效果所作出的与行政事实行为相对应的类型划分;⑮还有学者认为应当破除民法传统中"法效意思"因素的影响,而将行政法领域一切具有行政法意义的行为称为法律行为。⑯

近些年来,随着行政主体的多元化与行政观念的不断更新,强制性行政方式的适用空间逐渐缩小,而行政指导、行政合同、行政给付等非强制行政方式愈加得到运用,建立在传统行政手段(行政命令、行政征收、行政许可、行政强制、行政处罚等)基础上的行政行为理论引发学者反思,主张容纳多种行政手段的广义行政行为说日渐获得重视。

(三)经济法行为

经济法采鉴民法上法律行为的理论外观,在"意思自治"中渗入了公权力因素,将经济法的社会本位价值基础与"私法自治"的价值目标结合,建立了经济法上的行为理论。⑰ 具体而言,存在"经济行为说""经济法行为说""经济法律行为说""经济法主体行为说""无明确称谓说"

---

⑬ 应松年主编:《行政行为法:中国行政法制建设的理论与实践》,人民出版社1993年版,第1页。

⑭ 如罗豪才先生认为,"行政行为是行政法律行为的简称,与民事法律行为相对称",应松年先生也认为,"在行政法学中,行政行为是行政法律行为的简称……行政行为是行政机关和法定的授权组织为实现行政管理目标执行公务的方式方法总称"。参见罗豪才主编:《行政法学》,中国政法大学出版社1999年版,第199页;应松年主编:《行政行为法》,人民出版社1993年版,第1页。

⑮ 参见胡建淼:《行政行为基本范畴研究》,浙江大学出版社2005年版,第539页;姜明安主编:《行政法与行政诉讼法》,北京大学出版社、高等教育出版社2007年版,第364页等。

⑯ 张兆成:《行政法律行为论纲》,人民出版社2013年版,第88页。

⑰ 徐孟洲、杨晖:《法律行为与经济法行为的关系——经济法行为的正当性》,载《经济法论坛》2008年第00期。

“经济法域中的行为说”“经济法中的行为说”等多种不同的表达方式。如采用“经济行为说”的学者认为，经济行为是由一定的组织或个人在其主观意志支配下自觉实施的，能够引起经济法律关系产生、变更或消灭的有意识的活动；[18]采用“经济法行为说”的学者认为经济法律行为是指能够发生经济法上效果的人们自发意思所表现出来的一种法律事实，[19]也有学者认为经济法行为是一种干预行为和调制行为，[20]还有学者认为，经济法行为包括微观角度的社会管理行为和宏观角度的社会管理行为；[21]采用“经济法主体行为说”的学者认为经济法行为理论中所要研究的行为，都是经济法主体的特定行为，要体现出主体（国家一方与市场主体一方）的特定意志和意思，反映主体的不同利益追求和价值目标；[22]“采用经济法域行为说”的学者认为，经济法域中的行为包括宏观调控行为、市场规制行为、市场交易行为和市场竞争行为等。另有观点认为无法从理论上为经济法上的全部行为构建类似民事法律行为的形式化体系。对此，有学者明确指出与其通过仿效民法、行政法等传统法律部门来提炼经济法的一般行为理论，不如分别研究经济法领域的市场规制、宏观调控等各类行为的一般理论；[23]与其近似的主张是通过具体列举或个案式地解剖经济法上的“某种行为”。[24]

此外，在过去的一个时期里，财税行为是被放在经济法行为框架下展开的，这恐怕与早期的经济法研究将财税法定位为宏观调控法等观点不无关系。随着经济法和财税法自身理论的不断发展完善，财政与税收行为恐怕无法套用、照搬经济法行为理论，也无法在这一理论中获得充分、合理的解释。

---

[18] 李昌麟主编：《经济法学》，法律出版社 2009 年版，第 92 页。

[19] 冯果：《超越局部与个体的经济法行为》，载《法学杂志》2008 年第 3 期。

[20] 陈云良：《谨慎干预——经济法的现代新理念》，载《法商研究》2001 年第 3 期。

[21] 徐孟洲、杨晖：《法律行为与经济法行为的关系——经济法行为的正当性》，载《经济法论坛》2008 年第 00 期。

[22] 张守文：《经济法理论的重构》，人民出版社 2004 年版，第 367 页。

[23] 王全兴、管斌：《经济法学研究框架初探》，载《中国法学》2001 年第 6 期。

[24] 刘光华：《法律上的“行为”：什么事经济法的视角》，载《首都师范大学学报》2008 年第 1 期。

(四)法律本体论中的"法律行为"与作为法学流派的"行为法学"

在我国法哲学的研究框架里,法律行为同法律关系、法律责任、法律体系等构成法律本体论的基本要素,因而与部门法学研究的目的、特征和角度有所区别。一方面,行为被认为是检验法律规范效力和实效的主要标准,行为使法律中的各个要素(主体、客体、权利、义务、责任等)相互联系和转化。[25] 研究法律行为的目的包括为有效对人民的行为实行法律调整提供必要理论、为各部门法学研究具体法律领域的行为提供一般原理、为人们的行为注入法律动机、提高法律行为的效力和效率等。另一方面,受苏联法理论的影响,我国法哲学学者大多在广义上使用"法律行为"这一概念,将法律行为看作一切具有法律意义和法律属性的行为,这与深受大陆法传统影响的法律行为、行政行为概念有较大区别。

20世纪80年代初到90年代,我国法学界曾声势浩大地引介过行为主义法学,甚至发起组建了行为法学研究机构——中国行为法学研究会。"二战"以来,美国的多元化思潮动摇了法条研究传统,社会科学界发生了一场行为革命,早期应用于心理学、工程学及医学等学科的认知行为研究开始向社会科学领域渗透,法学家们开始借助行为学的方法来研究法律现象,主张用"法即行为"(law as behaviors)取代分析法学派的"法即规则"(law as rules)的观念。[26] 在社会科学的逻辑中,实证研究提供对行为实然状态的理解,规范研究建立应然的理想目标,规则研究寻找从实然到应然的路径。[27] 正如劳伦斯·弗里德曼教授所指出的:"我们花大力气研究法律规则和结构,但法律制度并非仅指规则和结构。大部分时候,规则都是假定被遵守的。任何法律制度的关键因素都是'行为',即人实际上做了什么……我们需将注意力放在被称之为法律行为的问题上,否则便无法理解包括我们自己的法律制度在内的人与法律制

---

[25] 张文显:《法哲学通论》,辽宁出版社2009年版,第220页。

[26] D. Black, "The boundaries of Legal Sociology", *The Yale Law Journal*, Vol. 81, 1972.

[27] 葛岩:《法学研究与认知—行为科学》,载《上海交通大学学报》(哲学社会科学版)2013年第4期。

度”。[28]行为主义法学派深受法律现实主义、法律与社会运动等思潮影响，具有以法律行为为研究对象、强调研究方法的多样性、注重解释法律在实践中的运作规律等特点，其本质是一种法律社会学的研究思路。不过这场思潮在我国来得快，去得也快，并未见成熟的研究成果，各部门法也未按照此行为科学的思路构建本部门的法律行为理论。因此，行为主义法学与传统法理学、部门法学中的行为，亦非同义。

二、财税法学科对财税行为特质的理解

从目前掌握的资料来看，法学学科内的多数研究都是围绕税收行为展开的，比较系统地将财政行为与税收行为结合起来进行一体化研究的著述不多。

在税收行为的研究上，张守文教授在《税收行为范畴的提炼及其价值》一文中对税收行为的范畴采纳了一种广义上的界定，认为税收行为是税法主体围绕税收所进行的各种活动，即各类“涉税行为”，并在此基础上讨论了税收行为的同一性和差异性的问题。此外，他着重从范畴体系形成、研究范式转换、客体理论研究、行为理论研究、整体理论超越等方面，探讨了提炼税收行为范畴的理论价值及其对现实税法的实践价值。[29] 张晓婷副教授在其专著《税行为研究》中运用系统论方法和行为分析方法，建立了税行为的基本范畴体系，并提出了征税行为的无因性理论。根据作者的观点，税行为分为税事实行为和税表示行为，税事实行为和税表示行为都包含合法行为和不合法行为。税表示行为可进一步划分为宏观的税调控行为和微观的税表示行为，在微观税表示行为中，还可以根据行为人的不同，分为征税行为和纳税行为等。而征税行为的无因性理论认为，当事人的行为或其经济结果只要满足税法规定的征税要素，就应当纳税，而不论该行为的效力如何。但该经济行为的经济后果已被其他职能部门确定为应加以全部返还或者应予以没收，则已

[28] Laurence M. Friedman, *American Law*, New York, W. W. Norton & Company Inc., 1984, p. 199.

[29] 张守文：《税收行为范畴的提炼及其价值》，载《税务研究》2003 年第 7 期。

征税款应予返还。[30] 李刚副教授的《税法与私法关系总论——兼论中国现代税法学基本理论》一书中"税收法律行为初论"一节探讨了税收法律行为的概念、种类划分、性质、行为体系等基本问题。他认为税法上的行为体系由税收法律行为与税法上的事实行为共同构成。其中,税收法律行为是指由税法所规定的,能够发生税法上法律效果的行为,并具有公私法交融的性质。税收法律行为可以按照税收法律关系类型的不同(税收宪法性法律行为、国际税收分配法律行为、税收征纳法律行为、税收行政法律行为)、主体的不同(征税主体的法律行为与纳税主体的法律行为)、合法与否(合法行为与违法行为)等进行不同的分类。[31] 此外,在《税收法律行为的私法学分析》一文中,李刚副教授从国家、征税机关与纳税主体三方主体的行为中各选取一到两种具有代表性的行为,分别从私法的债法、物权法、侵权行为法以及意思表示制度的角度作出了分析,进一步丰富了我们对现代税法本质及税收法律行为理论本身的理解。[32] 阮家福认为,税收行为规范依据强制性程度和力量来源,可分为税收行为的法律规范和道德规范两个层次。前者以法律的形式加以规范,强制性、权威性较强,是来自税收行为主体之外的外在规范,具有外化性和他律性;后者以良知及习性的形式加以规范,具有内化性和自律性。这两者构成了税收行为规范的基本内容。[33] 在另一篇文章《税收行为法律规范研究》中,他认为,法律规范的客体是行为,税收法律规范的客体是税收行为,税收法律规范与税收行为法律规范可视为同一概念。因此,他实际上讨论的是税收的法律规范体系,而不是法律行为理论。[34] 施正文教授在《论税收征纳行为》中,对征税行为的内涵作了广义上的界定,他认为,征纳行为是税法主体征纳权利义务指向的主要对象和客

---

[30] 张晓婷:《税行为研究》,北京师范大学出版社 2011 年版。

[31] 李刚:《税法与私法关系总论——兼论中国现代税法学基本理论》,法律出版社 2014 年版。

[32] 李刚:《税收法律行为的私法学分析》,载《税务研究》2008 年第 3 期。

[33] 阮家福:《论税收行为的道德缺失及其治理机制》,载《财政经济研究》2011 年第 4 期。

[34] 阮家福:《税收行为法律规范研究》,载《财政研究》2007 年第 8 期。

体,是创建税收征纳法律关系的主要法律事实,承载着税法主体的实体内容和程序内容。此外,他还探讨了征税行为的内涵、分类、特征、效力以及纳税行为的法律意义等问题,认为征纳行为是一种公法上的法律行为。[35]

在财税行为的研究中,2016 年出版的《财税法总论》一书第七章采用“主体—行为”的范式的提炼路径,比较系统地阐释了财税行为理论的研究意义、研究现状、基本概念、行为范式及法律评价,主张采用狭义的财税行为口径,只包括财税执法行为和除狭义法律以外的其他立法行为(财税法规、规章及其他规范性文件的制定行为);财税行为的体系包括财政基本行为、财政收入行为、财政支出行为及财政管理行为;财税行为的基础类型则与财税主体的二元框架相对应,即“财税权力主体—财税权利主体”对应“财税权力行为—财税权利行为”。[36] 在学位论文方面,王桦宇在《财政收入行为及其调制研究》一文中分析了财政收入行为的概念、范围、分类、特征、要件、效力等规范要素,但只考察了国家机关的行为,而未将纳税人的行为考虑在内。[37] 在期刊文章方面,陈立诚的《财税行为构建论纲》一文基本思想与《财税法总论》相关内容一致,但在《财税法总论》中将对“决策行为—对策行为”的基本类型进行了修正。[38]

三、财政社会学的相关研究

法学的研究注重行为法律结构的逻辑一致性,社会学的研究则更注重行为在理论上的同一性及既有理论对行为的解释力,更多关注法的创制、解释、适用、执行等在社会中实际发生的行为。[39] 本文试图从历史性

---

[35] 施正文:《论税收征纳行为》,载《当代财经》2004 年第 8 期。

[36] 刘剑文、侯卓、耿颖、陈立诚:《财税法总论》,北京大学出版社 2016 年版,第 243~261 页。

[37] 王桦宇:《财政收入行为及其调制研究》,武汉大学 2005 年硕士学位论文。

[38] 陈立诚:《财税行为构建论纲》,载《北京社会科学》2015 年第 7 期。

[39] J. M. Irwin, *A Sociological Evaluation of the Development of Sociology of Law*, Vantage Press, 1986, pp. 3-5.

(经验性)与规范性两个角度解释财税行为的基本逻辑,而传统财政社会学的比较历史分析的研究方法,以及新财政社会学对现代性问题和因果分析(theoretical or causal importance)的重视,一方面,拓展了财税问题的研究领域,将国家制度、政府决策、意识形态、财政改革等问题纳入研究范围;另一方面,则综合运用经济学、政治学、社会学等多种社会科学分析工具构造理论模型。这种当代社会理论的"经验的转向",契合财税法学本身的方法论取向与学科定位,为财税行为的建构提供了更为广阔的思想维度和扎根于社会历史与政治生活本身的理论视角。

现代社会学发轫之初,奥古斯都·孔德、埃米尔·涂尔干、卡尔·马克思和托克维尔等均将国家财政现象纳入对宏观社会历史过程的分析之中。20 世纪初期,"财政社会学之父"葛德雪和熊彼特正式将财政社会学作为一个独立的研究领域予以研究。1954 年,熊彼特在《税收国家的危机》一文中观察到,税收汲取与经济组织、社会结构、人文精神和文化,以及国家的命运息息相关。因此,他认为,对税收和公共财政背后的社会过程的研究——财政社会学——是挖掘一个社会,特别是这个社会的政治生活的最佳起点。[40] 葛德雪则认为,社会学方法是建立财政理论的基础条件,历史学、社会学和统计学三者结合才能让财政理论不至于完全脱离现实。[41] 财政社会学与其他研究税收与公共财政问题路径的不同之处在于,它认为财税问题受到一系列政治的、经济的、文化的、制度的以及历史的广泛因素的影响,并且反过来影响这些因素。[42] "社会"被定义为一个由经济系统、政治系统和社会系统三个子系统组成的有机系统,而财政则是联结各子系统的媒介,对财政现象因果机制的分析是认识、贯通各个社会子系统中一系列根本问题的渠道。此后,财政社会

---

[40] Schumpeter, J. A. [1918] 1954. The crisis of the tax state. In International Economic Papers, eds. A. T. Peacock, W. Stolper, R. Turvey, E. Henderson, 4: 5 - 38. NewYork: Macmillan.

[41] Rudorf Goldscheid, " A Sociological Approach to Problems of Public Finance", translated by Elizabeth Henderson, in *Classics in the Theory of Public Finance*, edited by Richard A. Musgrave and Alan T. Peacock, Macmillian, London, pp. 202-213.

[42] J. L. Campbell, "The State and Fiscal Sociology", *Annual Review of Sociology*, Vol. 1, 1993, pp. 163-185.

学的研究走向低迷，直到20世纪70年代，随着石油危机的加剧和布雷顿森林体系的崩溃，各国政府债务迅速膨胀，财政危机逐渐向社会蔓延，财政社会学的研究再次获得重视。新时期财政社会学的发展，继承了熊彼特所倡导的历史研究和利益分析的学术传统，并逐渐发展出财政社会学研究的基本理论和方法论工具，强调运用多变量解释框架，从经济、政治科学、法律、历史、公共政策等连接“国家—社会”的因素，综合研究国家财政收支行为与社会生活的其他领域之间的互动关系，并通过将围绕税收展开的社会关系放置在历史与社会变迁的中心位置这一角度，来重述现代性进程。这一时期的研究，被一些学者称为“新财政社会学”。[43]

熊彼特之后的财政社会学研究，零星地分散于各个社会科学学科内部。一般来说，政治科学学者重视对国家基本职能和国家行为的研究，关注财政支出行为与福利国家、[44]国家建设、[45]经济活动组织、[46]劳动力市场[47]以及其他社会现象之间的关系。1993年，坎贝尔在《国家与财政社会学》一文中补充梳理了财政收入行为，即税收的决定因素及税收影响的研究成果。其中，宏观经济环境、战争因素与地缘冲突、财政危机、阶级与阶级利益、政党与政党制度、国家结构与意识形态因素构成理解税

㊸ Isaac William Martin, Ajay K. Mehrotra, Monica Prasad, *The New Fiscal Sociology: Taxation in Comparative and Historical Perspective*, New York, Cambridge University Press, 2009.

㊹ Jill Quadagno, “Theories of the welfare state”, *Annual Review of Sociology*, 13: 109–28; TheodoreJ. Lowi, “The Welfare State: Ethical Foundations and Constitutional Remedies”, *Political Science Quarterly*, Vol. 101, No. 2. pp. 197–220.

㊺ Hooks, G. 1990. The rise of the pentagon and V. S. state building: The defense programas industrial policy. Am. J. Sociol. 96: 358 – 404; Mann, M. 1988. State and society, 1130–1815: Ananalysis of English state finances. In States, War, and Capitalism, ed. M. Mann, pp. 73–123. NewYork: Basil Blackwell.

㊻ Lindberg, L. N., Campbell, J. L. 1991. The state and the organization of economic activity. In Governance of the American Economy, ed. John L. Campbell, J. Rogers Hollings worth, Leon N. Lindberg, p. 3595. New York: Cambridge Univ. Press.

㊼ Scharpf, F. W., 1984, “Economic and institutional constraints of full-employment strategies: Sweden, Austria, and West Germany, 1973 – 1982”. In *Order and Conflict in Contemporary Capitalism*, ed. J. Goldthorpe, pp. 257–290. Oxford: Clarendon Press.

收行为的重要维度;在税收可能造成的重大社会影响方面,政治动乱与革命、国家建设、经济组织、劳工参与以及慈善事业是目前得到确切的实证研究成果佐证的结论。[48]

新财政社会学的研究突破了比较历史的研究范式,认为财政与税收不仅具有预测、观察重大社会变迁——如民主化以及民族国家的形成——的象征意义和方法论意义,还具有理论上和因果分析的重要性。一些财税法学者从财政角度重述西方民主的起源(Einhorn 2006;Kwass 2000)、福利国家(Howard 1997;Hacker 2002;Klein 2004;Monica 2006)、种族不公(Moranand Whitford 1996;Brown 2007)以及性别与家庭(Jones 1998;Staudt 1996;Brownand Fellows 1996;McCaffery 1997;Kerber 1999;Alstott 2001)等现代性基本问题。

新财政社会学对税收行为后果的判断,基于其对税收本身所蕴含的深层次意义的理解。首先,征税构建了个体与国家、社会之间最广泛而持久的联结。尽管现代社会充满文化、身份群体与角色的多元化分裂,缴税却是每一个人的义务。这种征纳税行为的普遍性,是构成"想象共同体"(imagined community)的重要因素。[49] 从某种程度上说,通过税收的统收统支,现代社会实现了其多元化的整合。其次,税收构建了国家与纳税人之间的动态关系。国家与纳税人之间始终隐含着潜在的利益冲突,冲突的程度因时因地而定,但正是由于这种潜在冲突的存在,使国家与纳税人之间充满活力的动态关系成为可能。纳税义务的形式随着不同的纳税人和统治者之间的对各自利益的重新协商而改变。[50] 社会秩序依赖于国家,而国家依赖于税收提供的资源,这二者之间的关系可以重新界定但不会被割裂,也不可能被彻底解决;此外,税收为国家提供了可以转化的资源。不同于其他类型的国家对公民的要求,通过税收汲取的资源可以转化为其他资源,并使得大部分的——如果不是全部

[48] J. L. Campbell,"The State and Fiscal Sociology",*Annual Review of Sociology*,Vol. 1,1993,pp. 163-185.

[49] Anderson,Benedict,*Imagined Communities:Reflections on the Origins and Spread of Nationalism*,London:Verso,1983.

[50] Charles Tilly,Extraction and Democracy.

的——国家行动成为可能。国家活动的范围越广，对税收的依赖程度便越高，税收政策的潜在衍生后果的影响也便越宽泛。纳税人逃避或拒绝缴税的想法会挑战社会秩序，而国家的征税决定也会反过来塑造新的社会秩序。[51]

四、法律行为理论研究的共识与分歧

通过对财税法学行为理论、其他法学部门中的行为理论及社会科学学科中涉及财税行为的理论研究现状的总结和梳理，我们可以观察到，不但法理学中的法律行为理论与各部门法的行为理论内容迥异，各部门法内部亦充斥学说见解上的分歧，尤以行政法与经济法部门为甚。

在梳理民法上的"行为"概念时，有以下几点与本论题相关的问题需要格外引起注意。一方面，在财税行为理论研究中要格外注意学术谱系的传承性与概念体系的逻辑性、稳定性。为与旧法统决裂，我国诸多承自大陆法系的基本制度几经改造，然不仅未得突破，一些原本清晰的概念亦被改造得模糊难辨，民法上的"法律行为"即著例。从学术脉络的走向观察，法律行为概念的核心是行为人私人意思表示与法律效果之间"直接指向"的关联性，也即私法自治。而在私法之外的其他法律领域中，当事人并不奉行自治原则。因此，一些民法学者认为，只要公法与私法的界分尚存，"法律行为"概念便不应拓展到私法之外的法域。另一方面，从法律行为的概念起源来看，涉及"行为"的一般性法律术语，并不是从各种具体的法律行为类型中抽象归纳出来的。"法律行为"实为从"人的行为"(Menschliche Handlung)这一上位概念演绎而来的下位概念，旨在构建法学公理体系。[52]

通过行政行为理论的发展过程，我们可以观察到，行政法上并无成熟的、区别于行政行为概念的"行政法律行为"概念，对这一概念的专题

[51] Isaac William Martin, Ajay. K. Mehrotra, Monica Prasad, *The New Fiscal Sociology: Taxation in Comparative and Historical Perspective*, New York, Cambridge University Press, 2009.

[52] [德]维尔纳·弗卢梅:《法律行为论》，迟颖译，法律出版社2013年版，第26页。

研究比较有限,[53]且常与行政行为混同使用,与民法传统中的法律行为理论迥然不同。一个狭义的“行为”概念有助于行政体系保持逻辑的严密性、体系的完整性与行为单元的类型化,但无可避免会面临法律关系简单化、理论适用范围狭窄、操作性弱等挑战;而广义的行为概念可将传统与现代行政权的表现方式都纳入其中,以应对公共行政对传统行政行为概念的挑战,但易使之泛化。二者各有利弊,但都需建立在我国社会行政任务与角色变革的现实基础上。因此,行为主义法学与传统法理学、部门法学中的行为,亦非同义。

作为一个独立的研究领域,经济法行为理论的研究尚处于初阶,学界关于经济法行为的名称适用及基本范畴的界定上还未达成普遍共识,进而导致对经济法行为的具体内涵也存在诸多认识上的分歧。尽管学者们在对经济法行为范畴进行提炼的过程中试图寻求一种相异于传统法律部门行为理论的研究路径,但既有研究成果依然显示出侧重于传承传统部门法一般行为理论的形式化体系架构,而对经济法行为多元类型之提炼关注不足的倾向。总体来说,这些学说并未脱离“意思表示(法律效果)+公权力因素”的基本框架,且在不同的表述之下蕴含着一些共同性认识,比如都强调经济法行为的意志性、客观性与法律效果性等。[54]

就财税行为这一具体论题而言,尽管当前学界进行了积极、有益的探讨,但尚存在四方面的问题:其一,学者通常比较关注财政行为或税收行为的分类方法和具体的行为类型,但对于行为理论的系统构建缺乏足够的重视。其二,由于财税法行为理论起步相对较晚,关于范畴体系的论证相对较少,大多数学者都是在通常意义上使用“财政行为”“财税行为”等概念,唯有税收行为的范畴相对较为明晰,尚缺乏对名称界定、分

[53] 大部分教材、专著和文章都使用“行政行为”的概念,以行政法律行为为主题的理论专著或文章不多,且常为同一研究者所著,如王清云、迟玉收:《行政法律行为概要》,对外贸易教育出版社 1990 年版;王清云、迟玉收主编:《行政法律行为》,群众出版社 1992 年版;张兆成:《行政法律行为论纲》,人民出版社 2013 年版;张兆成:《行政法律行为论纲——对以往行政行为概念之反思与重构》,载《重庆与世界》2010 年第 12 期;余军:《行政法律行为理论的梳理与界别——从法效意思到客观意思》,载《求索》2004 年第 9 期,等等。

[54] 孟庆瑜主编:《经济法》,清华大学出版社 2014 年版,第 57 页。

类标准、研究范式等的共识和富有学术价值的实证研究。其三，目前所见之研究，少见与“财政—税收”一体化研究范式、以问题为中心的领域法学的研究方法相结合之洞见，缺乏在整个财税法层面上的体系化提炼与抽象。其四，对财税行为的理解，在研究框架上受经济法与行政法理论的影响较大，在方法论上倾向规范法学的研究方法，尚未见有与本土经验结合的理论提炼或实证分析。

此外，与部门法的理解不同，传统法理学在广义上使用“法律行为”这一概念指代一切具有法律意义的行为，而行为法学的法社会学解释亦与部门法学的理解不同。

五、结语：财税行为理论建构的本土资源考量

不同于民事行为主体的同质性，财税行为主体的异质性使得财税法律关系异常复杂，既涉及国家机关之间的横向与纵向分权关系，亦涉及国家与纳税人之间的税收债权债务关系、税收征纳关系等。因此，能否统合这些在传统法学理论看来性质迥异的行为关系，是财税法基础理论建构面临的重要挑战。解决此问题，需回归一种对我国财税行为特征与发展阶段的现实思考。具体而言，有三点尤需注意。

首先，可采纳一种以“行为—关系”为中心的动态观察视角。不同主体之间行为模式的变化与调整所引致的财税关系的变动，以及这些关系的变动，催生的新的财税行为模式，是观察财税行为实践的基本进路。在这里，财税行为的主体与财税关系成为理解全局的关键性要素。无论依哪种标准进行的划分，中央与地方政府之间的转移支付关系、立法机关与行政机关之间的预算审批与调整关系、国家与纳税人之间的税收征纳关系等基本的财税关系，一直处于不断的调整变化之中，这些变化中呈现并孕育着不同行为主体的行为模式、特征、趋势与影响变量。一个具有代表性的例子是，早期税收征纳关系被理解为“权力—义务”关系，然而近些年，理论上和实务上逐渐接受了国家与纳税人之间的“公法上的债权—债务关系”“权力—权利”关系，关系变动的背后，是不同主体间互动与博弈的动态关系，及其催生的新的财税行为模式。因而，在这种动态的变动关系与行为模式之间建立因果联系的想象，为理解财税行

为提供了一个相对明确的切入视角。在这个过程中,"主体"的概念一直随着"行为—关系"的变动而处于演进之中,主体资格的范围也不断处于扩张之中。以上文提及的国家与纳税人之间关系变动为例,在"权力—义务"关系之中,传统的税收权力关系说隐没了纳税人的主体地位,直到税收债务关系理论的引入,才迎来了"纳税人的出场"。在这样一种动态视角的观察中,主体资格在不同的财税关系中被纳入或被排除,随着行为模式的改变被强化或忽略。因而,尽管主体是理解真实的财政权力版图的重要因素,但主体资格却并未作为稳定的范式要素而出现。在某种程度上,主体是"行为—关系"的因变量,随着行为模式与关系类型的改变而呈现不同的样态。

其次,财政权力的结构性基础决定了国家与纳税人之间的行为模式,进而构造了不同样态的国家与纳税人关系,塑造、改变着非成文财政宪法意义上的财政权力配置结构。因而只有将实践中的财税行为模式置于行动与影响行动的结构中,方能获得对财税行为模式变迁的理解。一方面,财政权力的横向的制度安排,即财政权力是如何在政党、立法机关与行政机关之间配置的,以及纵向的政府间财政分权(即狭义的财政体制),在一定程度上决定了国家行为(中央行为与地方行为)以及由纳税人所代表的社会领域的行为模式和行动结果,这种结构安排同时也作为行为关系的媒介发挥作用;另一方面,行为主体的行动既维持着这种制度安排的分权结构,同时也改变着这种基本的结构。对此的分析,当借鉴社会学中结构化理论,这既非结构功能主义和结构主义所秉持的结构决定论观点,也非如解释社会学和现象社会学一样过分强调行动者的意志,而是采纳一种过程导向的研究进路,即吉登斯的结构二重性观点,将影响财税行为模式的结构性因素与解释性因素结合起来,进行互动性的理解。

最后,我国财税行为模式的演进,只有从历史性与规范性两个层面,才能获得理解。财税法基础理论的核心概念——财税行为,应同时具有历史的现实品格和理论的抽象品格。从财税行为所具有的历史的现实品格出发,引申出财税行为概念的本土语境意义:一方面,财税行为是一个历史范畴,它追索财政税收行为的历史起源,沿着社会结构、政治功能以及意识形态等路线对财政与税收行为的现代转型作历史学描述;另一方面,我们又可以在对财税行为实践历史的描述基础上,引申出财税行为在本土语境内的结构性基础、权力版图的划分与行为的运作方式。从财税行为所具有的理论的、抽象的、建构的、理性的品格出发,通过我国当前财税理论思想源流、财税基础理论建构的价值取向与财税规范性文件的梳理与考察可以发现,我国财税行为现代化的过程,是一条沿着西方财政现代化的进本进路、套用西方公共财政的话语体系、引介西方财税宪法框架、构建财税领域中符合实证主义国家法体系的过程,是通过财政法治化、财政民主化与分权规范化的路径,将国家与纳税人的行为纳入外在的、显性的正式制度体系的过程。[55] 它更多时候是在提供一种逻辑性的而非经验性的规范分析,告诉我们应该朝着哪个方向走,却不能告诉我们现在处在何种位置,为什么朝这个方向走,也不能解释历史可能带来的巨大惯性力量。因此,任何财政理论的引介、挖掘与传播,都应当经历充分"本土化"的洗礼过程,对影响理论的解释的各种内生因素予以充分的说明,因为法律术语是"历史地形成的构成性力量,它们规定了法律人的思想方法与思考范围",我们既需要"历史"地认识这个世界,也需要规范理论的帮助,以使我们能够超越现存的经验,并对之持有一种批判性的反思。

---

[55] 需要说明的是,对此的考察并不局限于对财税法或者法学学科内部的考察,而是对财政史、财政社会学、政治学等所有涉及财政制度思想的整合性的考察。

财税行为的可诉性初探

谢 捷*

目 次

随着财税法学科的蓬勃发展,财税行为范畴的提炼及其价值逐渐成为学者重点关注的研究对象,如何更好地促进以财税主体、财税行为、财税责任等范畴为研究对象的财税法基础理论研究的发展无疑是财税法学者们的一项重要任务。财税行为作为财税法基础理论的基本范畴之一,对其进行研究不仅有助于提升人们对财税行为多元性和复杂性的认识,还有利于建立和完善以问题为导向的财税法独立的学科话语体系,更有利于推动"诸法合一"的财税法与传统部门法的交流和互补。财税行为是连接法律和现实的重要工具。通过对财税行为的明晰界定,可以进一步梳理不同财税行为范式下政府及其相对人的权利和义务关系。对其进行相应法律审视和评价,无疑能为财税法的法治实践提供规范的引导标准。可诉性是法律行为的本质属性。财税行为的可诉性是指财税行为在满足一定标准时可由当事人诉诸法院予以审查的法律属性。无救济则无法律。财税领域的救济种类可分为内部救济和外部救济。

* 谢捷,北京大学法学院2016级财税法学硕士研究生。

财税行为的可诉性涉及外部救济,即通过运用争议解决程序审查财税行为的合法性与合理性。将财税行为提交至法院予以司法审查,无疑会对丰富财税法律法规的法治实践、维护相对人的合法财税权利、促进权力机关合法合规行使财税权力等起到良好的作用。

一、领域法学视角下的财税行为范畴检视

法律行为是法学学科中惯用的法律语词,是十分重要的法学范畴,对建构部门法学科体系而言起到了不可或缺的作用。民法、行政法、刑法分别界定了民事行为、行政行为、犯罪行为的概念,已有相当多的学者对这些法律行为的分类及其法律意义、构成要件和其他重要理论进行了广泛而深入的研究。然而,财税法作为新兴学科,尚未建立起自己的一套法学学科话语体系。财税行为的理论构建尚未成熟,还处于起步阶段。因此,对财税行为理论的充分构建和释明无疑非常紧迫。从广义来说,财税行为可以包括财税立法、财税执法和财税司法行为。[①] 就可诉性而言,哪些财税行为需要予以外部诉讼救济加以审视和评价呢?在财税立法层面,我国财税立法中的法律是由全国人大及其常委会制定。如同行政法中抽象行政行为不能由法院加以评判一样,财税立法中的法律自然也不具备可诉性。财税立法中的法规、规章及其他规范性文件也类似于行政行为中的抽象行政行为,自然也不具备可诉性。财税执法行为涉及相对人的财产权利和利益,往往具有可诉性,如税收征管实践中税务机关和纳税人就是否纳税以及纳税数额发生了争议,纳税人可以向法院提起诉讼。再如,纳税人对税务机关的处罚决定、强制执行措施或者税收保全措施不服,也可以依法提起诉讼。财税司法行为本身便具有审查和评价具体财税行为的功能,因此,财税司法行为不会再被提起诉讼,因而不具备可诉性,可诉性对财税司法行为而言是无意义的。

将财税行为分为财税立法行为、财税执法行为和财税司法行为是较为粗放的划分方法,而且具有可诉意义的行为主要是财税执法行为,然而财税执法行为是一个范围广泛的子概念,要廓清财税行为的范畴边

① 陈立诚:《财税行为构建论纲》,载《北京社会科学》2015 年第 7 期。

界,需要重新对财税行为的种类加以划分。财税行为内涵丰富,种类多样,呈现出丰富多彩的行为态势。有学者认为,我国可以依托现行的财税法律体系对财税行为的体系加以构建。财税行为可以划分为四大类,每一类下再具体细分行为。因此,财税行为可以划分为财政基本行为、财政收入行为、财政支出行为和财政管理行为四大类。其中财政基本行为可以分为预算行为和财政收支划分行为。财政收入行为可以分为税收行为、非税收入行为和公债行为。非税收入行为又可以划分为规费行为、罚没行为、彩票行为和国有资产收益行为。财政支出行为可以分为财政采购行为、财政投融资行为、财政拨贷款行为和财政转移支付行为,财政管理行为下包括国库管理行为。[②] 可以看到,以财税领域中较为典型的财政现象为基础对财税行为加以分类,无疑对于财税行为内容的具体化和深入化研究大有裨益。但应注意到,此种分类法侧重于不同财税现象的异质性和多元性,与提炼出统一的财税行为构成范式的分类法不同。但从中可见在财税法学科的统一分析框架下,各类财税行为的特殊性具有其独特研究意义,我们应肯定这种分类方法对于财税法学科的微观研究的积极影响。

事实上,目前财税行为的研究中,便呈现出集中于具体财税行为种类的分析的局面。不少学者对税收征纳行为加以研究,而忽视了对其他财税行为的探讨。税收征纳行为确实是直接涉及纳税人财产权利、与纳税人利益紧密相关的一种具体财税行为,因而也不难理解对税收征纳行为的研究多如牛毛。但是从上述财税行为的分类状况可以得知,税收征纳行为仅仅是财政收入行为下税收行为的下位概念。换言之,税收征纳行为仅仅是财税行为众多种类中的一种。遗憾的是,其他财税行为的研究少有人涉足。但这并不代表除税收征纳行为以外的财税行为在国家日常经济社会秩序的运行中不重要。恰恰相反,财政收入的其他环节、财政支出和管理过程是支撑我国政治、经济和社会秩序正常运行的重要制度保障。财税行为分类的意义便在于此,除了税收征纳行为,还有多种财税行为值得学者们去探索和研究。财税法学科所提出的“财税一

② 陈立诚:《财税行为构建论纲》,载《北京社会科学》2015年第7期。

体”便蕴含着此种深意:要从整体主义的视角出发,防止税法与财政法的分立,防止收入法、支出法和管理法的隔离,以系统性的视角观瞻财税全局。[3] 税收征纳行为只是税行为的一部分,从财税法的整体视角来看,其他财政收入行为和财政支出行为也应加以重点关注,否则便割裂了税法和财政法,失却了财税法学科建构的独特意义。纳税人对税行为敏感,因为税收关系到对纳税人合法权益的剥夺。那么其他财税行为呢?

从财税一体化理论出发,税收是组织财政收入的基本形式,是财政收入的重要组成部分。有收必有支,财政支出是国家为了满足人民的公共需求而用度于公共产品和服务的开支。应将税与财政“相联结”,做到财政收入的“合理、合法、合宪”,财政支出应“公开、公平、公正”。[4] 现实生活中,纳税人往往只关心税收的征收,因为涉及本人直接的财产利益,但对于税收的使用,纳税人往往关心甚少,原因在于财政开支表面上看起来和纳税人甚少关联。但事实上这种看法忽略了财税法的公共性。从公共财产法的视野看财政支出,财政支出涉及公共利益,应受公众监督。财政支出关系到收缴上来的资金的最终流向,更应注重效率与公平。因此财政支出行为也应受到重视,具有重要的研究意义。如财政支出行为中的政府采购行为便关系到政府在市场上购买商品和服务的行为,涉及政府与相对方(经营者)之间的法律行为。如何在政府缔结和履行合同占尽上风的情形下保护相对方(经营者)的合法权益,有效制约政府的行政权,[5]是实施财税行为联结相对方权利与义务时应加以考虑的。政府采购行为不仅是联结政府与经营者的法律行为,还是联结政府与消费者的法律行为。如纳税人若对政府超编制超预算采购汽车等消费品的行为产生质疑时,便可以视作政府采购行为侵犯了不特定的受益主体的利益,即侵犯了公共利益。此时纳税人在政府采购行为中的权

---

③ 刘剑文:《域外财税法学的发展及其对中国的启示》,载《科技与法律》2014 年第 5 期。

④ 刘剑文:《域外财税法学的发展及其对中国的启示》,载《科技与法律》2014 年第 5 期。

⑤ 叶姗:《政府消费行为可诉性较弱的解决思路》,载《法律与适用》2009 年第 3 期。

利表现为要求政府提供优质公共服务而非违法发生享受型开支的权利。⑥ 可见财政支出行为也关系到纳税人的切身利益。

二、财税行为可诉的实质考察:必要性和可行性

(一)财税行为可诉的必要性

法律行为具有如下特征:社会性、法律性和可诉性。社会性是指法律行为可以形成一定社会关系。法律性是指法律行为能引起一定法律关系的产生、变更和消灭。可诉性是指国家通过法律规范行为,对违法行为可以借助司法程序加以制裁。⑦ 可诉性是法律行为的本质属性,如果法律行为不可诉,那么对于利益受损害一方而言便没有外部救济途径可以维护自身合法权益,国家制定的法律规范便形同虚设,无法通过法律适用规范人们的行为。从财税一体化的视角看财税行为的可诉性,目前我国由于税收征纳行为引发的纳税争议是可诉的,同时税务机关对纳税人作出的行政处罚决定和强制执行、税收保全措施也是可诉的。但是税收征纳行为只是财税行为的一部分,税收征纳行为的可诉性不能涵盖所有财税行为。如我国对预算行为便没有规定外部救济途径,预算法中对违法行为只规定了"责令改正""降级""撤职""开除""通报批评"等法律责任,并未涉及违法行为的可诉性问题。预算法是财政法的核心,其地位的重要性不言而喻。财税一体化要求打通财政资金的收入、支出和管理的整个流程,若对财政资金的征管用一视同仁,那么税收征纳行为的可诉性也应辐射至其他财税行为。否则,财税一体化视域下若财税行为的可诉性在除税收征纳行为以外的其他行为中出现断裂,则割裂了财政和税收之间的紧密联系,将二者隔离分裂开来。

"按照法律经济学的观点,所有法律活动,包括一切立法和司法以及整个法律制度事实上是在发挥着分配稀缺资源的作用","当代社会中法律正义或公正内涵的确定,也需要借助于资源使用与配置的效益评

---

⑥ 叶姗:《财政购买性支出执行行为之司法规制》,载《财贸研究》2009年第2期。

⑦ 郝明金:《论可诉性是行政行为的本质属性》,载《法学论坛》2006年第3期。

价”。[8] 因此，司法权和行政权的配置都是分配资源的过程，其中司法权由于其在评判资源的使用与配置的效益中的中立作用具有实现法律正义的独特功能。财政资金的收入、支出和管理离不开国家机关的行政权的行使，事实上，长期以来，财政资金被视为国家所有，因此财政资金的收入、支出和管理被认为是政府单方行使行政权的行为。由于行政权的单方垄断，公民作为纳税人几乎没有参与监督的可能。然而，从最根本的意义上而言，财政资金是纳税人为获得国家提供的公共产品和服务而支付的对价。因此，财政资金应由纳税人参与监督所蕴含的合理性是不容忽视的。公共财政的基本效力来源于宪法，而我国宪法中并没有对于财政收入支出和管理的一般性表述。[9] 换言之，我国国家机关在财政资金的收管用过程中行使行政权的受限较少，任意性较大。不得不承认行政由于其专门性在解决财税领域的高度专业技术问题时具有其实际操作中的便利性，但是由于行政权作为一种资源配置的权力，也应受到效益评价，因此司法权可以发挥其评价作用，在保持中立的同时对于涉及纳税人利益的行政事项进行纠偏，这也不失法律公正的内涵。

纳税人基本权利是“纳税人要求按符合宪法的规定征收与使用租税的权利”。[10] 建立完善的纳税人权利体系是财税民主化的要求，只有如此，才能让财政资金的征收和使用符合纳税人的利益需求。纳税人的基本权利在遭受侵害时，纳税人可以因其侵害了该纳税人的法律上的利益而提起诉讼。现实生活中，由于不公平的财税行政往往会构成客观上的侵权，若纳税人不能以通常的诉讼形式提起诉讼，则其法律上享有的纳税人基本权利便得不到主张。因此，财税行为的可诉性对于维护纳税人基本权利而言至关重要。在我国，纳税人对税务机关作出的决定，依法享有申请行政复议、提起行政诉讼、请求国家赔偿等权利。但是这仅是

---

⑧ 张德瑞、吕群：《内部行为可诉性若干问题研究》，载《河南省政法管理干部学院学报》2003 年第 4 期。

⑨ 李大庆、王利军：《“财税一体化”的法律逻辑与制度决定——一种公共财产法的视角》，载刘剑文主编：《财税法论丛》，法律出版社 2015 年版，第 161 页。

⑩ [日]北野弘久：《税法学原论》(第 4 版)，吉田庆子译，中国检察出版社 2001 年版，第 36 页。

纳税人针对征税过程中与税务机关发生争执时可以采取的救济方式。对于政府筹集财政资金后对资金的使用问题,纳税人是否可以提起行政诉讼、请求国家赔偿,我国法律并没有作出专门性规定。公共财产法理论要求无论是财政收入还是财政支出都应该具有公共性。既然财政收入过程中纳税人与税务机关发生的争议可诉,那么财政支出过程中纳税人对财政资金的流向问题有异议,也应该享有提起诉讼的权利。政府的违法公共支出关系到纳税人的公益。由于行政权的扩张行使,政府机关中出现权力寻租的可能性大大提高,在政府采购和政府投资等财政支出环节中违法开支的混乱失序状况不断出现。对于这些浪费纳税人税款的行为,仅仅依靠审计部门的内部监督作用有限,增强人大预算监督职能尚且任重道远。只有赋予纳税人直接诉讼的权利才能最为直接有效、立竿见影地防止财政环节中的腐败现象。

(二)财税行为可诉的可行性

在财税法领域,虽然税收征管法规定纳税人和税务机关之间发生纳税争议时纳税人可以向法院提起诉讼,但是法律对纳税争议引发的诉讼设置了两个前置条件,一为缴足税款及滞纳金的前置,二为复议前置。换言之,虽然税收征纳行为可诉,但是其可诉性是不完整的,受到一定的限制性条件的约束。这无疑不利于我国税务司法实践的充分展开,导致我国进入诉讼程序的税务案件的数量与其他行政案件相比明显偏低。税收征纳行为是税务机关与纳税人之间利益博弈相对较激烈的法律行为,如果不放开税务诉讼的条件限制,没有中立第三方的客观公正的审查,无疑对税收征纳冲突的处理、对冲突双方矛盾的化解、对征纳双方合法权益的维护不利。因此,废除纳税前置和复议前置刻不容缓。只有废除纳税前置和复议前置,纳税人享有的诉权才能无障碍地行使,其所享有的诉权才是真正无瑕疵的诉权,其所获得的法律救济才是实打实无折扣的救济。行政诉讼是监督政府依法行政的有效途径,若限制当事人的诉权不符合行政诉讼制度的初衷,不利于建设法治政府目标的实现。税务机关虽有担心纳税人滥用诉权、拖延缴税之虑,但是缴纳全部税款及滞纳金或提供相应的担保对纳税人而言负担过重,目前可让纳税人缴纳所拖欠税款的一部分比例即可,不可过于严苛,然后循序渐进,逐渐废除双重前置制度。我国税收征管法的纳税前置和复议前置条款一直为人诟病,若能随时代发展及时加以修改和废除,将有利于推动我国法治事业的进步与发展。

我国《行政诉讼法》第12条规定:“人民法院受理公民、法人或者其他组织提起的下列诉讼:……认为行政机关侵犯其他人身权、财产权等合法权益的。除前款规定外,人民法院受理法律、法规规定可以提起诉讼的其他行政案件。”前述法律的规定,是我国关于财税行为可诉的法律依据。不过我国目前财税立法体系不完善,重要立法如财政转移支付法等缺失,因此关于财政转移支付行为、财政投融资行为、财政拨贷款行为是否可诉尚待未来立法完善。就目前司法诉讼实践观察可知,财政转移支付等行为没有诉讼实例。我国部分财税行为多以法规和规章形式确定,其中某些财税行为是可诉的,如《政府采购法》第58条规定:“投诉人对政府采购监督管理部门的投诉处理决定不服或者政府采购监督管理部门逾期未作处理的,可以依法申请行政复议或者向人民法院提起行政诉讼。”可见在政府采购行为中,当事人享有相应诉权但是须完成投诉的前置程序。而某些财税行为并没有规定当事人的诉权,只规定了自上而下的内部救济程序,如《彩票管理条例》第43条规定:“彩票公益金管理、使用单位违反彩票公益金管理、使用规定的,由财政部门责令限期改正;有违法所得的,没收违法所得;在规定期限内不改正的,没收已使用彩票公益金形成的资产,取消其彩票公益金使用资格。”《违反行政事业性收费和罚没收入收支两条线管理规定行政处分暂行规定》中对违法操作的直接责任人员规定了记过、降级、撤职、开除等行政处分。若上述财税行为导致的危害后果给纳税人造成了损失,不赋予纳税人诉权无疑不利于纳税人财产权的保护。除诉讼外,纳税人还有检举、控告等救济方式,如《预算法》第91条规定:“公民、法人或者其他组织发现有违反本法的行为,可以依法向有关国家机关进行检举、控告。”然而检举、控告等方式相比于直接起诉而言在纳税人权利保护力度上相对较弱。因此,我国财税行为可诉性较弱,尚待更多法律依据支撑,纳税人诉权的法律规定尚待完善,我国财税法治事业尚有进一步发展空间。

三、财税行为可诉性较弱的改进理路:现状反思

目前我国财税行为的可诉性问题在于,客观上纳税人提起诉讼受到前置程序的颇多限制,以及较多财税行为在制度构建上并未给予纳税人外部救济渠道,主观上纳税人因"民告官"现状的维权困境而不愿提起诉讼。现行司法实践中,纳税人因财税行为引发的争议或进入民事诉讼程序或进入行政诉讼程序。民事和行政两大诉讼机制是纳税人解决财税争议的主要程序通道。如国家将财政拨款拨至国家重大科技项目,而国家重大科技项目普遍实行合同制,关于此部分财政拨款、科技经费的使用问题在科研开发单位与委托开发的政府部门之间引发的争议,属于平等民事主体之间发生的民事争议,因此应按照合同法、民事诉讼法等法律启动民事诉讼程序加以解决。若政府采购公共产品和服务并采用招投标的方式进行,投标人若对中标结果产生异议,因中标结果与投标人切身利益紧密相关,其可以向相关财政监督管理部门投诉,若监管部门未在合理期限内予以答复,投标人便可以向法院提起行政诉讼,主张自己本可与政府缔结采购合同的合法权益。可见,国家财政下,纳税人与政府之间的关联增强,纳税人与政府进行互动的多种财税行为都可能引发各种民事或行政争议,若纳税人认为自身利益受损,可以对政府部门提起诉讼。但在我国现行民事和行政的传统诉讼模式下,纳税人因财税行为而起诉的案件并不多,纳税人行使诉权的频率并不高。要对现行财税行为诉讼机制加以改进,必须引入财税公益诉讼机制。

实际上,"公益诉讼"并不是一个严格界定含义清晰的法律概念,不同学者对公益诉讼概念本身理解各异。从字面含义上看,"公益诉讼"似乎是指"因维护公共利益而提起的诉讼"。随着社会经济一体化的发展,系统性损害增强,公共利益一旦被侵犯,公民权益的波及范围非常宽广。因此,相较于私益诉讼,公益诉讼拓展了原告的主体资格,赋予公民个人和私人组织诉讼资格。在二十世纪六七十年代的美国民权运动时期,公民个人和民间组织成为积极从事公益诉讼的主体。公益诉讼活动被视为"法律的私人执行",公益诉讼制度被比喻为

"私人检察官制度"。[11] 作为制度构想的财税公益诉讼机制,顾名思义,是针对财税行为的公益诉讼。诉讼机制作为实施法律、维护权利、倡导法律革新的工具,同时也是一种监督方式。在财税领域,财政收入和支出关系到纳税人支付的财产金额以及所能获得的公共产品和服务。在我国,每个公民都是纳税人,都享有支付税金获得公共服务的权利,同时负有监督财政资金合理征收和使用的义务。财税公益诉讼让公民个人和组织能够获得诉讼资格,作为原告对财政收支过程中的违法行为提起诉讼,从而实现法律监督和救济。"纳税人"含义本身便与"公益"有着紧密联系,因为每个纳税人的利益汇聚成为公共利益。因此,让任何组织和个人都可以针对违法侵犯公益的财税行为向法院提起诉讼,是寻求受损公共利益得到救济的最直接有效的方式。

税收征纳行为是财政收入过程中最突出的财税行为。税收征纳行为关系到每个被征税的纳税人的直接权益。因此,我们可以看到在司法实践中,纳税人可以直接针对税务机关提起私益诉讼获得救济。所以,财政收入过程中提起公益诉讼的情况几乎没有。然而,在财政支出过程中,由于财政资金的支出是用于提供公共产品和服务,所以牵涉的公益范围广泛。但由于财政支出往往具有授益性,纳税人对财政支出行为不敏感,因其不牵涉对自身利益的直接剥夺。而且财政支出针对不特定对象,鲜少针对特定个人,因此单个个体提起诉讼的积极性不高。但财政支出中的违法行为也往往较多,贪污腐败、奢侈浪费等现象屡禁不止,权力寻租、官商勾结等不当行为日益严重。因此,财政支出行为中公益诉讼的重要性便凸显出来,让广大纳税人代表公益将违法行为提交至法院加以审查,是震慑不良居心的有效方式。2004 年的"政府采购第一案"中,现代沃尔诉财政部未能针对其所投诉的招标事宜及时作出答复,诉由是中标与否与现代沃尔自身利益密切相关。但若现代沃尔并非有直接利害关系的投标者,或起诉财政部的是与本案无关的公民,那么针对购买公共产品和服务的这一政府采购行为,法院是否也应出于公共利益

[11] 黄金荣:《公益诉讼制度构建中的进步与局限——评新民诉法第 55 条》,载《法治研究》2014 年第 2 期。

考虑同意原告的诉讼资格并对本案加以审查呢？答案应该是肯定的。

我国纳税人诉讼第一案——“蒋石林诉常宁市财政局案”中，蒋石林以纳税人的身份起诉常宁市财政局，要求法院确认财政局超预算购买两辆豪华轿车的行为违法。然而法院最后以起诉事项不属于法院行政诉讼受案范围为由不予受理。此案引发了学者们的广泛讨论，众多学者提出在我国建立纳税人诉讼制度的建议。事实上，蒋石林作为纳税人具有监督权，当其对财政局超预算支出行为产生质疑时，也是在对政府行为是否侵犯公共利益产生质疑。由于财政支出行为侵犯的是不特定受益主体的利益，任何个人和组织都应该享有诉权。法院若不赋予广大纳税人以诉讼资格，纳税人的公共利益便无法得到有效维护。常宁市财政局的享受型开支无疑侵犯了纳税人的公共利益，豪华轿车的支出满足了财政局官员的私益，这笔支出归根结底来源于纳税人，因此纳税人有权监督这笔款项的使用。因此，蒋石林作为纳税人提起诉讼是有理有据的。可见纳税人诉讼是财税公益诉讼，因其本质还是为了纳税人的公共利益。纳税人诉讼与用税监督权紧密相连，世界范围内不少国家在纳税人用税监督权的保障问题上设计了多种具体制度，或直接或间接地赋予纳税人监督税款使用的权利。[12] 其中，英国和美国的纳税人诉讼制度、日本的住民诉讼制度是纳税人提起公益诉讼的典型代表形式，体现了以“私人权利制约公共权力的宪政思想”。[13]

在美国，关于纳税人诉讼主体的确定，联邦法院持较为保守的态度，对原告诉讼主体资格的判定较为严格，而州和地方法院对原告资格的判定往往持更宽松开放的态度。在州和地方司法实践中，原告一般须证明自己是纳税人，并且因为被诉行为而受到损害即可。美国纳税人诉讼的被诉行为非常广阔，存在于“政府财政分配的各个领域”，[14]包括财产的征收和征用、地方政府债券的发行等。而且美国的纳税人诉讼制度不是

---

⑫　赵勇：《纳税人用税监督权研究》，载刘剑文主编：《财税法论丛》(第 14 卷)，法律出版社 2014 年版，第 151 页。

⑬　陈晴：《纳税人诉讼制度的域外考察及其借鉴》，载《法学评论》2009 年第 2 期。

⑭　韩姗姗：《美国纳税人诉讼制度及其对中国之借鉴》，载刘剑文主编：《财税法论丛》(第 11 卷)，法律出版社 2010 年版，第 261 页。

局限于对行政机关执法行为的诉讼,而是还包括对立法机关的财税立法行为的合宪性审查。我国目前的纳税人提起的诉讼中,主要涉及行政机关的执法行为,立法行为以及抽象行政行为尚不在法院的受理范围之内。日本在《地方自治法》中规定了住民诉讼,“这一诉讼是在普通地方公共团体的长官等进行了违法或者不当的公款支出以及财产的管理处分时,住民在经过对监察委员进行监察请求后提起的诉讼”。⑮ 可见,日本住民诉讼中原告也是基于纳税人的身份,为了全体住民的公共利益而行使监督税款使用的权利而提起诉讼。但日本的住民诉讼设置了一层前置程序,即住民必须先对地方监察委员会提出请求,待提出请求后才能向法院提起诉讼。在诉讼范围上,日本住民诉讼针对地方公共团体及其职员的违法财务行为、怠慢课征税赋和管理公共财产等行为。当地方公共团体承担责任后,可向负有责任的职员追偿。住民提起诉讼后,其他住民可以通过诉讼参加的方式维护自身权益。⑯ 因此,我国可借鉴美、日的诉讼制度,针对诉讼主体资格、案件受理范围、前置程序设定、诉讼参加制度等方面对财税公益诉讼制度加以设计和完善。

⑮ 章志远:《行政公益诉讼热的冷思考》,载《法学评论》2007 年第 1 期。
⑯ 陈晴:《纳税人诉讼制度的域外考察及其借鉴》,载《法学评论》2009 年第 2 期。

聚焦全球热点财税问题

特朗普废除遗产税计划之评析
——兼谈遗产税改革的路径

耿 颖*

目 次

一、问题的缘起

2017 年 4 月 26 日,美国白宫发布了备受关注的特朗普税改计划的大纲,回应了特朗普竞选时所提出的减税承诺,被特朗普本人称为美国历史上"规模最大的减税计划"。该计划不仅包括大幅降低企业所得税税率、减并个人所得税税率级数并降低个人所得税最高边际税率等所得税制的核心改革建议,还明确提出废除遗产税等税种。12 月 22 日,特朗普签署《减税与就业法案》(TCJA),除在企业所得税、个人所得税和国际税收改革三大板块对税制内容作了较多修改外,并未废除遗产税,但

* 耿颖,北京大学法学院博士研究生。

在保留该税种的同时大大提高了免征额。可以说,在全球税收竞争日益激烈的背景下,为了吸引世界范围内的人才和资本,“即使是税收政策这样的内政,也不可能只单纯考虑国内情况,而是必须放眼全球”。[①] 而特朗普政府推出的税改计划及法案在很大程度上正是考虑到美国目前的企业所得税[②]、遗产税[③]等税制情况相较于其他国家和地区缺乏竞争优势,旨在通过减税来拉动投资、刺激本国经济增长、扩大税基,进而实现带动税收总收入增加、缓解就业问题等目标。这基本上延续了里根于20世纪80年代以及小布什于21世纪初进行的两次大规模减税历程的思路,体现了供给学派关于“中性税收”(tax neutrality)[④]的美好理想。

诚然,以减税为内核的大幅度税制改革方案看上去十分引人注目,但如果深究之便会发现,其能否通过财政收支平衡原则和税收公平原则的检验尚待考察。即便是以其初衷——税收效率原则为审视标准,可能亦不敢保证其可以达致促进经济增长的预设效果。而原计划中的废除遗产税措施,更因将使巨富阶层获得直接的、最大的利益,受到普通民众的反对和质疑。正式推出的法案中有所妥协,未废除这一税种,但加倍规定了遗产税的免税额,即由2017年的549万美元增加了1倍至1118万美元,仍面临正当性质疑。

实际上,在特朗普提出废除遗产税之前,对于遗产税的存废之争和利弊之辩在美国国内早已有之,许多国家和地区在开征、取消或调整遗

---

① [美]克里斯·爱德华兹、丹尼尔·米切尔:《全球税收革命:税收竞争的兴起及其反对者》,黄凯平、李得源译,中国发展出版社2015年版,“译者序”第2页。

② 据统计,目前美国企业所得税的税率高达40%(含35%的联邦税加上各州的平均税率),在全球排名第二。与之相比,其他国家和地区的企业所得税则普通较低,其中,亚洲各国的企业所得税的平均税率为29%,拉丁美洲为27%,欧洲为24%。

③ 目前美国遗产税的税率在OECD成员国中排名第三。税率排名前两位的国家分别为日本和韩国,其遗产税最高税率分别为70%和50%。

④ “中性税收”,又称税收中性原则,是指在不存在收入分配问题或该问题已经解决的前提下,探讨征税如何不构成对人们行为的扭曲。不会引起商品相对价格发生变化,从而不改变纳税人行为的税收,被认为是中性的。其目的在于使超额负担最小化。参见刘映春:《税收中性原则与我国的税制改革》,载《法学杂志》2001年第5期。可见,税收中性原则强调减少税收手段的外在干预,奉行市场自由,追求经济效率。在相当大的层面上,里根、小布什、特朗普等减税计划均为税收中性原则的表现。

产税的问题上发生过多次变动。而近几年,有关我国是否开征遗产税的问题也引起社会的广泛讨论,2013 年《关于深化收入分配制度改革的若干意见》等中央文件提及"在适当时期开征遗产税"。尽管从眼下的进展看,我国未来几年税制改革和税种立法的规划并不包含遗产税的开征和立法,而且,遗产税作为纳税人仅为少数富人的"小众"税种,⑤征收对象很窄,但难以否认的是,遗产税是否开征、如何征收的问题牵动着普通民众的神经。其原因可能在于,人们对遗产税的功能和税收要素等有一些误解或者了解较少,⑥加之遗产税的功过得失本就是一个聚讼不已的话题,甚至在世界范围内呈现出时存时废、彼立我废的复杂实践。⑦

鉴于此,下文将以特朗普原先税改计划中"取消'死亡税'"及 TCJA

---

⑤　遗产税的征税对象是最富有的少数人的巨额遗产,在目前开征遗产税的国家和地区中,征税面(即死亡人数中遗产征税者的比例)都比较窄,一般为 2%~5%。例如,2011 年美国遗产税的纳税人数不足 5000 人,且近八成来自收入位居前 1%的富人。而在新法案实施后,预计美国只有约 2000 人(或占人口 0.0006%)需缴纳遗产税。See Heather Long, "3,200 wealthy individuals wouldn't pay estate tax next year under GOP plan", The Washington Post, November 5, 2017. https://www.washingtonpost.com/news/wonk/wp/2017/11/05/3200-wealthy-individuals-wouldnt-pay-estate-tax-next-year-under-gop-plan/?noredirect=on&utm_term=.8006ca42d41d, 最后访问时间:2018 年 9 月 18 日。

⑥　有美国学者指出,遗产税是一种不受民众欢迎的税种,人们反对遗产税的一个重要原因是对遗产税的错误理解。根据 2003 年美国国家公共广播电视台的一项民意调查,57%的美国人认为应该废除遗产税。部分是因为人们对把死亡与纳税结合起来感到本能的厌恶,部分则是因为大部分支持废除遗产税的人都错误地认为遗产税会适用于普通人。在该项调查中,39%的回答者称,他们反对遗产税是因为"它会在某一天影响到你"。49%赞成废除遗产税的人认为,"大多数家庭在有家人死亡时,需要缴纳遗产税"。参见[美]乔尔·斯莱姆罗德、乔恩·巴基哲:《课税于民:公共税收指南》(第 4 版),刘蓉、刘洪生、彭晓杰译,东北财经大学出版社 2013 年版,第 293 页。类似地,我国坊间时常流传着遗产税的传闻和风声,而广大纳税人可能尚较缺乏对该税种的充分和准确认识,这在很大程度上造成了不必要的恐慌和担忧。

⑦　美国政治家富兰克林有句名言:"这个世上唯有两件事是确定的——死亡与纳税。"(In this world nothing is certain but death and taxes.)此后又有美国经济学家改编称:"这个世上唯有两件事是确定的——死亡与税收改革。"这句话虽有一定的戏谑成分,但却展现出税收改革的频繁程度及对国家、社会、纳税人的重大影响。而遗产税作为一个同时与死亡、纳税、税收改革这三大元素相关联的税种,其难度和关注度可见一斑。

中遗产税免征额加倍等表述为思考的契机和出发点，先对包括取消遗产税在内的特朗普大规模减税方案可能面临的困境予以检视，随后回归我国遗产税问题，分析该税种的功能及其在我国开征所遇到的困难，进而以前述对特朗普税制改革的相关思考，为我国可能的遗产税改革提供一些整体性的启示。

二、特朗普计划废除遗产税的困境

特朗普税改计划和法案具有明确的减税导向，但如果以财税法基本原则对其税制要素及后续影响加以考量，该计划在税收公平维度是否过度偏重于富人、在税收效率维度能否实现经济刺激目标，以及在财政平衡维度如何填补财政缺口等三个方面，似乎均存在正当性、有效性抑或可行性上的不少的疑问。

具言之，困境之一为税改本身所涉及的税收公平问题，即该减税计划是否服务于富人，反而增加了普通中产阶级的税收负担。尽管财政部长努钦曾表示，"有效税率将不会减轻富人的负担，这真的是一次对中等收入群体的减税"，但从实质内容看，税改计划显现出支持大企业和大富豪的明显导向，甚至特朗普本人将从中获得巨大利益，相反，其给普通家庭的扶助是不公平和不确定的。故而，众议院少数党领袖佩洛西称特朗普政府的税改原则为"富豪的心愿单"（a wish list for billionaires）。[⑧] 据无党派的税收政策中心（Tax Policy Center）测算，特朗普减税计划中 50% 的减税利益，都会流向美国社会 1% 的巨富阶层，可每年为其减少 14.1% 的税负（平均每户每年 31.7 万美元）；而该计划却只能给中产阶级家庭减少 1.5% 的税收负担（平均每户每年 1100 美元）。[⑨] 尤其是对于遗产税这一专门对巨富阶层课征较重税收的税种，取消或大幅提高其免征额，会使

---

⑧ 佩洛西在白宫发布特朗普税改方案后发表声明称，"特朗普总统的税制大纲是富豪的心愿单，而非如他曾承诺的那样关注努力工作的家庭"。See Pelosi Statement on President Trump's Tax Plan Outline, April 26, 2017. https://pelosi.house.gov/news/press-releases/pelosi-statement-on-president-trump-s-tax-plan-outline，最后访问时间：2017 年 6 月 1 日。

⑨ See Analysis: Trump says tax plan helps middle class, not wealthy. Experts say that's not true. Chicago Tribune, April 27, 2017. http://www.chicagotribune.com/business/ct-trump-tax-plan-wealthy-20170427-story.html，最后访问时间：2017 年 6 月 1 日。

税收体系的收入再分配功能大大退化,税收公平受到很大威胁,亦不利于社会的稳定和持续发展。即使拥有调节功能强大的直接税税制体系,美国社会近年来的收入分配差距仍然在拉大。1997 年至 2017 年二十年间,美国社会基尼系数一直居于 0.41 以上,部分年间甚至高达 0.45,超过了 0.4 的国际警戒线。在这种情况下,一旦在高度累进的直接税领域实施大规模减税政策,特别是针对巨富阶层实施大规模减税,搬走税收调节这块"压舱石",美国贫富差距有可能进一步拉大,进而形成对中产阶级乃至整个社会不利的局面。

困境之二为税改效果所涉及的税收效率问题,即该减税计划能否实现促进经济增长和扩大税基的设想颇值得怀疑。建立在效率原则基础上的税收中性思想成为美国系列税制改革的基础,希望减少对资本形成及经济效率的干扰,提高经济绩效。[⑩] 所谓中性减税的主要支撑是"拉弗曲线"理论,[⑪]主张在一定税率水平时,政府降低税率反而可能促进经济增长、扩大税基,从而带动税收总额增加,降低赤字。而特朗普税改的具体方案多源自税收中性思想,其思路是"富人减税—投资增加—就业扩大—中等阶层收入和总税收收入增长"。但严格来说,基于拉弗曲线后半段的这一减税逻辑是否成立是要打上问号的,缺乏翔实的、确切的实证支持。一方面,从"富人减税"到"总税收收入增长"过程中的各环节之间的矛盾过于复杂、时间过于漫长、效果过于间接,并取决于对富人减税的投资转化率、投资就业带动率、社会劳动生产率以及工资增长率等诸多不确定性因素,有可能使减税效率大打折扣。随着新技术、新产业、新模式突飞猛进的发展,资本有机构成不断提高,"富人减税大规模增加就业岗位"之说显得过于一厢情愿,有关减税对就业带动作用的衰减效应可能会更加激烈。与之相比,由不减税所支撑的转移支付、财政补救和政府投资等反而更易产生增进就业和促进经济发展的实效。基于此,最有可能的景象是——富人减税导致美国财政减收将立竿见影,

---

⑩ 刘溶沧、马珺:《税收中性:一个理论经济学的分析》,载《涉外税务》1999 年第 1 期。

⑪ "拉弗曲线"理论由美国供给学派经济学家拉弗提出,并成为里根总统减税政策的理论依据。该理论主张,在一定的税率之下,政府的税收随税率的升高而增加;然而,一旦税率的增加越过了这一转折点,政府税收将随税率的进一步提高而减少。

但就业扩大、穷人增收却遥遥无期。⑫ 另一方面,拉弗曲线在很大意义上只是供给学派在里根时代为了强化自己的政策主张而建构的一个概念,其准确性备受质疑。而且,即便确实存在拉弗曲线,当下美国相关税种的税率处在最优税率的左边还是右边也难以度量。有学者在分析美国自20世纪80年代以来的数次大规模的减税改革后指出,所谓的中性减税至少在这几次减税过程中从未实现过。⑬ 因此,对于特朗普政府的减税方案能否如愿地刺激经济增长和税收增收,实难给予肯定回答。

困境之三为税改实施所涉及的财政平衡与稳健问题,即该减税计划如何应对日渐膨胀的政府债务和日渐增大的财政赤字压力。对于税改所导致的财政收入陡然下降,白宫似乎并不担心,而是将化解财政压力高度寄望于减税所带来的经济增长和税基扩大之上。然而,一方面,如前文所述,对于减税能否有效地增加税收收入以覆盖相应的成本,是存在较大疑虑的。此前,特朗普团队预计,综合减税方案至少能够带来4%的经济增长率,为政府带来数万亿美元的收入,从而帮助降低美国债务占GDP的比重,但这个希望极有可能落空。2011~2017年,美国实际经济增长平均约为2%,大大低于美国历史上3%的平均水平。据模型测算,减税计划不断膨胀的债务到一定时期将会大大减缓经济增长速度。美国智库"争取制定负责的联邦预算委员会"(Committee for a Responsible Federal Budget,CRFB)表示,为降低财政赤字和政府债务,美国经济需要在未来十年内保持4.5%左右的增长,但实际上甚至不能指望4%的经济增长效率,⑭根据美国国会预算局(Congressional Budget Office,CBO)的预测,未来十年美国经济年均增速仅为1.9%。⑮ 单纯依

---

⑫ 许生、申现杰:《特朗普税改方案闯关 国会前景依然难以乐观》,载《每日经济新闻》2017年5月18日。

⑬ 详细的研究成果,可参见东北证券宏观研究报告:《从里根到奥巴马的中性减税神话,兼论"税收假日"昙花一现——特朗普税改两大幻象》,2017年5月5日。

⑭ See Committee for a Responsible Federal Budget, Don't Count on 4% Growth. December 9,2016. http://www.crfb.org/blogs/dont-count-4-growth,最后访问时间:2017年6月1日。

⑮ See Committee for a Responsible Federal Budget,How Fast Can America Grow? May 18,2017. http://www.crfb.org/papers/how-fast-can-america-grow,最后访问时间:2017年6月1日。

靠经济增长充分覆盖减税成本不仅难度极大,而且道路注定十分漫长。CRFB称,特朗普税改在未来十年的成本将共计3万亿~7万亿美元,并预估其耗费5.5万亿美元。这种大规模的减税将进一步推高联邦债务,威胁经济增长。CRFB预计,如果税改方案得以执行,到2027年,美国联邦政府债务占国内生产总值的比重将从现在77%的历史高位进一步上升至111%(见图1)。[16] 另一方面,通过大幅压缩财政开支来填补财政缺口的办法,实施空间非常有限。尽管特朗普已经要求削减10%的部门预算和20%的政府工作人员,但在国会所能操控的全权预算支出领域,军费占比高达50%以上,如果不裁减军费,相关控制法案很难通过。这样一来,更大的可能是取消部分税收扣除优惠、压缩转移支付使中下收入阶层利益遭受损失,医疗保险、医疗补助等强制性福利支出领域将因美国政府面临巨额债务而遭受巨大的不确定性。由此,在既未能"开源"又难以"节流"的情况下,如同里根和小布什推行减税改革所导致的高赤字局面,赤字财政政策也将成为特朗普税改方案的最终选择和后果。据测算,特朗普减税方案所引起的赤字有望在未来10年翻番(见图2)。[17] 2017财年,美国财政赤字未如白宫所言达到预算平衡状态,而是较上一财年增加800亿美元至6600亿美元,占GDP比重上升至3.5%,与相关测算较为一致。进而言之,从财政收入与支出一体化的整体主义视角出发,特朗普税改计划一味地强调降低税收,却忽略了财政支出领域及其他财政收入领域的相应改革,这将极有可能造成财政收支间的不平衡,大大加剧美国政府的债务风险和财政赤字状况,从而有悖于财政稳健和均衡理念。

---

⑯ See Committee for a Responsible Federal Budget, How Much Will Trump's Tax Plan Cost? April 26, 2017. http://www.crfb.org/blogs/how-much-will-trumps-tax-plan-cost,最后访问时间:2017年6月1日。

⑰ See Committee for a Responsible Federal Budget, Re-Estimating the President's Budget with Reasonable Economic Assumptions. May 23, 2017. http://www.crfb.org/papers/re-estimating-presidents-budget-reasonable-economic-assumptions,最后访问时间:2017年6月1日。

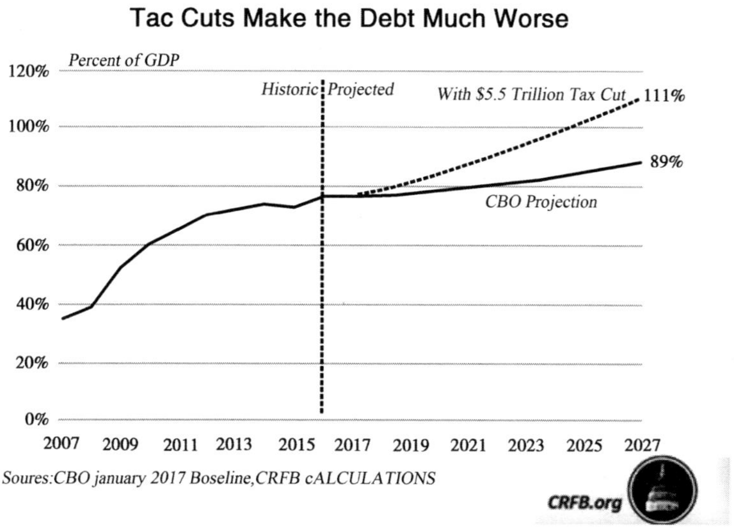

图 1　减税将加剧美国政府债务风险

资料来源:CRFB 官网。

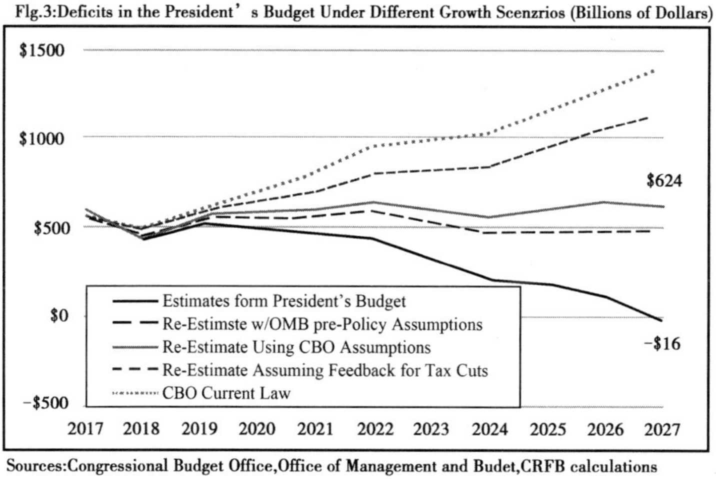

图 2　税改后财政赤字占 GDP 比重预测

资料来源:CRFB 官网。

三、我国开征遗产税的文化与技术制约

由前文论述可知,特朗普计划废除遗产税,以及税改法案中遗产税免征额翻倍的做法,在税收公平、税收效率及财政平衡、财政稳健等方面均存在漏洞。在客观分析遗产税的功能的基础上,回归我国的经济、社会和法律背景来思考遗产税是否开征、如何立法等相关问题,殊为必要。

遗产税既有筹集财政收入的一般税收功能,更能在调节财产公平和有效率地分配上发挥突出作用,并有助于增进财产税体系乃至整个税制体系的完整性。[18] 换言之,开征遗产税的影响已经突破了财政范畴,涉及社情、民风等层面和国家的价值导向。在现代税收国家中,遗产税在财政效益之外的社会效益、政治效益被广泛发掘,其“存在毋宁在于伦理性、道德性重于财政收入”。[19] 立足于中国现阶段的实际形势,基尼系数一直居高不下,个人收入差距扩大引发的社会矛盾日渐加剧,这决定了税制设计既要追求经济效率,又应适当偏重于公平的价值取向。尽管遗产税在一定程度上能与这些目标相暗合,但立法者在决定取消或开征遗产税时,均不宜仓促行事,而应全面、理性地考虑其执法和守法效果,评估废或立的可行性。从本质上看,遗产税相当于国家征税权对部分民众的私人财产的介入,从而涉及纳税人财产权保护的范围和程度问题。[20] 加之当前我国民众对遗产税的认识和认同程度尚待提高,与遗产税配套的个人信用、财产登记、财产申报、财产评估等制度和相关法律规定需要完善,因而开征遗产税面临很大难度,主观及客观条件均未妥适。

(一)遗产税未获得普遍认同

提高纳税人依法纳税的认同感,防止公民分散、转移财产,虚假瞒报,或者产生逆反心理而挥霍、浪费财物,是一项必不可少的工作。[21] 对于在很大程度上要依靠纳税人自觉进行纳税申报的遗产税来说,培养纳

⑱ 雷根强:《试论我国遗产税制的建设》,载《厦门大学学报》(哲学社会科学版)2000年第 2 期。

⑲ 葛克昌:《租税国的危机》,厦门大学出版社 2016 年版,第 156 页。

⑳ 白晓峰:《遗产税立法的困境与路径选择》,载《法学论坛》2014 年第 29 卷第 3 期。

㉑ 刘隆亨:《中国税法概论》,北京大学出版社 1996 年版,第 250 页。

税人意识对于遗产税征管至关重要,也是一个长期的、艰巨的过程。

然而,从目前的社会文化背景看,无论是遗产税的潜在纳税人还是一般民众,对遗产税均缺乏基本的认识和了解,特别是来自潜在纳税人的阻力很大。原因主要在于:其一,在浓厚的家族继承观和传统的社会财富观下,我国千百年流传着财富积累和“子承父业”的思想,[22]所以,人们短时间内在观念上难以接受开征遗产税;其二,遗产税在世界范围内虽然历史久远,但自新中国成立以来一直未在我国大陆开征,因而许多人对该税种的基本税收要素、功能等尚不清楚,有相当部分民众误以为人人都要缴纳遗产税,对开征遗产税十分不解乃至不满;其三,我国纳税人的税收负担整体较重,再加上财政支出监督机制不健全、税收法治化程度较低,导致纳税人对纳税存在抵触情绪,税收遵从度不高。

(二)财产监控和评估制度不成熟

保障遗产税顺利征收的一个技术关键和前提在于,税务机关能够较为确切地掌握纳税人财产情况、有效地管控税源。遗产的积聚程度与被继承人生前对财产的处分及财产的增减息息相关,唯有有效监控被继承人生前财富的变动,才可能对其死亡之时的遗产进行征管。目前,我国在与个人财产监控相关的银行信用体系、支付制度、财产申报、登记和公证制度等多个子系统中均存在缺位和失范,[23]在缺乏周密的财产监控机制的情况下,如果贸然开征遗产税,将大大影响遗产税法的实施效果。当然,如何在这一过程中处理好税务机关的征管权与纳税人的隐私权之间的关系,协调与信息相关的权利义务结构,是一个关乎税收程序正义和纳税人权利保护的重要命题。

除了对税源的掌握和管理,一个平稳运行和效果良好的遗产税制还要以财产评估制度作为技术支撑。遗产税的课税对象是被继承人遗留财产的总额,包括现金、股权、房产等,对其进行价值评估的精准性直接

---

[22] 郭月梅、杨慧芳:《文化视角下我国开征遗产税的困境与突破》,载《财政研究》2011年第11期。

[23] 相关讨论可参见禹奎:《中国遗产税研究:效应分析和政策选择》,经济科学出版社2009年版,第214~215页;李华、王雁:《中国遗产税开征与否:基于遗产税存废之争的思考》,载《财政研究》2015年第11期,等等。

决定了应纳税额。我国的财产评估制度尚处于起步阶段,现行财产评估法规和制度较为零散和单薄,专业评估人员严重短缺,评估机构的评估标准、方法等远远落后于征收遗产税的需要。此外,针对个人财产的评估业务范围仍较狭窄,比如对机动交通工具、非上市股票、金银珠宝等类型财产的评估不成体系,导致难以从技术上确保遗产税征管的权威性和公正性。

四、整体主义视角下的遗产税改革检视

我国开征遗产税的条件尚不成熟,但即便如此,加强对遗产税的经济和法律研究仍具有一定价值。要思考遗产税的改革和立法问题,不仅需要配套制度建设和税收要素设计,更需坚守法治思维,秉持公平、效率、均衡、稳健等财税法基本原则和理念。同时,应当将遗产税的开征问题置于我国建立现代税制、优化收入分配、加强法治建设的宏大背景下,立足于税收的征收和使用相统一的立场,并摆正对外域遗产税立法和实践的态度。凡此种种,均为特朗普税改方案可能引发的一些延展性思考,以及从立法与改革、此税种与彼税种、收与支、内与外等整体主义视角下所做的检视。

(一)以法治思维和方式进行遗产税改革

特朗普税改方案必须获得国会的多数支持,才能成为生效的税收法案,这体现了美国较为严格的预算管理体制和较为成熟的税收法治水平。相较之下,在我国长期以来的财税改革进程中,行政机关主导下的税收授权立法被频繁使用,财税法定程度较低,这不仅使得纳税人对税收的合法性产生质疑,诱发税收的认同危机和信任危机,而且不利于民主理念的贯彻和对纳税人权利的保障。[24] 因此,在遗产税开征问题上,应当落实税收法定原则和税收民主原则,妥善平衡好税收公平原则与税收效率原则。通过走依法治税之路,将民主意见吸纳到遗产税改革的决策前端,并用全国人大及其常委会立法的方式确定改革成果,有助于增

㉔ 刘剑文、耿颖:《税收授权立法权的行使:反思与建构》,载《国家行政学院学报》2015 年第 5 期。

强遗产税规则制定及执行的成效,化解潜在的社会矛盾和税收风险。

（二）从支出面加强对遗产税收入的合理使用

如前所述,特朗普税改计划中取消遗产税可能引发财政入不敷出的局面,而我国如果开征遗产税,虽然不会面临这样的财政收支不平衡状况,但会相应地带来这笔新的财政收入的使用方向和用途问题,这其实同样体现了"财政收入支出一体化"的思路。在税收法定原则发展的最高层面上,强调将租税的收与支相结合,检视整个税收流程是否体现了对纳税人基本权利的保护,由此,税收的支用环节同样应当受到重视。[25]这意味着,作为国家财政的供给者,广大纳税人理应经由人大审批预算或者"参与式预算"等间接或直接的民主方式,对税收收入的使用行使知情权和监督权。[26] 由于遗产税不仅事关纳税人的私人财产权,还承载着改善收入调节与再分配的公平目标,并得到社会的普遍关注,故而更有必要提高遗产税收入及支出情况的公开透明度,让无论是作为遗产税纳税人的富人群体,还是作为遗产税受益者的全体民众都能接触相关信息,进而监督遗产税的征收和使用过程。

（三）立足现代税制体系审视遗产税的地位

特朗普废除遗产税的举措在公平性上受到质疑,加之税改方案中降低个人所得税最高边际税率等其他举措,使其显现出减轻富人群体税收负担的利好倾向。这一整体税制导向能否回应和解决美国经济社会的现实问题,还是会加剧不公平局面并带来诸多不稳定因素,仍有待观察。而对于同处于税制改革进程中的我国来说,出于增强税收的公平价值和收入分配功能的考量,我国的税制结构正逐步经历整体性的变迁,在合理范围内实现税制的累进性升级,[27]旨在建立现代税收体系。对个人收

---

[25] ［日］北野弘久:《税法学原论》(第4版),陈刚、杨建广等译,中国检察出版社2001年版,第73~80页。

[26] 预算是"赋予政府支出合法性根据的最重要因素","岁出预算之规范效力,主要表现在拘束政府支出之金额、目的及时期上,其授权性十分明确。"参见蔡茂寅:《预算法之原理》,元照出版有限公司2008年版,第12、82页。由此,经由预算程序的财政民主监督可以说是纳税人从全局及细节上掌控财政支出的重要平台。

[27] 胡世文:《缓解居民收入差距与税制累进性升级》,载《税务研究》2012年第8期。

入分配的调节,需借助个人所得税、房地产税、车船税、遗产税等税种共同配合。若其他税种得不到相应的调整,仅仅依靠纳税人数量极为有限、处于征税流程下游的遗产税,可能不足以发挥税收调节社会财富分配的功效。反之,如果通过个人所得税等其他相关“对人税”税种的改革就已足以实现特定的收入分配功能,那么,是否有必要设立遗产税这一新的税种便更值得三思而后行。

(四)域外遗产税存废变迁的本土镜鉴

在全球税收竞争格局日益激烈的背景下,特朗普税改计划在一定程度上是为了提升美国的国际竞争力。而在此前特朗普税改计划提出取消遗产税之前,2001 年小布什第一次减税改革时就已制定了十年的遗产税减税法案。遗产税的“存”与“废”一直引发不小的争议,有学者总结称,从遗产税的分布状况看,多数经济发达国家和新兴工业化国家都征收遗产税,经济发展落后国家中不征收遗产税的居多。[28] 值得注意的是,世界上共有一百余个国家和地区开征遗产税或者对遗产课征其他税收,遗产税的存在已逾百年;另外,意大利、印度、中国香港、澳大利亚等国家和地区近年来却先后取消了遗产税。鉴于“撇开国际影响要素和可能产生的国际后果来考虑国内经济政策,包括税收政策,几乎是不可能的事”,[29]因此,我国在决定是否开征遗产税时,既要减少税收收入的损失,又要规避国内资金外流、国外投资绕道的风险;既要考虑本国国情,又要权衡其他主要国家的税制情况。

易言之,遗产税的废除抑或开征,都是各国政府在一定历史时期结合经济、政治、社会国情做出的选择。不同国家的国情差异和变化影响着政府对税收功能的定位和税种的配置,也决定了其对遗产税的取舍。[30] 对比较法的学习重在增进遗产税的经验性认识、拓宽遗产税制设计的视野,我们应当理性分析域外的税制走向及其前因后果,而非盲从

---

[28] 刘佐主编:《遗产税制度研究》,中国财政经济出版社 2003 年版,第 60 页。

[29] 参见[美]盖伊·彼得斯:《税收政治学:一种比较的视角》,郭为桂、黄宁莺译,江苏人民出版社 2008 年版,第 19 页。

[30] 刘荣、刘植才:《开征遗产税——我国经济社会发展的历史选择》,载《税务研究》2013 年第 3 期。

其他国家开征或者不开征遗产税。因此，尽管一些国家和地区似乎掀起了一股取消遗产税的浪潮，特朗普政府在提出取消遗产税后退一步采取提高遗产税免征额和规定“落日条款”(sunset clause)的税改举措，但我们仍应正视国情差异，持谨慎稳妥的态度，充分考量开征遗产税的利弊㉛，进行更加踏实的理论研究和制度准备，而不宜操之过急。

五、余思

在全球税收竞争日益激烈的背景下，特朗普税改计划和法案基本延续了供给学派以及里根、小布什政府关于税收中性、市场自由、促进经济的美好理想。然而其实际上存在难以通过税收公平原则、在效果上难以通过税收效率原则、在整体主义视角下难以通过财政平衡与稳健原则的检验之虞，由此，正当性、有效性、可行性颇受质疑。以其为审思遗产税存废和利弊问题的契机和起点，遗产税固然具有调节收入分配等经济、社会、伦理功能，但我国尚不具备开征这一新税种的配套准备和必要性。在思考未来开征遗产税乃至其他税制改革问题时，有必要依循财税法治路径，加强税收的支出监管，并从本国税制结构变迁和他国相应税制状况的角度加以综合考量。无论是减税还是增税的税制改革举措，在出台前都应持更加审慎的态度。

㉛　曾任美国联邦法院首席大法官的约翰·马歇尔有言：“征税的权力事关毁灭的权力。”一个新税种的开征无疑将改变国家与纳税人、政府与市场之间的格局，故而应保持足够的慎重。即便是对于遗产税这样征收对象仅限于少数富人的税种，也须在决定是否开征、何时开征、怎样开征时，做好前期准备工作。

审视与反思:从税收中性原则看特朗普税制选择

胡 翔*

目 次

特朗普税改法案宣布以来,媒体和公众过分关注税改法案对美国税收制度的改革幅度,并未重视税改法案本身的税制特性。税收中性原则作为税制的一项重要原则,对税制安排起到了指引作用,也是判断税收制度是否合理的重要指标。勾勒税收中性原则的一体两面性,将补正传统视域下对税收中性原则的内涵界定。从特朗普税改法案的文本分析入手,探究特朗普税改法案对现行税制的改变及其对税收中性原则的把握,有利于加深对税法功能与税法特性的理解,更可帮助拿捏法制与市场之间的张力。此外,以特朗普税改法案为镜鉴找寻税制变革背后的制

* 胡翔,北京大学法学院经济法博士研究生,研究方向:经济法、财税法。

度思维是推进财税法治建设的有益范式。

一、问题的缘起

2017 年 4 月 26 日，特朗普政府公布了新一轮的税改计划（2017 Tax Reform for Economic Growth and American Jobs）。9 月 27 日，美国特朗普政府公布税改方案——《改革我们破碎税制的联合框架》（Tax Reform：Unified Framework For Fixing Our Broken Tax Code，以下简称税改法案），12 月 20 日，美国参、众两院投票表决，参议院以 51 票赞成、48 票反对，众议院以 224 票赞成、201 票反对通过了税改法案。由于该法案的核心要义旨在促成美国税收制度史上最重大的个税与公司税减税改革（the biggest individual and business tax cut in american history），因此引发了各界的广泛关注。

必须承认，特朗普的税制选择已在事实上改变了美国现行的税制结构，并也已开始对全球范围包括 OECD 范本在内的税收制度产生影响，但另要注意的是，任何一项税收制度的适用都不是简单的“一加一等于二”，确保税收制度不会引发社会问题的一个关键因素，就是要保证税收中性原则在税制安排中的具体体现。税收中性原则要求税收不影响市场主体的决策行为，不对市场产生扭曲作用。从这个角度来看，考察特朗普的税制法案是否会对市场产生扭曲作用或是否影响了市场主体的决策行为是判定其是否保证税收中性原则的重要标准。另外，通过微观到宏观的抽象提炼，寻求税收中性原则在法制与市场中形成的张力，亦能对理解税收中性原则提供智识基础，帮助我们推进财税法治建设。

二、税收中性原则之新解

首先需要厘清税收中性原则的内涵。换言之，本文对税收中性原则内涵的界定是判断特朗普税制选择是否符合税收中性原则的基本指标。传统意义上，人们理解税收中性原则容易从考察“过分增税”的单向进行理解。殊不知事物常常“一体两面”，破除这种固化认知，还需细细推敲。

（一）一般化的税收中性原则

一般认为，税收中性是指国家征税对经济生活的影响应仅以征税数额为限,不能让纳税人或社会承受其他经济牺牲或超额负担,并且国家征税应保持中立而不能干预市场经济的正常运行,也不能使税收超越市场机制成为资源配置的决定因素。申言之,税收中性原则要求市场主体(或者纳税人)的决策行为不会过分受制于税收政策,而市场也不会因税收政策的调整形成扭曲,从而避免引发社会问题。

梳理税收中性原则的渊源,该原则最早体现于英国古典经济学家亚当·斯密的《国富论》一书中,[①]19世纪末,英国新古典经济学派的阿弗里德·马歇尔正式提出税收中性理论。他利用供需曲线和消费者剩余的概念,指出当税收因素加入市场后,各种经济活动的成本和效益之间的关系将被破坏,引发"税收额外负担"问题,从而使资源配置遭到扭曲。因此政府征税应尽量减少对经济的不正当干扰,尽量使纳税人的超额负担为零。[②]

自20世纪20年代末开始,凯恩斯国家干预经济主义盛行,税收逐渐成为政府实施宏观调控的工具,税收中性原则也被搁置一旁,取而代之的是经济自由主义与凯恩斯主义的争论。直到20世纪70年代,税收中性原则再次受到关注。现代古典学派,特别是供给学派推崇"次优理论",[③]肯定国家干预经济的必要性,论证在市场存在某些缺陷的条件下,应合理选择税种和安排税收结构,最大限度地减少税收对经济的负面影响。由于这种两面一体的税制理论为国家治理提供了更灵活的施政空间,因此税收中性原则也逐渐被确立为现代财政体制的基本原则。

(二)税收中性原则的新解读

难以否认,绝对的税收中性只是税制安排中的"柏拉图"。在复杂的经济环境中,受到各种外在因素的制约,税收中性原则只能是相对意

---

① 在《国富论》一书中,亚当·斯密提出了平等、确实、便利、经济赋税四原则。在这四大原则中,斯密充分阐述了其税收中性理论的构想,虽未提出税收中性这一概念,但税收中性的理论核心已经贯穿于这四大原则中。参见[英]亚当·斯密:《国富论》(上、下),郭大力、王亚南译,译林出版社2011年版。

② 苏彦:《从税收中性原则看我国营改增试点》,载《财会月刊》2013年第6期。

③ "次优理论"认为:在不能全部满足完全竞争模型所要求的假设条件的情况下,即使微观经济政策成功地弥补了现实和假设条件之间的差异,那么政策的执行仍然不能保证帕累托最优状态的实现。

义的中性。在现实条件下倡导税收中性至少包含两个重要目标:一是尽可能减少因征税给纳税人或社会带来额外负担的“量”,借以保护纳税人权利;二是要求税制的设计应尽可能减少对市场机制的影响,税收不应成为影响资源配置和纳税人经济决策的主要因素。因此,以税收中性原则为指导的税制建设倡导简化税制,主张设置的税种应扩大税基,降低税率,减少优惠,降低税收成本,提高税收效率。倘若以此标准来解读特朗普大幅减税的选择,他的确在为前述的这几个主张而努力(可先见后文“文本审视”部分),那么我们似乎也应该得出一个结论:特朗普的税制选择符合税收中性原则。可更多的问题是,假设此次税制选择通过并实施以后没有达到预期的效果,特朗普政府又出台第二次甚至第三次税收计划来进行减税,此时还能将减税政策视为税收中性的制度表征吗?此外,将税制视作诱引境外资本回流的工具,本身即是希望通过税收政策来影响市场(或者在客观上能够起到影响市场的作用),如此就已经与税收中性原则中“税收不应成为影响资源配置的主要因素”的内涵背道而驰了。

另外,传统方式上,人们观察税制是否有违税收中性原则,大抵依赖“税率、税种不合理变动——税负过重(引发超额负担)——社会问题”的研究路径,却少有人从“不对市场产生扭曲作用”出发,来理解和研究税收中性问题。应当指出,对市场产生扭曲作用的原因并不局限于“税负过重”。“扭曲”从其字面上理解,一定(至少)包含两个扭曲面。换言之,不合理的税负变动可能引起不合理增税的后果,也有可能引起不合理减税的后果。现实是,不合理的增税容易导致纳税人负担增重,税基减小,进而使国家税收收入下降,这一点几乎成为共识。而不合理的减税后果却少有论及,④须知不合理的减税可能引起财政收入的缺失,造成“收不抵支”的财政困难;也可能引起对税负公平的质疑与拷问,还可能会因减税政策执行的偏误,造成大量骗取税收优惠的现实问题等。这些问题似乎比不合理的增税更令人担忧。

再者,税收中性原则本身关注的应该还包括法律制度与市场之间的

④ 这也可以理解,对于个体纳税人来说,最合理的税制可能是“一毛不拔”。

关系,它包含对“立法——市场运行——发现问题——修法”的逻辑思考,税收中性之“中性”,当有“中立”之意,即税收立法不会对市场产生过度干预,与此同时,市场出现问题后,立法又不能置之不理。维持市场的稳定,是税收中性原则的价值追求。[⑤] 如此看来,(探求特朗普税改法案是否符合税收中性,)我们还要着眼于立法的行为本身。

三、特朗普税改法案的文本审视

当税收中性原则的解读扩展到另一个方向(由关注减税到关注合理减税),我们能更加理性地看待特朗普的税制选择,视之更远,亦能涵摄到国家税制安排的合理性。而这一切还需从具体的文本出发。

(一)税改的目标(Goals For Tax Reform)

首先是税改目标。税改法案在目标设定上,一共提出了四项目标:刺激经济增长,创造(数百万)就业(Grow the economy and create millions of jobs);简化税法(Simplify our burdensome tax code);减轻美国家庭(特别是中产家庭)的税务压力(provide tax relief to American families);将公司税率从全球最高(之一)降至全球最低(之一)(lower the business tax rate)。

这四项目标直接针对了修法前美国社会几个突出的问题:其一,税制复杂[⑥];其二,美国公司税税率在全球主要国家中最高(见表1);其三,

---

⑤ 这里强调的税收中性原则并不等同于研究范式上的价值中立。参见刘剑文等:《财税法总论》,北京大学出版社2016年版,第419页。

⑥ 美国国家经济委员会主任的首席经济顾问Gary Cohn在谈到美国现行个税税制时指出:“在1935年,美国有一个单页税表,由34行和两页的说明组成。今天,最基本的1040表格有79行和211页的说明。美国国内税务局(IRS)现在在个税方面有199种税单。纳税人每年花费近70亿小时的时间报税,有近90%的纳税人需要获得税务帮助。”原文为:In 1935,we had a one-page tax form consisting of 34 lines and two pages of instructions. Today,the basic 1040 form has 79 lines and 211 pages of instructions. Instead of a single tax form,the IRS now has 199 tax forms on the individual side of the tax code alone. Taxpayers spend nearly 7 billion hours complying with the tax code each year,and nearly 90% of taxpayers need help filing their taxes. 参见美国白宫官方主页,访问地址为:https://www.whitehouse.gov/blog/2017/04/26/president-trump-proposed-massive-tax-cut-heres-what-you-need-know,最后访问时间:2017年5月24日。

中产阶级赋税过重(见表2);其四,美国经济总量增长速度自2008年经济危机以来总体偏低。⑦ 另外,根据美国劳工部官方数据统计显示,美国的失业率近年来呈下降趋势,2017年4月的数据为4.4%,⑧但是特朗普在竞选时曾表示"美国真实失业率接近20%",此种表述因何而出,尚且不得而知,但是为公众创造就业机会却是人心所向的大政方针(税改法案中关于创造就业机会的表述也很普遍),因此也可视为其目标针对了美国社会的突出问题(至少能解决一定问题)。

表1　全球主要国家公司税税率一览⑨

国家	公司税率
美国	35%(改革前)
法国	33.3%
中国	25%
日本	23.9%
英国	20%
俄罗斯	20%
德国	15.83%
瑞士	8.5%

⑦ 这里的"偏低"表述是相较于特朗普政府(2017年5月23日所公布的)2018年预算中提出的3%的GDP增长目标。另外,美国长期(10年平均)GDP增长自"二战"结束以来经历了三个不同阶段。第一阶段是20世纪50~70年代初的3.5%~5.0%。第二阶段是20世纪70年代至21世纪中期,美国经济增速约为3%。第三阶段是自金融危机以来,1.5%的经济增长成为美国常态。参见美国白宫官方主页:https://www.whitehouse.gov/the-press-office/2017/05/22/camera-briefing-fy18-budge-omb-director-mulvaney,最后访问时间:2017年5月24日。

⑧ 详见美国劳工部官方主页:https://www.dol.gov/,最后访问时间:2017年5月23日。

⑨ 资料来源于笔者对各国公司税法的资料收集。

表2 2014年美国个人所得税税负情况一览⑩

年收入(美元)	人数比重	所得税缴税额	实际税率
<3万	44.80%	-4.90%	-8.50%
3万~5万	17.50%	3.20%	4.10%
5万~10万	21.70%	15.60%	8.70%
10万~20万	11.80%	23.20%	12.60%
20万~100万	3.90%	33%	21.30%
>100万	0.30%	29.80%	27.90%

(二)个税改革(Individual Reform)内容

具体到税改的内容,个税改革主要包括个税税率的调整、扣除标准的调整、税收优惠范围的调整以及税种的废除。个人所得税方面,维持目前联邦个人所得税率七档不变,但总体税率有所下降,最高税率从39.6%降至37.0%;个人所得税标准扣除额提升一倍,对地方和州税等税收抵扣设定上限;儿童税抵免额提升一倍;新购房屋的房贷利息减免额度降低25万美元。

上述改革方案中,翻倍标准扣除金额的做法确实能够使一部分人少缴税款,特别是给AMT设限以后,对许多低收入者能够起到直接的减税效果⑪。此外,有关遗产税的豁免额加倍,则是给富人减税,⑫当然,此项

⑩ 资料来源于美国国内税务局(IRS)官方统计信息,参见https://www.irs.gov/uac/soi-tax-stats-individual-income-tax-return-form-1040-statistics,最后访问时间:2017年5月24日。从该数据中可以得出,如果将美国中产阶级定义为年收入介于10万~100万美元,其人口数量仅占总缴税人口的16%,却要负担86%的所得税赋,的确亟待减负。

⑪ 美国税法规定个人分别按正常收入和AMT收入计算个人所得税,如果前者税额高于后者税额,按前者税额纳税,如果前者税额低于后者税额,除交纳前者税额外,还应交纳两者税额之间的差额即AMT税额。税改以后,AMT已然保留,但是排除了年薪低于50万美元的个人和100万美元的家庭。

⑫ 2011年遗产税和赠与税在联邦财政税收收入中占比0.4%。See Douglas W. Elmendorf, The Distribution of Household Income and Federal Taxes, 2008 and 2009 [R]. Congress of the United States CongressionalBudget Office, 2012: 14.

税收政策能够大幅增加富人阶层的财富⑬,也可能会引起贫富差距的进一步扩大。最后是合伙企业转缴个人所得税的税率总体有所下降,从个人所得税最高税率39.6%,转变为获得部分收入的20%减免。这项选择从理论上看,为中小企业减轻了税收负担,能够促进更多的投资,以增加市场的活力。⑭

(三)公司税改革纲要(Business Reform)

公司税改革计划方面,主要包括大幅度削减公司税税率,建立属地课税制度(Territorial tax system)和海外一次性税收制度(One-time tax on trillions of dollars held overseas)。

由于公司是市场参与的重要主体,税改法案将此前35%的公司税率降至21%,降幅达到40%,这将促成企业进行更多的生产和投资,也会让社会新增更多的企业,理论上能够大幅增加市场的活力。此外,为了吸引资本回流,税改法案推出了海外一次性税收制度,企业将留存在海外的利润汇回国时,将被征收一次性的所得税(其中现金利润的税率为15.5%,固定资产税率为8.0%),客观上也能更快更有效地吸引资本回流。再者,就是属地课税制度的确立。长期以来,美国施行的均是全球课税制度,即对美国大公司取得的全球所得征税,这种制度的后果是,大型企业将大量的利润和资本存放于海外,以达到避税效果。转变为属地课税制度后,大型企业在资本运作上会有更大空间和自由度,在资本出入境的过程中,受到税制制约的力度将减小。

---

⑬ 2011年,个人遗产税的起征点改为500万美元,夫妇是1000万美元,税率降至35%;从2013年开始,税率升到了40%。

⑭ "we are going to return the top tax rate on capital gains and dividends to 20 percent by repealing the harmful 3.8 percent Obamacare tax. That tax has been a direct hit on investment income and small business owners."美国国家经济委员会主任的首席经济顾问Gary Cohn在谈到美国新税改时表示希望通过废止奥巴马医改税来增加市场活力,促进经济增长。参见美国白宫官方主页,访问地址为:https://www.whitehouse.gov/blog/2017/04/26/president-trump-proposed-massive-tax-cut-heres-what-you-need-know,最后访问时间:2017年5月24日。

四、是否中性:特朗普税制选择的理性反思

前文从文本上对税改法案进行了分析,在阐述变化的同时,也论及了经济层面的可能影响。由于美国是以直接税为主的国家,而直接税的税负本身就难以转嫁,因此,大幅削减直接税税率将能够起到十分明显的减税效果。此外,伴随属地课税制度的建立和海外一次性税收制度的推出,美国的财政收入将面临很大的考验,如果没有足够的财政收入,美国的负债率将会进一步提升。这又会在客观上对美国的财政政策造成影响,进而引起市场的波动。

(一)从特朗普税制选择思考税法功能

之所以要探究特朗普的选择是否能够体现出税法的作用,关键在于甄别税改法案究竟是为了"变动市场"达到"宏观调控"的目的,还是为了税法本身的目的。

自税收产生以来,税收就是以财政收入为主要目的。[15] 整个国家的政治活动都是围绕着收税和用税而进行的。[16] 那么税法就应当是保障财政收入的法律规范的总和。政府为了履行公共职责承担财政支出,需要积极谋取财政收入。代议制机构也逐渐成为国家获取财政收入的正当性基础。[17] 随着社会的发展,税收开始在经济、社会、文化政策中发挥一定的功能(后称"政策功能"),各种与直接财政收入目的相悖的税收特别措施频繁出现,财政收入功能反倒处于次要位置。[18] 特别是在改革开放"经济市场化"的目标驱使下,税法的政策功能被过分强调,宏观调控功能的放大遮蔽了税法的根本功能,造成了诸多思维误区。[19] 不过,

---

⑮　这种收入功能应当被界定,即满足政府自身运转和提供公共服务开支的对价。并非更深层次"购买和平的对价"或者"控制政府的行为"等。参见[英]霍布斯:《利维坦》,黎思复、黎廷弼译,商务印书馆1985年版,第269页。参见[德]哈耶克:《法律、立法、自由》(第2、3卷),邓正来等译,中国大百科全书出版社2000年版,第426页。

⑯　刘剑文、熊伟:《税法基础理论》,北京大学出版社2004年版,第5页。

⑰　王绍光:《公共财政与民主政治》,载《战略与管理》1996年第2期。

⑱　刘剑文、熊伟:《税法基础理论》,北京大学出版社2004年版,第6页。

⑲　何盛明:《政府应该做的就是财政要干的——关于市场经济条件下国家财政职能的几点思考》,载《财政研究》1998年第8期。

既然是一种税收，无论是增税还是减税，税收特别措施只能表现为诱导，不能成为强制，甚至是变相剥夺。税收的政策目的可以成为税收的主要目的，但不能由此完全否认财政收入作为税收的附带目的，否则税收就可能名存实亡。[20]

正如我国《环境保护税法》出台时，笔者进行过环保税的收入功能与环境保护功能的思考，但与环保税法不同的是，特朗普的税改法案从本质上来看，是牺牲国家的税收收入，来满足广大民众的逐利心态，借以达成自己的政治需要，提升支持率，维护统治地位（虽然客观上也可能催生减轻公众负担的效果）。他同时提出了削减政府开支，来避免“收不抵支”的财政困难，却并没有想到削减政府开支很可能会引发新的失业问题和社会保障问题，而公共服务的预算不足，还可能导致政府因财政困难而出现新的“停摆”。这种情况下，特朗普显然忽略了税收的收入功能。

税法的政策功能方面，显然特朗普是十分重视的。这一点从税改法案的四项基本目标就能看出。但即便税改法案强调刺激经济增长、增加就业、减负和吸引资本回流，值得反思的是，减税就一定能达到这些效果吗？[21] 更值得思考的是，废除奥巴马时期制定的个人投保惩罚性制度的做法，又显然打破了美国税制的某种连续性，对美国的经济会否造成其他影响，这也是税改法案悬而未决的疑问。

一方面是忽略了税收的收入功能，另一方面是过度信赖税收的政策功能。税改法案偏离了税法的一般目的，刻意追求减税对社会经济的调节作用，并没有有效体现出税收中性原则。

（二）从特朗普税制选择思考税制规律

20 世纪 80 年代以来，美国推出了三次较大的税改法案，分别是：里

---

⑳ 刘剑文、熊伟：《税法基础理论》，北京大学出版社 2004 年版，第 6 页。

㉑ 受叶姗老师在博士生课程《经济法制度与理论》上的启发，笔者考察了世界主要国家的税负情况，发现俄罗斯的整体税负并不高，却并没有出现资本大量流入俄罗斯，或企业大量进入俄罗斯的情况，单以此反例，就足以对特朗普的减税政策产生质疑。参见商务部：“中华人民共和国税法及各国税制指南”，访问地址为：http://tax.mofcom.gov.cn/tax/taxfront/article.jsp?type=103&id=2a2edbbb3ecc4dca96d315bfd6ac413e，最后访问时间：2017 年 5 月 24 日。

根政府的“供给性减税”,老布什和克林顿政府的“新平衡观下的减税”,以及小布什和奥巴马政府的“危机应对减税”。与特朗普此次减税的“豪言壮语”不同的是,前三次税改法案对减税的总体规模有明确计划。

例如小布什政府提出“未来 10 年减税 1.35 万亿美元”。其次针对不同时期存在的不同经济问题,各阶段的减税法案实施的目的也不尽相同。里根政府大幅度削减个人和企业所得税,扭转了 20 世纪 70 年代末高失业率、高通胀率并存的滞胀局面。克林顿政府首先采取的是一种增税与减支并重的平衡预算政策。一方面削减财政赤字、平衡联邦预算,又通过《减税法案》,适当地削减了税收,推出了可返还的税收抵免制度。而小布什政府为了应对经济下滑,在 2001 年提出“10 年减税 1.35 万亿美元”的计划。奥巴马政府为了应对次贷危机,延续了小布什政府的减税政策,同时提出了多个紧急财政刺激方案。

从历史上看,美国的税制一直处在波动状态。由于美国施行两党轮流执政,而税收又是大众生活关注的核心问题之一,因此每任总统选举时,税收政策成为总统候选人谋求选票的工具,而少有人关注到税法不应只是宏观政策的组成部分,政府的根基是财产,政府的运行需要大量的财政收入作为支撑。[22]

而之所以这种变动的税制没有造成美国社会的动荡,原因在于美国的国会拥有税收立法审查权,能够最大限度降低政策灵活性给社会带来的影响,从而在立法层面最大限度延伸了税收中性原则的内涵。

(三)从特朗普税制选择思考税务影响

在美国,由于纳税(特别是个税)是十分复杂的业务,因此大部分人(或企业)都有自己的税务律师,此外,税务司法、税务咨询、税法教育等领域也都十分发达。特朗普税制改革会在很大程度上减轻相关行业的负担,提升税务工作的效率。但与此同时,这些涉税行业的税务人员又可能会面临降薪、失业等风险,不利于相关行业的福利保障。

结合税收与市场的关系,大幅减税和简税将改变纳税人的决策行

[22] [美]理查德·霍夫斯塔特:《美国政治传统及其缔造者》,崔永禄、王忠和译,商务印书馆 2010 年版,第 19 页。

为,税务服务市场的格局也会发生巨大变化,从这个意义上看,结合前文的探讨,美国税制史上力度最大的个税与公司税减税方案也会是美国税制史上对美国市场乃至美国经济影响最大的方案。

五、税改的制度思维:美国经验与中国启示

税收中性原则的落实并不囿于政治体制的属性,与特朗普税改法案通过后对中国造成的预期影响相比,笔者更关心美国的税制改革过程对中国的税制改革提供的有益借鉴。同样是新税改,2016 年 5 月 1 日,我国在全行业推开了"营改增"试点,相关数据显示,"营改增"2016 年全年减税约 5000 亿元。由于增值税是间接税的一种,和美国直接税改革之间并没有多少必然联系。更能对比参考的,应该是备受关注并且同为直接税的个人所得税法修改和房产税法的制定。除此之外,理解特朗普税改法案中税收中性原则的得失对我国其他税种立法方面也有诸多反思意义。

(一)克制税法的市场经济影响

前文论及,判定税收中性原则是否得以有效体现的两个重要标准:第一,是否会对市场产生扭曲作用;第二,是否影响了市场主体的决策行为。由于我国是人口大国,并且地域差异、城乡差异、贫富差距均十分明显,但我国又是中央集权型的社会主义国家,法律制度在中央层面的统一必须统摄各项法律法规在地方实施的多元。因此,税收制度在各个地区之间调和的难度较大。在这种情况下,如果仿照美国税改法案,贸然进行大幅减税势必会引发不同的社会矛盾。另外,因各地经济发展水平不同,以个人所得税法的扣除标准调整为例,经济发达地区的扣除标准与经济欠发达地区的扣除标准应当差别化对待,但如何界定差别化,又很难找到合理标准,处置不当又容易引起对税收公平的质疑。此外,目前房产市场与土地制度挂钩紧密,而土地制度又和财政体制密不可分,贸然开征房产税,可能会引发房产市场的变动,[23]造成新的社会问题。[24]

---

[23] 这种变动不一定指的是降低房价,税收本质上也是一种成本,在客观限制住房交易的可能性以外,也有可能推高房价。

[24] 例如新的"离婚潮"。

因此,在未能有效评估相关税收法律的可行性时,更妥当的方式应当是多开展调研,在某些条件成熟的地方提供试点,其一可以缓和税收制度对市场经济的影响;其二可以考察税收制度在不同区域的实施效果,寻求税收制度的"最大公约数"。这也是保障税收中性原则的有效路径。

(二)形成税法的一般法治模式

从美国近 30 年的税收制度变革来看,美国对税收制度的定位倾向于"宏观经济政策"(macroeconomic policy),但这种宏观经济政策远不同于我国的宏观调控政策。[25] 我国的宏观调控政策大抵出自国务院的各类行政法规、规章、规范性文件等,只有那些施行了多年,并验证有效的宏观调控政策能够通过全国人大的审议上升为法律。而美国的宏观经济政策经总统提出,必须通过国会审议通过,才能交由总统签署生效并实施。相较于美国的税制变革,我们的税收制度并不是一类宏观经济政策,更不是某种宏观调控手段。它应该是集税收收入、税收支出和税收监管于一体的法律体系。这样才能确保我国的税制能够经过全国人大进行审议,反映全体纳税人的意志。

令人深思的是,即便特朗普提出的税改法案"豪言满篇",美国人民并不会针对法案内容进行大讨论。其背后的法治模式是他们认同国会作为一个民主机制,能够替公众筛选出有效的法案,而即便公众对这个已经通过并生效的法案不满,也可以提出法案违宪审查的申请。行之有效的制度能够最大限度保障税收中性原则的最终彰显。长期以来,我国因授权立法的制度安排,使税收立法审查权长期存在于行政部门,随着"税收法定"载入立法法,有理由相信,税收立法审查权回归全国人大只是时间问题。这也是我国税收制度落实税收中性原则的个中要义。

(三)保障税法的财政收入功能

税法的根本功能是组织财政收入,这一点是毋庸置疑的,即便存在其他特殊经济目的优先性,依旧不能否认税法的根本特性。2016 年 12

---

[25] 我国《宪法》的英文对照版本中将宏观调控翻译为"macro regulation and control",但根据国内的流行译法,倾向于翻译为"macro control",参见刘剑文等:《财税法总论》,北京大学出版社 2016 年版,第 172 页。

月，全国人大审议通过了《环境保护税法》，这部税法在立法宗旨[26]里指出环保税开征的目的是“保护和改善环境”“推进生态文明”。试想，环保税的开征如果缺失了组织收入的根本功能，“保护和改善环境”难道能依靠大声疾呼的口号？恐怕还是需要“真金白银”的环境治理费用，而这就来源于环保税的税收收入。特朗普税改法案偏离了组织财政收入的基本要求，强调税收的特殊目的，也因此弱化了税法的“法味”，更因此对税收中性原则的把握缺乏力度。

在我国的财税法治建设的过程中，我们不能让税法总处于“相机抉择”之中。[27] 它并不是现代意义的“政策法”，而是古已有之，在国家的政治和法律体系中处于基础性和根本性的地位的法律。[28] 市场和法制之间的张力存在于我们对法制原则和市场原则的根本区分和把握，税收中性原则作为税收法制乃至财税法治的一项基本原则，不仅需要存在于法制的宗旨与设计中，还需在法治运行的实践中不断彰显。

六、结语

随着中国社会主义市场经济建设的不断完善，我国已基本形成了一个独立和成熟的市场机制。特别是在应对若干次全球经济危机时，我国经济体总体稳定的表现为我们提供了一个有效的参考。应当指出，美国自 20 世纪 80 年代至今的数轮减税，并没有对我国的经济建设造成规模冲击。在经济全球化的背景下，面对别国税制的调整，更应理性看待和冷静思考。危言耸听的判断只会让制度增加更多无用成本。

本文选取税收中性原则切入进行探讨，一方面是论证特朗普税制选择的特性与影响，另一方面也是希望通过这种研究范式，来为我们寻找税制变革的落脚点。税收中性原则关注了市场与法制之间的张力，不仅能帮助我们理解税法的功能，也有利于我们在税制制定中把握税收的逻辑与真谛。

---

[26] 《中华人民共和国环境保护税法》第 1 条规定：“为了保护和改善环境，减少污染物排放，推进生态文明建设，制定本法。”

[27] 刘尚希、梁季：《税制改革 20 年：回顾与前瞻》，载《税务研究》2014 年第 10 期。

[28] 刘剑文等：《财税法总论》，北京大学出版社 2016 年版，第 105 页。

财税体制改革与法治建设

环境保护税和排污费缴纳义务成立条件的比较研究

——基于公课发生事实认定的视角

胡邵峰* 秦天宝**

目 次

一、引言

2016 年 12 月 25 日,第十二届全国人民代表大会常务委员会第二十五次会议通过了《环境保护税法》,该法自 2018 年 1 月 1 日施行。《环境保护税法》制定过程中坚持的基本原则之一就是“制度平移”。不过,这个提法在相当程度上其实稀释了排污费改环境保护税的意义。通过比较就会发现,这部法律在很多方面都进行了真诚的思考,给理论和实践

* 胡邵峰,法学硕士,湖南税务高等专科学校教师。
** 秦天宝,法学博士,武汉大学环境研究法研究所所长、教授、博士生导师。

也带来了很多新鲜课题。环境保护税从排污收费制度中“平移”过来的制度内容主要体现在实体方面,而这种“平移”在征管上却并未实现。事实上,在环境保护税的征管上,环境保护行政主管部门并未出局,它和税务机关之间的部门协作被明确写进《环境保护税法》第四章并被多次提及。这其中的原因很多,本文无意对此一一展开。但通过比较环境保护税和排污费缴纳义务的成立条件来考察两种不同性质公共课征之间“平移”的制度基础,却是一个值得尝试的视角。

二、关于税收债务发生的理论争议:税收构成要件说还是税收核定说?

税收债务发生的条件曾经是税收核定说和税收构成要件说两种理论立场交锋最为激烈的地方。

税收核定说主张税收债务必须经由行政行为才能发生,税收构成要件的满足并不成就税收债务,只能成为行政机关行使课税权的根据。在行政行为的分类上,行政机关核定税收属于课予义务的命令行为,因此,税收债务仍然体现行政权力的支配作用。如果没有行政机关核定税收的行为,即便税收构成要件已经全部满足,税收债务也不会发生。构成要件说则主张税收债务的发生以构成要件的满足为条件,而构成要件的内容又是由法律直接设定。因此,税务机关的行政行为对税收债务的发生没有任何意义,它最多只能从程序上起到确认作用。也就是说,税收债务和民法上的无因管理、不当得利以及侵权行为之债一样,其发生都是基于法律的直接规定,而不是基于当事人的法律行为或行政机关的权力措施。

税收核定说将税收构成要件的满足和税收行政核定相结合,增加了税收债务发生的限制性条件。不过,这种做法也会带来另一方面的问题。如果以税收核定为标准,税收债务的成立时间势必因税务机关的工作差异而难以统一。即便税收要件同时满足,只要税务核定的时间不同,税收债务发生的时间必然不同,并进一步导致税收债务的具体内容发生变化。如果税务债务是否发生、何时发生的决定权完全掌握在行政机关手里,纳税人的自由和平等实际上无法得到保障。在这种情况下,除法技术上的瑕疵外,因为权力寻租所带来的腐败也必定是不可避免的。

而构成要件说将税收债务的成立独立于核定税收的行政行为，使行政行为对税收债务的发生仅具有宣示的作用，这对提升纳税人的主体地位和约束行政机关以权谋私，无疑是大有帮助的。据此，纳税人只需要根据法律判断自己是否发生纳税义务，而行政机关的税收核定行为也只有在构成要件满足时才具有合法性。

值得一提的是，由于行政规费相比之下在基础理论的供给上严重不足，加之存在税、费同为国家公共课征这一宏观考察视角，所以虽然税收核定说和构成要件说产生于税法领域，但这两种学说对于税、费发生条件的理论指导意义上基本上是可以统一的，完全可以用来分析不同国家公课类型缴纳义务的发生。

三、税收和排污费缴纳义务发生条件的理论选择

构成要件说于1919年由德国的《帝国税收通则》首次加以肯定。该法第81条规定："租税债务在法律规定的租税要件充分时成立。为确保租税债务而需确定税额的情形，不得阻碍该租税债务的成立。"德国1977年《税收通则》第38条对该说完全予以继承。从此，可以说无论是在理论上还是在实践中，关于纳税义务发生的构成要件说得到了更多的拥戴，奥地利《联邦租税通则》、日本国税通则都是如此。相比而言，我国由于缺乏税收通则之类属于税收基本法性质的立法，不仅税收债务的发生条件在法律上没有统一的规定，就连税收债务发生时间的规定也是散见于各个税种法之中。不过从现有的规定来看，我国税法总体上并不承认税收债务的发生以税收核定为条件，而是强调税收构成要件的满足。比如现行《增值税暂行条例》(2016修订)第19条就规定纳税义务的发生时间是："(一)发生应税销售行为，为收讫销售款项或者取得索取销售款项凭据的当天；先开具发票的，为开具发票的当天。(二)进口货物，为报关进口的当天。"同时，该条例第23条规定："增值税的纳税期限分别为1日、3日、5日、10日、15日、1个月或者1个季度……纳税人以1个月或者1个季度为1个纳税期的，自期满之日起15日内申报纳税；以1日、3日、5日、10日或者15日为1个纳税期的，自期满之日起5日内预缴税款，于次月1日起15日内申报纳税并结清上月应纳税款。"可

见,增值税纳税义务的发生并不以行政确认为前提。逾期不缴纳税款的,根据《税收征管法》,不仅可以加收滞纳金,经税务机关责令限期缴纳仍逾期不缴的,可以科处罚款。

对于排污费的缴纳,在《环境保护法》和各个污染防治法中都有规定。比如《环境保护法》第 43 条规定:“排放污染物的企业事业单位和其他生产经营者,应当按照国家有关规定缴纳排污费……”于 2018 年 1 月 1 日开始新施行的《水污染防治法》在修订前的第 24 条(现已被删除)规定:“直接向水体排放污染物的企业事业单位和个体工商户,应当按照排放水污染物的种类、数量和排污费征收标准缴纳排污费……”但这些实体性的法律文件都只强调缴费义务的存在,没有直接涉及排污费缴纳义务发生的判断。事实上,和我国将各个税种的税收构成要件理解为实体问题的法例不同,在排污收费制度中,对于缴费义务的发生是作为一个程序问题处理的。《排污费征收使用管理条例》第 14 条规定:“排污费数额确定后,由负责污染物排放核定工作的环境保护行政主管部门向排污者送达排污费缴纳通知单。排污者应当自接到排污费缴纳通知单之日起 7 日内,到指定的商业银行缴纳排污费……”虽然排污者必须向环境保护行政主管部门申报所排放污染物的种类、浓度、数量和排放去向等相关内容,这是法律施加给排污主体的法定强制性义务,甚至对排污主体拒报、谎报的行为,法律也规定了罚则,但根据《排污费征收使用管理条例》梳理的基本程序却是:由环境保护行政主管部门对排污单位申报的污染物种类、数量进行核定,并将核定后的污染物种类、数量书面通知排污主体。因此,在实施了由环境保护行政主管部门对排污主体排污情况核定的程序后,缴纳排污费依据真实与否的责任至少已经相当程度转由环境保护行政主管部门承担。排污者不是像纳税人那样在主动履行一项国家公课,而是在执行环境保护行政主管部门的一项具体行政决定。其国家公课发生条件的理论选择,当属核定说。

四、环境保护税纳税义务发生条件的考量因素

仅从公共课征义务发生这个角度来看,排污费“制度平移”为环境保护税的提法其实相当可疑,至少略嫌草率。由于这两种公共课征发生

的理论基础和制度实践不一样,其实根本无法平移,必须进行制度调试和创新。

对于环境保护税来说,由于其征税客体是排污行为,所以关于其纳税义务的发生和履行,尤其需要作一些个性化的考虑。传统课税事实的认定,首先是一个事实问题,同时也是一个法律适用的问题。对于事实问题,主要是收入(所得)和财产的有无和多寡,这对纳税人的认知能力来说,进行有效识别并没有天然障碍,在此前提下进行的纳税申报虽然涉及法律适用,但已经可以满足税务机关课征税款的信息需求。可是对于排污行为,普通排污主体不仅对于排污当量的多少、排序无法识别,甚至连污染因子的有无都无从判断。① 一个从事美发行业的纳税人完全可以基于常识判断自己的收入并计算所得,但要求他精确判断每天排放污水中的污染物种类和浓度,肯定是不能从容做到的。这就必然带来传统税种征管中很难遇到的问题。

首先,纳税成本高。污染检测不仅专业,而且需要大量的人力、物力和财力投入。比如要求纳税人安装使用的符合国家规定和监测规范的污染物自动监测设备,动辄几十上百万元。对水质做一次常规检测,其直接的试剂和人工支出等费用一般也超出了一个普通代账会计的聘用成本。即使通过环境执法监察捕获的排污信息不需要纳税人负担,但这也是以国家财政不能缺席为代价的。这意味着,对环境保护税进行有效的纳税申报,已不能简单视为纳税人的完全义务,而需要环境监测部门和环境行政执法部门的积极参与。

其次,环境保护税的计税依据必须经过行政确认。税务机关只是征收公课的国家职能部门,对环境保护税计税依据即排污量的判断已经溢出了它征管能力的范围。而即使不征排污费,环境保护行政主管部门也需要对排污者的排污量进行确认,以作为其跟进其他环境保护措施(如排污许可、限期治理等)的事实依据。从行政权彼此尊重的角度出发,税务机关基于其他行政机关的执法结论进行形式审查并作为课税依据,是

① 无论是污染物的种类、浓度和数量的判断,还是需要基于所有污染因子的污染当量进行排序选择征收的"三因子法"和"五因子法",大多要借助于纳税人并不具备的特定的技术条件。

现实选择,也不存在理论上的硬伤。只是这种行政确认,要放在整个行政系统的大背景下来考察。而《环境保护税法》在第四章第 14 条强调的税务机关、环境保护主管部门和其他相关单位“分工协作工作机制”、第 15 条强调的环境保护主管部门和税务机关应当建立“工作配合机制”等表述其实已经表明,这种由环境保护行政主管部门参与对环境保护税纳税义务的行政确认已经是整个税收征管过程的一个关键环节。

再次,纳税义务的发生时间难以把握。《环境保护税法》第 16 条规定:“纳税义务发生时间为纳税人排放应税污染物的当日。”但这个日期只有立法上宣示的意义,从纳税人的角度来说,其实很难根据它来锁定实际纳税义务的履行时间。除了一些自身具备污染监测条件的重点污染源企业,更多的排污者根本不能自主精确掌握哪一天是否排放应税污染物以及污染物的种类和浓度是否满足了课税的条件。更为重要的是,排放污染物的行政确认过程,不是纳税人可以掌握的。因为以环境保护行政主管部门作出行政确认的时间来确定纳税申报和履行纳税义务的时间有多大意义很值得商榷,而因为环境保护行政主管部门的工作延误来追究纳税人的逾期申报和纳税的法律责任,那更是既非良法,亦非善治。

最后,纳税义务的发生时间这一课税事实在很多情况下不得不进行法律推定。当前环境监测的科技水平,根本做不到对排污量的精确判断,而环境检测的精确度和资源的投入密切相关。基于行政执法的效率导向和比例原则,实践中的选择往往相当无奈。《环境保护税法》第 10 条规定的四种排污量的计算方法,本质上都不是基于基础事实的必然性推理,而是对课税事实的推定,只是在推定效果上的或然性有所强弱而已。而且这种推定出来的课税事实,针对的是排污量,而非纳税义务的发生。比如实践中采用最多的物料衡算法,是以生产要素或消费品所包含的污染物数量作为计税依据,在这种情况下,纳税义务的发生时间往往被推定为生产要素或者消费品的购进和使用时间,而不是污染物的排放时间。② 结合上述分析,在《环境保护税法》中郑重其事地规定纳税义务的发生时间,或许没有太大的意义。真正需要把握的,或者说可以把

② 当然,在有些情况下,这二者可能同一。

握的,其实是纳税义务的履行时间。

五、环境保护税的纳税义务该如何发生?

通过以上的论述可以发现,环境保护税已经不能接受构成要件说作为其理论上的指导,而现有的征管程序也需要积极跟进以应对环境保护税征管带来的挑战。在这个问题上,思考的方向很可能不是"费"向"税"的一味迁就,而是"税"本身需要充分考虑排污费征管的实践进行征管流程的再造!

有观点认为:构成要件说是为了证成纳税义务的发生或者成立,而税收核定说则强调纳税义务的实际履行,两者之间并不必然冲突。反映到纳税义务发生时间上,就可能存在两个时间点:一个是纳税义务的成立时间;另一个是纳税义务的履行时间。前者影响到税收利息的计算,后者则涉及滞纳金的加收。或者说,税收债务成立时间是纳税义务的"应然"状态,即"法定之债",对应纳税申报;税收债务履行时间则为"实然状态",即"事实之债",对应税款缴纳。这种观点在理论上似乎彻底了,但纳税义务的发生时间由于切断了与纳税义务履行时间的必然联系,已经沦为了一种单纯的理论存在。加之我国现行法律并未有效区分税收债务的发生时间和履行时间,税收利息也同样缺乏实定法的依据③。这解决不了环境保护税的现实困境。

按照构成要件说,税收债务自税收构成要件满足之日起成立,无需专门的纳税申报或税收核定程序。既然如此,税法上好像没有必要再对税收债务的发生时间做出规定。然而,不论是我国税法还是国外税法的立法例,却并不如此。对于各个税种,往往都有各自纳税义务发生时间的规定。例如,所得税一般以年度终了为纳税义务发生时间,而财产税则为取得财产之时等。更为重要的是,税收构成要件理论还存在一个致命的"硬伤",即尽管纳税义务依法产生,但其准确数额却无从得知,所以似乎必须有一种程序从量上确定纳税义务的具体内容。申而论之,税

---

③ 在相当长的时期内,我国只在《企业所得税法》中规定了"利息",而不是税收利息。2018 年 8 月 31 日,新修订的《个人所得税法》第 8 条也规定,税务机关依照该条规定作出纳税调整,需要补征税款的,应当补征税款,并依法加收利息。

务机关对纳税义务的确定也是跟进各种税款征收执行程序的前提，仅仅根据纳税人的申报进行征收是难以想象的。所以，以美国为典型，税收核定说被奉为圭臬。美国税法基于诚信推定，认为所有的纳税人都会主动申报。而税收的征收必须以税收核定为前提。税收核定之前一般先由税务机关进行税收认定。若税务机关经认定确信申报无误，通过简易核定程序，启动征收程序；若税务机关的认定与纳税申报不一致，则进行税务稽查，并按照稽查调整后的数额核定税收。即使在我国税制中，构成要件说也并没有一统天下。这其中一个典型的例证就是契税。根据《契税暂行条例》第 8 条的规定，“契税的纳税义务发生时间，为纳税人签订土地、房屋权属转移合同的当天，或者纳税人取得其他具有土地、房屋权属转移合同性质凭证的当天”。这规定看似明确，理论上也坚持了构成要件说，但由于合同订立之时一般不能确定最终成交价以致计税依据无法认定，对于期房或者交易价格未定之情形，实践中其实很难操作。所以《契税暂行条例》第 9 条规定：“纳税人应当自纳税义务发生之日起 10 日内，向土地、房屋所在地的契税征收机关办理纳税申报，并在契税征收机关核定的期限内缴纳税款。”这实际上对纳税义务的发生和履行分开处理，而在具有实践意义的履行问题上，选择了核定说。

实际上，虽然从我国税法的内在逻辑来看，它在税收债务的发生上坚持了构成要件理论，但实践中却一直为该理论上的欠缺而困扰。比如说税务稽查与税务检查的清晰边界何在？纳税人如何更正自身的申报错误？税收核定是否意味着对纳税义务的某种终极确认？纳税评估在法律上又该如何定位？……不过，抽丝剥茧，通过仔细分析就会发现，这些疑问其实都围绕着一个核心，即税收债务的确认。如果将税收债务的确认独立出来考察，或许可以惊喜地发现：不仅在理论上可能获得一种相对更为彻底的解答，也可一扫实践中的种种乱象，梳理出一个清洁的税收执法程序。首先，关于课税事实的发生，构成要件的实现仍然是纳税义务成就的前提；其次，确定构成要件中的各种课税事实，核心是税款的确认，以此作为执行之基础；最后，有关纳税义务的执行，④如果接受

④ 站在税务机关的立场就是征收，但站在纳税人的立场，它包括纳税人的自主纳税即履行和税务机关的强制执行，税收机关的强制执行又可以进一步区分为税收保全、税收强制等。

税收核定说作为纳税义务发生的理论基础,我国的税收征管模式已经可以努力作一种体系化的表达,即“发生课税事实—税收核定—执行”。这显然意味着无论是立法还是执法,都需要一系列的改变。

令人欣慰的是,税收征管法的修改在 2008 年列入十一届全国人大常委会立法规划后,于 2015 年 1 月 5 日就《税收征管法修订稿(征求意见稿)》(以下简称征求意见稿)向全社会征求意见。这一稿对税收征管法的篇章结构和具体内容都作了较大调整,其中新设一章“税额确认”在某种意义就是对纳税义务发生的理论更新。申报确认被定位于税收征管的中心环节,似乎希望在对各个征管环节进行有效整合的基础上,对整个征管模式从理论上作一种彻底的解决。不过值得一提的是,以“税额确认”来界定上述第二个环节有着明显的问题。因为税额对于税务机关确认行为的对象来说,只是其中部分选项。税务机关要确定的纳税义务,既包括已经进行的申报,也包括没有申报的内容;既包括基于课税事实的必然性推理,也包括或然性甚至虚假性的推定;既包括纳税期限届满后的确定,也包括特殊情况下的提前确定或者紧急状况的临时确定;对于没有申报的,确定纳税义务还涉及对于纳税主体等具体税额以外其他构成要件的判断。显然,税额确认在内容涵摄上确实力有未逮。倒是在征求意见稿中作为税额确认子概念的税收核定能够有效承载这个使命。

我国现行税收征管法中,税收核定仅仅被理解为一种补充性的征收方式甚至税务机关的一种特殊权力。事实上,它是个被曲解同时又存在重大理论和实践价值的概念。从税收核定的字面意义上来理解,它包括核实和确定,且表达核定范围的“税收”在外延上比“税额”更理想。在美国的税收征管程序中,对税收核定的理解和运用就要宽泛和灵活得多。美国的税收核定分为简易核定、欠税核定、预险核定和破产接管状态下的税收核定,基本上可以解决在美国税务机关所面临的不同情况下课税事实的确定问题。在此基础上,我国现行税收征管的工作序列也可以重新进行策略组合。检查和稽查是服务于税收核定的,同时查处违法行为,二者存在交叉关系。区别主要在于征管系列的税务机关并非专司稽查,其检查权的行使除查处违法行为外,更主要的功能是为了税收核定。而检查和稽查都是外部执法行为，税收核定还可以借助内部行政行为来实现，如选案、电子比对、约谈等，这就是纳税评估。

虽然环境保护税的征管还存在不少问题需要研究，但通过税法基础理论的更新和征管流程的再造，环境保护税的前述种种个性化需求已经能够被有效满足，从而使它可以有效融入整个税制。当前最为现实的任务是加快《税收征管法》的修订进程，以立法的形式完成对税收核定说的接收和确认。《环境保护税法》自 2016 年 12 月 25 日通过，自 2018 年 1 月 1 日施行，这一年的实践准备期，也埋伏了对《税收征管法》修订的积极预期。

财政事权和支出责任划分的地方实践样本

——上海市推进改革《指导意见(试行)》解读*

罗　昕**　王桦宇***

目　　次

2017 年 7 月 5 日,上海市人民政府发布《关于推进市与区财政事权和支出责任划分改革的指导意见(试行)》(沪府发〔2017〕44 号,以下简称《指导意见(试行)》)。《指导意见(试行)》按照"谁的财政事权,谁承担支出责任"的基本原则,确定市、区两级政府支出责任。《指导意见(试行)》指出,要"逐步形成依法规范、权责匹配、运转高效的市与区财政事权和支出责任划分模式"。《指导意见(试行)》指出,对属于市级并由市级组织实施的财政事权,原则上由市级承担支出责任;对属于区级

* 本文系中国法学会 2015 年度部级法学研究课题《财政转移支付中的权力制约研究——国际经验、中国语境与法治路径》[编号:CLS(2015)C33]的阶段性成果。

** 罗昕,武汉大学法学院博士研究生。

*** 王桦宇,上海交通大学凯原法学院助理研究员。

并由区级政府组织实施的财政事权，原则上由区级承担支出责任；对属于市与区共同财政事权，根据基本公共服务的受益范围、影响程度等因素，区分情况确定市与区的支出责任以及承担方式。

一、《指导意见(试行)》的主要依据

改革开放以来，中央和地方的关系经历了集中的统收统支到"分灶吃饭"、包干制，再到分税制财政体制的变化，财政事权和支出责任的划分逐渐明确，特别是1994年分税制改革为建立现代财政制度打下了较好的基础。① 西方公共管理领域的学者也认为，彼时的分权治理已经成为各主要国家决策者采纳的主流观点，政府分权是善治的基础和前提，"将权利和资源下放到地方政府是在发展中国家促进持久分权的根本变革"，②中国的分税制实践也契合了此种国际潮流。但分税制改革以来，我国政府间财政关系调整中更多地着力于财权划分，事权和支出责任划分一直采取"上级主导、层层下放"路径下的原则性划分，这就造成了政府间事权和支出责任的模糊和不科学。③ 基于此，十八届三中全会《决定》特别强调，要"建立事权和支出责任相适应的制度"，并作为深化财税体制改革的三大重点任务。④

2016年8月24日，国务院发布《关于推进中央与地方财政事权和支出责任划分改革的指导意见》(国发〔2016〕49号，以下简称《指导意见》)。《指导意见》对财政事权和支出责任的概念进行了廓清，"财政事权是一级政府应承担的运用财政资金提供基本公共服务的任务和职责，支出责任是政府履行财政事权的支出义务和保障"。《指导意见》明确了财政事权和支出责任划分的基本原则：一是体现基本公共服务授益范

① 参见周飞舟、谭明智：《当代中国的中央地方关系》，中国社会科学出版社2014年版，第42~62页。

② [美]G.沙布尔·吉玛、[美]丹尼斯·A.荣迪内利：《分权化治理：新概念与新实践》，唐贤兴、张进军译，格致出版社、上海人民出版社2013年版，第10页。

③ 参见李春根、舒成：《基于路径优化的我国地方政府间事权和支出责任再划分》，载《财政研究》2015年第6期。

④ 参见《中共中央关于全面深化改革若干重大问题的决定》，人民出版社2013年版，第19~21页。

围;二是兼顾政府职能和行政效率;三是权、责、利相统一;四是激励地方政府主动作为;五是做到支出责任与财政事权相适应。《指导意见》在时间安排中提出,2016年部署推进省以下相关领域财政事权和支出责任划分改革,2017~2018年加快推进省以下财政事权和支出责任划分改革,2019~2020年形成省以下财政事权和支出责任划分的清晰框架。

二、上海市推进改革的政策语境和城市特点

上海市作为国家的直辖市、首批沿海开放城市和长三角地区特大型中心城市,正在建设经济、金融、贸易和航运中心,是中国区域经济结构和效益均最强的经济增长极。1990年4月28日,中共中央和国务院作出开发浦东的重大决策。1990年11月26日,经国务院授权、中国人民银行批准,上海证券交易所正式成立。1992年10月11日,国务院作出批复(国函〔1992〕145号),决定设立上海市浦东新区。1993年1月,浦东新区正式成立并设立管委会。上海市的改革开放一直受到中央的高度重视和支持,相关改革开放举措也一直走在前列。2017年3月30日,国务院发布《关于印发全面深化中国(上海)自由贸易试验区改革开放方案的通知》(国发〔2017〕23号),要求对照国际最高标准、最好水平的自由贸易区,全面深化各项改革开放方案,加快建设中国(上海)自由贸易试验区(以下简称上海自贸试验区)。

(一)"先行先试"的自贸试验区优势

2013年9月29日,中国(上海)自由贸易试验区正式成立,面积28.78平方公里,涵盖上海市外高桥保税区、外高桥保税物流园区、洋山保税港区和上海浦东机场综合保税区4个海关特殊监管区域。2014年12月28日全国人大常务委员会授权国务院扩展中国(上海)自由贸易试验区区域,将面积扩展到120.72平方公里。中央明确提出,上海自贸试验区重在制度创新,不是给予政策优惠,不搞"政策洼地",而是打造"制度创新池"。上海承担了改革先行者政府经贸和投资管理模式创新先行先试的艰巨任务,但是没有先例可循,且诸多试验事项大多为中央事权,所以需要在单一制国家结构形式下探索在中央政府认可、批准的

范围内做面向改革的压力测试和法治创新。[⑤] 在财政事权和支出责任划分改革方面,上海市政府在坚持财政事权由中央决定的基本前提下,进一步发扬上海自贸试验区管理的改革精神,将"依法规范、权责匹配和运转高效"作为此次划分改革的主要目标。

(二)"刀口向内"的政府自我改革创新

从权责清单的编制情况来看,权力清单和部门职责清单基本上涵盖了政府事权,这两个清单是透视支出责任的重要线索。[⑥] 上海市作为权力清单和部门职责清单梳理和改革的先行先试者,在自我革新的步伐上快速前行。2017 年 3 月 2 日,上海市政府发布《关于取消一批行政审批等事项的决定》(沪府发〔2017〕16 号),再次作出行政审批事项改革举措。按照《国务院关于取消一批职业资格许可和认定事项的决定》(国发〔2016〕35 号)等文件精神,经过严格审核和论证,上海市政府决定再取消一批行政审批等事项,共计 33 项。财政事权和支出责任划分,需要突出注意"政府与市场"的关系,[⑦]对于可由市场调节或社会提供的公共产品和服务,财政应该尽可能多地交给市场来完成,而对于应由政府承担的部分,则应责无旁贷,积极承担支出责任。《指导意见(试行)》进一步强调了"坚持有利于健全市场经济体制"的基本要求,充分发挥市场在资源配置中的决定性作用。

(三)"规划引领"的特大城市工作理念

不同的城市有着不同的发展特点,同一个城市的不同发展阶段,面临的问题和矛盾也各不相同,解决问题的着力点也会随之变化。当前,上海要立足特大城市发展,牢固树立"一张蓝图干到底"的理念思路,核心是服从国家战略,把握发展大势。[⑧] 上海市的城市精神是"海纳百川,

---

⑤ 参见丁伟:《上海自贸试验区法治创新的轨迹——理论思辨与实践探索》,上海人民出版社 2016 年版,第 1~13 页。

⑥ 参见刘承礼:《省以下政府间事权和支出责任划分》,载《财政研究》2016 年第 12 期。

⑦ 参见以教育财政事权为例,财政包揽过多,市场和社会力量被弱化,参见卢振家:《支出责任划分改革的思考——基于广东 HZ 市的分析》,载《财政科学》2017 年第 2 期。

⑧ 参见谈燕:《立足特大城市发展 建设和谐有序宜居城市》,载《解放日报》2016 年 6 月 18 日,第 1 版。

追求卓越,开明睿智和大气谦和",上海市作为省级城市亦是改革开放的排头兵,各项改革事业都强调法治规范和规划引领。在此项改革推进过程中,特别强调"法治化、规范化",《指导意见(试行)》明确规定,"将市区两级政府间财政事权和支出责任划分的基本制度以地方性法规或政府规章的形式作出规定","让行政权力在法律和制度的框架内运行"。财税体制改革是全面深化改革的重要突破口,法治建设又是统御各项改革事业的运行轨道,需要从国家治理现代化的高度来完整地认识财税法的功能,[9]并借由规划引领和财税法制创新来实现财政事权和支出责任改革的妥适性和正当性。

三、《指导意见(试行)》的基本内容

财政事权和支出责任划分改革是建立科学规范政府间关系的核心内容,是完善国家治理结构的一项基础性、系统性工程,对全面深化经济体制改革具有重要的推动作用。从组织有效治理的逻辑来说,权力、资源和治理能力应该放在有效信息的层次上,即加强基层政府的能力,[10]并在各层级政府间形成科学合理的配置。上海市推进市与区财政事权和支出责任划分改革的主要内容包括:一是明确此项改革的基本原则,以基本原则统领整个改革措施进程的方方面面,指导相关政策在具体执行中得以不偏不倚;二是细化此项改革的框架脉络,将此项改革的结构安排为中央与地方财政事权、市与区财政事权划分和完善市与区支出责任划分三个方面;三是制定此项改革的保障配套政策,通过相关领域的改革完成此项财税体制改革的政策协同;四是规定此项改革的任务进程,按照国务院《指导意见》的总体部署和节点要求,具体落实此项改革的职责分工和时间安排。

(一)基本原则

按照《指导意见(试行)》的表述,此项改革应遵循五个基本原则。其中,前两项是总括性原则,明确了改革应遵循基本公共服务受益的目

---

⑨ 参见刘剑文:《财税法功能的定位及其当代变迁》,载《中国法学》2015 年第 4 期。

⑩ 参见周雪光:《中国国家治理的制度逻辑》,生活·读书·新知三联书店 2017 年版,第 12~41 页。

标依归性理念和与政府行政体制改革相配套的协同性理念。具体而言,一是体现基本公共服务受益范围。对保持宏观经济稳定、维护全市统一市场、促进区域协调发展、关乎社会公平正义,以及受益范围覆盖全市的基本公共服务由市级负责;地区性基本公共服务由区级负责;跨区基本公共服务由市与区共同负责。二是兼顾政府职能和行政效率。结合市与区政府职能配置和机构设置,充分发挥区政府组织能力强、贴近基层、获取信息便利的优势,将所需信息量大、信息复杂且获取困难、由基层管理更为方便有效的基本公共服务优先作为区级财政事权,提高行政效率,降低行政成本。将信息获取和甄别比较容易的全市性基本公共服务作为市级财政事权。

后三项是操作性原则。一是实现权、责、利相统一。在市政府统一领导下,将适宜由市级承担的财政事权上划,加强市级财政事权执行能力;将适宜由区级承担的财政事权下放,减少市级部门代区级决策事项,强化基层政府贯彻执行国家和本市政策的责任。二是鼓励区级政府主动作为。通过有效授权,合理确定区级财政事权,使基本公共服务受益范围与政府管辖区域保持一致,鼓励区级政府尽力做好辖区范围内的基本公共服务提供和保障。三是支出责任与财政事权相适应。对属于市级并由市级组织实施的财政事权,原则上由市级承担支出责任;对属于区级并由区级政府组织实施的财政事权,原则上由区级承担支出责任;对属于市与区共同财政事权,根据基本公共服务的受益范围、影响程度等因素区分情况确定市与区的支出责任以及承担方式。

(二)框架脉络

一是落实中央与地方财政事权划分。主要概括为三层意思:其一,在中央政策执行层面积极配合。根据党中央、国务院部署,对确定为中央的财政事权,积极配合国家相关部门做好上划工作。其二,在地方政府创新层面主动承担。对确定为地方财政事权或中央与地方共同的财政事权,按照明确的职责,主动承担相应财政事权,落实支出责任。其三,在委托行政管理层面接受监督。对中央委托上海市行使的财政事权,市政府在委托范围内,以中央委托单位的名义行使职权,承担相应的法律责任,并接受委托单位的监督。中央与地方事权的划分,一般是以外部性、信息复杂性和激励相容为原则划分,中央政府应适度集中部分事权。⑪ 而在中国改革发展的特定语境下,地方政府因地制宜的实施方案和配套改革措施,需要准确把握改革目标取向、政策意图和推进节奏,全面承接和完成好各项改革任务,确保改革精神及时有效落实。在中央相关规定和授权范围内,合理划分市与区财政事权和支出责任。

二是推进市与区财政事权划分。主要涉及四个方面:首先,明确市级财政事权。坚持基本公共服务的普惠性、保基本、均等化方向,加强市级在维护全市统一市场、体现社会公平正义、推动区域协调发展等方面的财政事权。⑫ 其次,明确区级财政事权。加强区政府对辖区内公共服务、社会管理等方面的财政事权。将直接面向基层、量大面广、与当地居民密切相关、由区级提供更方便有效的基本公共服务确定为区级财政事权,赋予区政府充分自主权。⑬ 再次,合理确定市与区共同财政事权。逐步规范市与区共同财政事权,并根据基本公共服务的受益范围、影响程度,按照事权构成要素、实施环节,分解细化市级与区级承担的职责。⑭ 最后,建立财政事权划分动态调整机制。对因客观环境发生变化,造成现有市与区财政事权划分不适应经济社会发展要求的,结合实

---

⑪ 参见楼继伟:《中国政府间财政关系再思考》,中国财政经济出版社 2013 年版,第 267~273 页。

⑫ 《指导意见(试行)》要求,逐步将高等教育、基础科学研究、标准化建设、生态环境质量监测、全市性重大传染病防治,以及企业养老、机关事业单位养老、职工医疗、工伤、失业、生育基金收支缺口弥补等基本公共服务确定或上划为市级财政事权。

⑬ 《指导意见(试行)》要求,逐步将社区服务、学前教育、征地拆迁,以及区域内的社会治安、基础设施建设、公共设施维护管理和市容环卫等地域信息强、外部性较弱且主要与当地居民密切相关的基本公共服务确定为区级财政事权。

⑭ 《指导意见(试行)》要求,逐步将司法、义务教育、高中教育、成人教育、职业教育、特殊教育、科技研发、公共文化、公共体育、旅游公共服务、城乡居民基本养老和基本医疗保险、机关事业单位社会保险缴费、社会救助与社会服务、养老服务、就业服务、公共卫生、计划生育、住房保障、公共安全、公共交通、市场监督管理、安全生产监管、粮食安全、农业生产、农村村庄改造、林业建设、地方水利、环境保护与治理、需要市统筹布局的重要基础设施建设和公共设施维护管理等体现市委、市政府战略部署、跨区且区级具有地域管理信息优势或市区两级均设有相应公共服务机构的基本公共服务确定为市与区共同财政事权,并明确各承担主体的职责。

际予以调整完善。对新增及尚未明确划分的财政事权,将应由市场或社会承担的事务交由市场主体或社会力量承担;对应由政府提供的基本公共服务,统筹研究明确市、区财政事权划分。

三是完善市与区支出责任划分。《指导意见(试行)》明确了支出责任划分的三个主要依据。首先,市级财政事权由市级承担支出责任。属于市级的财政事权,应由市级财政安排经费,市级各职能部门和直属机构不得要求区级安排配套资金。市级财政事权委托区级行使的,通过市级专项转移支付安排相应经费。其次,区级财政事权由区级承担支出责任。属于区级的财政事权,原则上由区级财政通过自有财力安排经费。对区级履行财政事权、落实支出责任存在收支缺口的,除部分资本性支出通过依法发行政府性债券等方式安排外,主要通过市级给予的一般性转移支付弥补。最后,市与区共同财政事权区分情况划分支出责任。根据基本公共服务的属性,结合全市基本公共服务均等化和城乡发展一体化等总体要求,根据合理性、必要性和正当性原则,进行市区之间支出责任相应的划分,并对市区两级政府均应承担支出责任的特殊情形作出了相应的安排。[15]

(三)保障配套

《指导意见(试行)》规定了此项改革的五项保障和配套措施。首先,推进政府职能转变和职责调整。按照"一项事权归口一个部门牵头负责"的原则,合理划分部门职责,理顺部门分工,妥善解决跨部门事权划分不清晰和重叠交叉问题。其次,推进相关领域改革。财政事权和支出责任划分与教育、医疗卫生、社会保障等各项改革紧密相连。既通过相关领域改革为推进财政事权和支出责任划分创造条件,又将财政事权

---

⑮ 《指导意见(试行)》要求,对体现国民待遇和公民权利、涉及全市统一市场和要素自由流动的财政事权,如城乡居民基本养老和基本医疗保险等,研究制定全市统一标准,并由市与区按比例或以市级为主承担支出责任;对受益范围较广且信息相对复杂的财政事权,如环境保护与治理、需要市统筹布局的重要基础设施建设等,根据财政事权外溢程度,由市与区按照比例或市级给予适当补助等方式承担支出责任;对市、区两级有各自机构承担相应职责的财政事权,如职业教育、公共卫生等,由市与区各自承担相应支出责任;对市级承担监督管理、出台规划、制定标准等职责,区级承担具体执行等职责的财政事权,市与区各自承担相应的支出责任。

和支出责任划分改革体现和充实到各领域改革中。再次,推进财政管理体制改革。适时调整市与区财政收入划分,理顺市、区两级财政分配关系;进一步完善市对区财政转移支付制度,加快形成财力与事权相匹配的财政体制。复次,建立财政事权划分争议处理机制。市与区财政事权划分争议由市政府裁定,区级以下财政事权划分争议由区政府裁定。最后,指导督促区政府切实履行财政事权。对属于区级的财政事权,区政府必须履行到位,确保基本公共服务的有效提供。市级要加强监督考核和绩效评价,强化区政府履行财政事权的责任。

(四)任务进程

根据《指导意见(试行)》关于职责分工的安排,市级层面成立推进财政事权和支出责任划分改革领导小组。在改革实施过程中,各区、各部门、各单位要妥善处理财政事权和支出责任划分带来的职能调整以及人员、资产划转等事项,积极配合推动制订或修改地方性法规和相关规章制度中关于财政事权和支出责任划分的规定。《指导意见(试行)》还对时间节点作出了明确规定。2017~2018 年,市级各部门研究提出各领域财政事权和支出责任划分改革的实施意见,上海市承接国家安排的国防、国家安全、外交、公共安全等领域中央与地方财政事权和支出责任划分改革任务,同步调整完善上述领域市与区财政事权和支出责任划分。2019~2020 年,按照国家统一部署和改革进程,承接教育、医疗卫生、环境保护、交通运输等领域财政事权和支出责任改革任务,同步调整完善上述领域市与区财政事权和支出责任划分,并加快推进其他相关领域市与区财政事权和支出责任划分改革,力争在 2020 年前完成主要领域改革,基本形成市与区财政事权和支出责任划分框架。

四、需要进一步解决的问题

财政事权关系到基本公共服务,支出责任来源于公共财政收入,两个事项作为公共财产权均高度涉及纳税人财产权的妥适安排。[16] 在上

---

[16] 参见刘剑文、王桦宇:《公共财产权的概念及其法治逻辑》,载《中国社会科学》2014 年第 8 期。

海市的财税体制改革实践中,市、区两级财政事权和支出责任的划分,除了面临国家财税体制改革进程中本身带来的技术性和规范性问题,也同时面临省级政府层面遇到的具有共通性和普遍性的问题,还会触碰包括上海市在内的其他直辖市在长期的城市建设发展中遇到的特殊性和个体性问题。对于第一类问题,需要在中央和国家的全面深化改革的战略部署下循序渐进又因地制宜地解决;对于第二类问题,需要在借鉴外省市成功经验的基础上根据上海实际情况在政策层面加以完善而得以解决;对于第三类问题,则需要上海市在未来的配套改革中继续发挥先行先试排头兵作用妥善研究而逐渐加以突破和解决。具体而言,涉及以下几个方面的问题。

一是划分科目的标准化问题。无论是财政事权与支出责任划分,还是权力清单和负面清单管理,抑或是政府预算科目的功能分类和经济分类,标准化都是一个首先需要被提出的事项。在财政事权和支出责任改革的地方实践中,需要特别注重财政事权及支出责任划分的口径统一问题。这个划分口径的问题,不仅指各省、自治区和直辖市的划分科目的标准统一,而且指与财政事权有关的清单管理中的科目协调,同时还涉及政府预算中的支出分类的表述匹配。如果不解决这个前置性问题,各个地方出台的财政事权和支出责任划分实施方案即便是能够因地制宜而发挥较好的效果,但是在以后的中央层面协调统计中会出现一些技术性问题。上海市财政事权与支出责任改革实施方案及其《指导意见(试行)》的讨论与撰写过程中,也遇到了类似的担心和顾虑。

二是基层实践的法治化问题。构造财政结构的地区问题的出现是由于得自公共服务的利益通常要受到空间的限制,公共服务的利益归属往往属于特定地区的人,这也决定了该项公共服务的成本应由该地区的人来选定和支付。[17] 在中国城市特别是具有高度创新精神的上海市的高速发展过程中,基层实践往往成为法治建设探讨中的重点问题。一方面,解决具体的属地化治理难题,往往需要超越常规的“先行先试”基层

---

⑰ 参见[美]理查德·A. 马斯格雷夫:《比较财政分析》,董勤发译,格致出版社、上海人民出版社 2017 年版,第 211~221 页。

智慧,比如招商引资的压力、“老信访”的处理、突发事件的特别安排等等,而这些措施往往无法妥适纳入规范化的财政事权和支出责任管理中来;另一方面,在社会经济发展过程中,市、区两级的财政安排,往往具有一定的“协商安排”空间,对于“断头路”、市与区两级医院体制改革等诸多事项,往往都是通过“专题研究”的方式得以处理,而此间的法理逻辑和可预算评估性则有所缺失。

三是城市建设带来的新问题。在特大型城市建设过程中,可能会遇到其他城市没有遇到的新困惑。比如,城市基础设施的建设,需要庞大的财力支持,而按照财政事权与支出责任的基本原则,一条完全处于某郊区的轨道交通的建设事权和支出责任应由该郊区财政承担,且未来轨道交通的地价受益和溢出效应也由该郊区享受,而事实上该郊区却无法承担如此高额的建设成本,即便是依托各种筹资方式也难以解决,此种情形下市级财政会根据城市发展的总体安排作相应的承担,而在后期的建设成果分享中则没有相应的机制规范得以遵循。此种城市非均衡性及扩张性发展中市、区两级财政的投入、分配和分享机制,与财政事权和支出责任紧密相关,需要法治化的财税体制改革进一步落实方能得以解决。进一步而言,行政体制改革中的法治财税思维才能最大限度地激发市场活力、制度活力和社会活力。⑱

五、小结

国务院《指导意见》的主要价值体现为寻求中央和地方财政体制两大战略目标间的平衡:中央统一领导与地方财政自主权。后者乃是地方自主治理的基础与前提,而自主治理才能为激发地方治理的独特优势与巨大潜力,⑲上海市《指导意见(试行)》正是在这样一个逻辑上探索国家

⑱ 参见刘剑文:《法治财税,为“新常态”奠基》,载《人民日报》2014 年 10 月 20 日,第 5 版。

⑲ 参见王雍君:《国发 49 号文开创政府间财政体制改革新机遇》,载《中国财政》2016 年第 17 期。

治理的地方财政实践之道。相比其他省级政府的实施方案,[20]上海市《指导意见(试行)》的特点主要有三个:一是体现城市特色。上海市作为直辖市,虽然在行政级别上为省级,但城市仍为其改革发展的主体性特征,其面临和拟解决的诸多问题都建立在特大型经济发达城市管理的特殊性之上。二是围绕改革核心。财政事权与支出责任划分的核心是公共治理领域的分权安排和基本公共服务的分级负担,上海市的此项改革正好强化了服务社会公众的意识。三是彰显法治精神。财政事权与支出责任划分的规范化、法治化是此项改革推进的基本方式,其最终目标在于通过政府法定权责的落实,实现对公民权利的法律确认。[21]

---

⑳ 国务院发布《指导意见》以来,各省级政府也发布了地方层面的实施方案。比如,《山东省人民政府关于推进省以下财政事权和支出责任划分改革的意见》(鲁政发〔2017〕3号)、《广东省人民政府关于印发广东省省级与市县财政事权和支出责任划分改革实施方案的通知》(粤府〔2017〕27号)、《河北省财政厅关于印发〈河北省财政发展"十三五"规划〉的通知》(冀财发〔2017〕1号)、《甘肃省人民政府印发〈关于推进省与市县财政事权和支出责任划分改革的实施方案〉的通知》(甘政发〔2017〕49号),等等。

㉑ 参见刘剑文、侯卓:《事权划分法治化的中国路径》,载《中国社会科学》2007年第2期。

税收法定和税制改革双重视角下的海关税收立法

郭永泉*

目　　次

海关税收是我国税收的重要组成部分。海关税收由海关负责征管,在货物进出口环节完成征收。在我国税收体制总体一致的前提下,海关税收的税种结构、税制结构、要素属性、征管机制有其特殊之处。目前,在国家税收法定原则确立、经济形势深刻变化的背景下,海关税收法制既面临税种立法的形势要求,也面临税制改革的内在需求,迫切需要加快立法研究进程,推进征管的法治化和规范化。目前国内学术界已经就国内税收立法问题达成较多共识,但是对于海关税收立法却鲜有研究,尤其是对于关税特殊性带来的立法技术难题罕有论证。本文着力在这个问题上开展研究,采取的研究思路为"据实出发,内外结合,对策建议",具体就是:全面总结海关税收法制之现状,对外推论税收法定原则

* 郭永泉,财税理论学者,就职于武汉海关。

对海关立法的要求,对内分析海关税制改革对海关立法的需求,综合提出可行性建议。

一、海关税收法制的现状

如果说国内税收是“点多面广”,具有相对的复合性;海关税收则是“点线结合”,具有相对的专业性。海关税收限定于进出口环节,有4个税种,即关税、进口增值税、进口消费税、船舶吨税。其中,关税和船舶吨税以海关作为单一征管主体,增值税、消费税由国税部门与海关共同征管,其中海关负责进口环节税收的征管。海关税收法律也是我国税收法律体系的组成部分,与国内税适用相同的税法原则和执法目的。目前,海关负责征管的税种都没有完成立法,依据主要是条例、暂行条例等行政法规以及若干部门规章。其中,低层级的制度数量多于高层级的法规,其可循依据也要多于法规,说明海关税收征管中的制度属性要多于法律属性。因此仅就目前状况,“海关税收法制”的提法更为妥当,以便与将来完成税种立法后的“海关税收法律”相区别。

(一)海关税收法制的结构

海关4个税种收入全部列为中央财政收入,管理权级是一致的,但是彼此又有明显差异。关税、增值税、消费税是流转税,数额巨大,征管对象多样,综合税率、计税依据、适用条件都很复杂,不同税种之间、国内和进口环节之间还互相影响,其法制需要规定的范围非常大。需要在分析各税种结构的基础上再归纳其特点。

1. 关税法制

现行的关税法制包括国家法律、行政法规、海关规章、国际条约四个层面。首先,从法律层面看,《海关法》单列第五章“关税”,用13条明确了关税的基本本体规定。① 很明显,该章立足于整个《海关法》,决定于以海关监管为主的立法思维,在税收要素特点上体现得不够充分:基本不涉及征管程序,没有规定税率这一核心要素,计税依据限于从价税。

① 这13条包括:征收机关、纳税人、征税对象、计税依据、税收优惠、暂时免税、缴款期限、税收强制、税收保全、补征追征、退税、纳税争议、代征税适用关税规定。

所以对照税收法定原则而论，并不能说《海关法》为关税提供了法定依据，只能说基于执法的关联性，从海关总体监管的有效性出发，为海关税收征管提供了一种法律渊源。[②]

其次，从行政法规层面看，关税法制形成“一主六次”的结构。“主”指的是《关税条例》，比较详细地规定了关税的各项要素以及征管程序。[③] 特别是将《进出口税则》作为形式附件，弥补了《海关法》的要素缺陷，为海关审价、归类、原产地三大技术确认提供法律依据。[④] 由于税则每年调整，所以《关税条例》是一个税率要素经常变化的“机动条例”，兼具灵活性和原则性。在关税征管过程中，实际上海关是把《关税条例》作为最高法律遵循。除此之外，还有“六次”，即原产地、反倾销、反补贴、保障措施、海关事务担保、海关行政处罚等六个条例。这些条例都是跨部门法规，涉及关税适用各类协定税率、贸易救济税率的条款，以及税款担保、逃避缴纳税款处罚的条款，从不同侧面解释或扩充了关税征管程序规定。

再次，从海关规章层面看，诸多规章为关税征管程序提供了补充。这些海关规章是海关总署依据法律、行政法规的授权制定和发布的，常见的形式是“海关总署令”，比较重要的有四个规章，分别为进出口货物征税、减免税、归类、审价四个管理办法，通过技术层面的程序规定保证征管程序的完备。其法律性质，是以相对具体的执法行文，落实上一层

---

② 有观点认为国家制定的其他法律，包括《宪法》，凡其中涉及海关关税工作的规定，也是海关关税管理活动的依据，因而同样是海关关税法的渊源。比如，我国《宪法》第56条规定“中华人民共和国公民有依照法律纳税的义务”，《刑法》第151～157条、第201～212条关于走私罪、危害税收征管罪的认定和处罚，《行政诉讼法》《行政复议法》关于行政机关作出的具体行政行为的复议、诉讼程序，《外贸法》等法律中涉及海关关税管理的规定等等，都是广义海关关税法的渊源。参见成兰州：《论我国现行海关关税法律制度的改进》，对外经贸大学2003年硕士学位论文。

③ 《关税条例》规定了关税税率的运用、完税价格的审定、关税的缴纳与退补、关税的减免及审批程序以及同海关发生纳税争议的申诉程序。

④ 《进出口税则》是《关税条例》的组成部分，由国务院关税税则委员会每年调整确定并公告，根据国际海关组织通用的协调制度商品目录(HS)将各种应税商品进行列名分类、编号，并具体规定了每一编号对应的进出口税率。同时，税则的目录及有关规则也为进出口商品的统计提供依据。

级相对抽象的原则规定,属于执行性依据。

最后,从国际条约层面看,我国关税具有自定和协议两种法律特性,在制定和执行本国法规的同时,也要履行国际关税谈判或协议的规则。我国是世界贸易组织(WTO)的成员国,也是世界海关组织(WCO)的参与国,所以缔结或参加的有关关税事务的国际条约、公约,也对我国关税征管和税率设置有着约束力。这是我国关税法律的一种特殊表现形式。⑤

2. 进口增值税法制

增值税在数量上是我国的第一大税,近年来经过计值类型转型以及"营改增"等一系列改革后,其覆盖范围十分广大,贯穿进口和国内两种税制,由海关和国税部门分别征管。海关负责征管的进口增值税与其他进口税一同征收,并作为进项税,用于抵扣国内环节的同期销项税。⑥目前,进口增值税的法制情况处于"两边站、两不靠"的尴尬境地。

如果取其征管主体和征管环节,进口增值税应当由海关法制进行规定。但所有的海关法制条文均将其视为关税的随同税,只在关税法制中设定了简单的保留条款,即"进口环节海关代征税的征收管理,适用关税征收管理的规定"(《海关法》65 条、《进出口关税条例》65 条,俗称"双 65 条")。其法律逻辑在于:进口关税作为进口增值税的计价依据,使得两税总是一并征收,具有"捆绑"特色,关税征管程序可以覆盖进口增值税程序。这种法律设计在程序上可行,但在法律的本体上却容易模糊化,严重忽略了增值税的特点。

如果取其"道道征税、税不重征"的税种特点,进口增值税应当和国内增值税一起,由专项的增值税法制进行规定。目前,增值税也没有单独立法,执行行政法规《增值税暂行条例》以及其解释性的部门规章《增值税暂行条例实施细则》。该条例主要针对国内增值税制定,对进口增值税的规定只有 7 条实体规定,且散落各处。而相应的实施细则在法律

⑤ 参见成兰州:《论我国现行海关关税法律制度的改进》,对外经贸大学 2003 年硕士学位论文。

⑥ 郭永泉:《增值税改革下的国内税制和海关税制的协同》,载《税收经济研究》2015 年第 2 期。

形式上属于国税总局令,只对国内增值税部分进行解释,对进口增值税没有解释。国内增值税的征管程序,依据的是专门的程序法《税收征管法》。但是该法律的第90条保留条款"关税及海关代征税收的征收管理,依照法律、行政法规的有关规定执行"又把进口增值税的征管程序排除在外。

所以,在重重分歧之下,进口增值税的法律依据很不充分,非但达不到法定要求,而且处于各法律、行政法规的边缘地带。

3. 进口消费税法制

消费税和增值税、关税一样,也是我国流转税体系中的主体税种。但消费税有其自身特点,比如实行价内税,税负由最终消费者承担;部分商品实行从价叠加从量的复合计税方式。目前进口消费税的涉及商品有限,主要集中于汽车、成品油、烟酒等,但是其消费调节和财政贡献作用很突出。进口消费税是在对所有货物普遍征收进口增值税的基础上再选择少量消费品征收,也以关税作为计价依据。因此,可以说进口消费税和进口增值税、关税组成了"兄弟三税"。正因为如此,进口消费税与进口增值税一样,面临着"两边站、两不靠"窘境。一方面,海关法制中以"适用关税"的简单条款笼统规定其征管程序;另一方面,消费税也没有单独立法,《消费税暂行条例》仅有散落的5条规定了进口消费税的要素本体。进口消费税的征管程序也没有在《税收征管法》中得到法律支撑。相对而言,因为在《消费税暂行条例实施细则》中有具体解释,进口消费税比进口增值税的执行依据更完善,但从税收法定的角度看问题,由部门规章约定一个税种的程序,其权级也过于低下。

4. 船舶吨税法制

船舶吨税在海关征管的四个税种中,无论是税收数量还是难易程度,都是一个小税种。船舶吨税是海关对进出中国港口的国际航行船舶征收的一种税,其征收税款主要用于航道设施的建设、维护和管理。在征收主体上,是由海关代交通部征收;在征收范围上,在我国港口行驶的外国船舶和外商租用、中外合营企业使用的中国籍船舶需缴税;在计税依据上,以船舶注册净吨位和吨税执照期限计税;在税率上,分为优惠税率和普通税率两种。这几个主要环节的法律设计难度不大。但目前,船舶吨税也未立法,依据行政法规《船舶吨税暂行条例》。该条例简明易行,主体明确,可操作性强。但其中没有规定纳税争议的解决渠道,在复议和诉讼的法律救济方面存在不足。

(二)海关税收法制的内涵

通过海关各税种法制的结构分析,可以说,从执行层面看,海关税收征管是有法可依的,形式上还非常多样。但是在实践中的诸多纳税争议,部分领域执行难的问题,都说明海关税收法制有着其客观上的难度。这些难度,是由海关税收的特殊性决定的。近现代意义上的海关税收,作为一类新兴税种,其基本框架有四个方面:我国总体税制下的稳定税负、税不重征、税收中性等机制框架;近代税务司制度下的财税分立、单货分工、先税后放等程序框架;国际通行关税规则下的复合税则、差别税率等实体框架;海关法制体系下的监管通关、后续税收保障等职能框架。这就需要我们立足于海关税收的框架,将税种特性和法制特性结合起来,发现海关税收法制的基本内涵。

一是权级较低。海关税收全部是中央财政级别的税赋,应当由国家法律进行决定,法律依据的权级越高,越能体现权威性。同时,海关税收处在进出口环节,与海关其他职能、其他口岸部门执法、企业的运营管理都密切相关,如果没有高权级的法律依据,容易和其他工作形成目标冲突和过程博弈,严重影响征管效率。目前,海关税收的法律权级太低,主要依据行政法规和部门规章,使得税收征管过程面临许多需要协调的问题,也使得海关综合治税成为一种常态。⑦ 因为权级太低,海关税收法制还存在本体法和程序法严重分离的问题,往往一项专项工作,需要从多个法制中找依据,如果法制兼容性不强,甚至可能形成执行依据上的矛盾。4 个税种莫不如此,都急需升级为独立的、完备的法律。

二是技术复杂。海关税收有着非常强的技术性特征,尤其是税率、计税依据和税收减免三个要素非常复杂,堪称我国所有税种"难中之难"。以关税为例,因为采取复式税则和差别税率,多达 8547 个税目和

⑦ 海关综合治税,从狭义上,是指海关集合内部各相关部门力量,为税收应收尽收而形成的一种联络型、责任型工作机制,从广义上还包括海关与其他口岸部门以及国税、银行等部门的协同合作。

62个税级。[⑧] 每一个税目根据原产地差异,需要从最惠国税率、特惠税率、普通税率、协定税率、暂定税率中进行选择,个别税目还有贸易救济税率、配额税率、滑准税率、复合税率、季节税率的适用可能。进出境物品关税还适用专门的行邮税。这些税目、税率全部作为关税法规的组成部分,定期发生着调整变化。同时,关税主要是基于成交价格的从价税,面临着国际公认的估价难题。而我国经济的差异化发展调节策略,又形成诸多针对特定区域、特定企业、特定用途的进口税收优惠政策。关税还作为计价依据影响进口增值税、进口消费税,使后两者的征管也变得复杂化,形成更多税级的综合税率。因此,归类、估价、原产地、减免税这四大技术成为海关税收法制的难点。

三是政策影响。海关税收的政策性也非常强。由于海关税收具有财政、调节和保护"三大功能",对于外贸进出口有着明显的促进或抑制作用。加之我国作为世界第二贸易大国,[⑨]关税的"大国效应"突出,深刻影响贸易伙伴国的贸易福利和价格水平,在全球经济治理中也发挥着重要作用。因此,我国海关税收需要与国家大政方针保持贯通协调,根据政策需要适时调整。这就决定了海关税收的本体程序经常变动。尤其是关税的税目税率,考虑到不同商品的差异和内外市场的非均衡性,出于分类调节和产业保护的需要,各种商品的税率和税目设置需要相机变动。国务院关税税则委员会每年制定《关税实施方案》或《关税调整方案》,[⑩]对约1000个税号实施暂定税率,[⑪]加上针对特殊商品实行的从量税(如进口胶卷)、滑准税(如进口棉花)、季节税(如出口化肥),税收政策是经常变动的,这和法律意义上相对恒定的本体要求存在一定的矛盾,如何以法律语言赋予政策变动的充分空间,是一个很大的技术

---

⑧ 2017年,我国《进出口税则》执行每五年一次的转版档期,与WCO《商品名称及编码协调制度》(简称协调制度,又称HS)同步转版,并根据需要对部分税则税目进行调整。经专版和调整后,2017年税则税目数共计8547个。

⑨ 中国进出口贸易额在2013年首次超越美国,跃居世界第一大货物贸易国。在持续三年世界第一之后,去年我国的进出口贸易额少于美国,为世界第二大货物贸易国。

⑩ 从2017年开始,每年一次的《关税实施方案》更改名称为《关税调整方案》。

⑪ 以2017年为例,822项商品实施进口暂定税率,213项商品实施出口暂定税率。

性难题。

四是对外合作。国际税收合作是一个宽领域的话题,国内税种讲国际合作,主要是基于所得利润分配的税收管辖的协商,防止税基侵蚀和国际避税,并不存在适用税率的分歧和协同。但是海关税收,尤其关税是具有高度国际关联性的税类。我国作为WTO成员国,需要履行"入世"以来的关税减让承诺,并实施与《贸易便利化协定》等条约相关的涉税程序规定。比如我国与全部WTO成员国互相给予最惠国税率待遇,其实已经覆盖绝大多数贸易伙伴。税则中基础性的普通税率,反而在实践中较为少见。同时,我国作为WCO成员国,需要履行征税技术认定一致性的义务。在我国签署的15项自由贸易协定和3项优惠贸易安排中,都需要给予符合原产地规则的协定税率及保障措施待遇。⑫ 而在国际贸易争端和摩擦中,海关税收也作为贸易救济以及贸易保护的重要手段,维护我国企业的主体权益。因此,海关税收在法定过程中,不能忽视国际合作的因素,应当付诸精确、权威的法律语言。

五是关税主导。在海关的税种结构中,关税数量虽不多,但却是海关征管的独有税种,也是国际通用的主流税种,最具有进出口环节特色。从技术设置上,关税技术影响着其他税种技术,关税税额计入进口增值税和消费税的完税价格。从征管惯例上,其他税种都依托于关税的征管程序,形成了"小马拉大车"的关联。所以关税是海关税收中的主导因素,如果高权级的《关税法》能够尽快制定,海关税收法制体系将形成基本的导向性。现有税收征管中的一系列问题,主要取决于关税,也将随着《关税法》的制定而获得解决。

---

⑫ 我国签署实施的15项自贸协定包括中国—东盟自贸区,中智(利)、中巴(基斯坦)、中新(西兰)、中新(加坡)、中秘(鲁)、中哥(斯达黎加)、中冰(岛)、中瑞(士)、中澳(大利亚)、中韩、中格(鲁吉亚)自贸协定,海峡两岸经济合作框架协议(ECFA)、内地与香港、澳门更紧密经贸关系安排(香港、澳门CEPA)等;3项优惠贸易安排包括亚太贸易协定、对最不发达国家特别优惠关税待遇和大陆对部分原产于台湾地区农产品零关税措施等。

二、税收法定原则对海关税收立法的要求

长期以来,制约着我国税收法定的问题,在于实践中税收授权立法过于宽泛,已完成立法的税种太少。全国18个税种,仅有3个税种完成立法。[13] 其他15个税种都没有立法,依据较低层级的行政法规设立并开展征管。[14] 当前,我国全面深化改革和推进法治建设,税收法定原则得到中央高度重视和社会普遍关注,上升为党的主张和国家意志。税收法定原则的确立和实施,对海关税收立法提出了明确而紧迫的要求。

(一)海关税收立法的大局要求

我国税收法定原则的确立和实施,与党的十八大以来我国确立了推进国家治理体系和治理能力现代化这一总目标有关,与我国全面深化改革以及推进依法治国的基本方略有关。国家治理是法治化的治理,税收治理作为国家治理的重要组成部分,也应当纳入法律的轨道内。全面深化改革,则为税收法定提供了革故鼎新的方法、决心和环境支持。而依法治国,作用于税收领域,就是依法治税,更加注重发挥法治在税收领域的决定作用,维护国家税收法制的统一、尊严、权威。税收法定可以称得上税收领域的大事,即"税醒的法治"。[15]

具体来说,税收法定的确立和实施有四个标志。第一,中央权威话语提出。《中共中央关于全面深化改革若干重大问题的决定》在党的纲领性文件中第一次明确提出要"落实税收法定原则",同时还直接对部分税种、税制、税政的立法提出明确要求。而《中共中央关于全面推进依法治国若干重大问题的决定》要求"制定和完善财政税收等方面法律制度"。第二,"管法之法"提出。2015年3月,全国人大通过了《立法法》

---

⑬ 各税种已经立法的有《个人所得法》《企业所得税法》《车船税法》三部实体法律,另外还有一个管总的程序法《税收征管法》。

⑭ 其他15个税种,即增值税、消费税、营业税、关税、资源税、城镇土地使用税、土地增值税、房产税、城市维护建设税、车辆购置税、印花税、契税、耕地占用税、烟叶税、船舶吨税,全部没有立法,其法律依据都来自国务院及主管部门制定的行政法规和行政规章。参见郭永泉:《我国税收法定原则的演进和确立》,载《财政研究》2015年第10期。

⑮ 刘剑文:《税醒了的法治》,北京大学出版社2014年版。

修正案。在第 8 条进一步明确了税收法定原则,即“税种的设立、税率的确定和税收征收管理等税收基本制度”只能制定法律。我国法律中首次明确提出“税率法定”这一表述,使税率这一税种核心要素上升到法定要求。第三,立法机构规划。我国各税种立法已经纳入全国人大规划和日程。2013 年,全国人大立法规划公布,“增值税法等若干单行税法”列入第一类立法项目。2015 年,由全国人大法工委牵头起草的《贯彻落实税收法定原则的实施意见》获得党中央审议通过,全国人大将在 2020 年前全面完成税收立法。第四,部分税种立法。各税种都已启动立法或修订程序,有的已经走完法条起草和审议程序。比如,《环境保护税法》于 2016 年 12 月经人大会议通过,自 2018 年 1 月施行。作为新设税种,成功克服“费改税”的立法技术难题,体现了国家税收法定的决心。可以说,各税种正在形成税法体系的聚合效应。在这种形势下,海关负责征管的各税种均未立法的问题更加凸显,需要跟紧全国税收立法的路线图和时间表。尤其是船舶吨税和关税,已经分别列为 2017 年和 2018 年的立法项目,更需要抓紧制定。

(二)海关税收立法的法理要求

目前,学术界普遍认为税收法定原则由三个方面构成。⑯ 一是课税要素法定,即纳税人、征税对象、计税依据、税率、税收优惠等基本税收要素应由法律规定;二是课税要素明确,即上述基本税收要素在法律中的规定应尽可能是明确的、详细的,避免出现漏洞和歧义;三是征税程序法定,即征税部门严格按照法律规定的征纳程序来征收税款。

从法理上讲,税收法定是实体法定与程序法定的结合。三大原则中,前两者是关于课税要素的实体确定,后者是关于税收征纳的程序确定。其一,课税要素法定的实质是税收法律与税收行政法规的关系问题。有关税收要素都必须由法律来加以规定,行政法规不得规定有关课税要素方面的有关内容,即使国家立法机关授权国家行政机关制定有关的税收行政法规,也只能限于具体的事项。其二,课税要素明确的实质

---

⑯ 税收法定的三原则,参见刘剑文、侯卓:《财税法在国家治理现代化中的担当》,载《法学》2014 年第 2 期;施正文:《落实税收法定原则加快完善税收制度》,载《国际税收》2014 年第 3 期;熊伟:《重申税收法定主义》,载《法学杂志》2014 年第 2 期。

是征纳关系问题。既防止征税部门使用征税执法权进行自由裁量,损害纳税人权益,破坏国家税法的严肃性,也为纳税人提供了预测其税收负担的法律依据,使其能够进行合理的税收筹划与安排,保障其预期利益与经济安全。其三,征税程序法定原则的实质是征税过程中的权力义务关系问题。一方面,征税各个环节,从登记、申报、计算、缴纳到核查、处罚、复议、诉讼等都要从法律上作系统、明确、严格的规定,保障税收权力的强制性;另一方面,征税部门必须按照法律所设定的程序履行其职责,使纳税人全面、切实地履行其纳税义务。⑰ 其四,税收法定的核心内容是法律保留。也就是说,课税要素和征税程序都要由最高立法机关通过立法程序制定的法律,属于各国议会保留的事项。在我国,法律特指全国人大及其常委会制定的法律,而不包括行政法规、部门规章及其他规范性文件。⑱ 在税收立法上采用法律保留,其法理在于通过立法机关对征税立法权的控制及对政府征税执行权的制约,实现公权保障,这是权力分立与制衡原则在税收领域的具体体现。

按照税收法定原则的法理推断,海关税收的现状并不符合法定要求。4个税种都没有单独立法,法制层次偏低,执法依据散落于行政法规、海关规章甚至更低层次的文本,使税收征管面临许多协调问题。特别是大量执法类的规范性文件,虽然为税收征管提供了可操作性和灵活性,但却背离了税收法定的精神。由于海关税收的技术性很强,加上税收要素复杂、税政经常变动、税则卷帙浩繁等原因,是否应由立法机关直接立法存在一定的困惑。我国海关税收立法没有先例可循,但可以适当借鉴其他国家海关做法。欧盟国家与我国同属大陆法系传统,其海关立法一直采取法典方式,经历了从1992年《欧共体海关法典》(CCC)到2008年《现代海关法典》(MCC)的变迁,正朝着《联盟海关法典》(UCC)的方向发展。⑲ 欧盟关税立法思路严谨,立法技术成熟,显示高层级的法律条文完全可以规定海关税收技术。作为非欧盟成员国的瑞士海关,

---

⑰ 王鸿貌:《税收法定原则之再研究》,载《法学评论》2004年第3期。

⑱ 刘剑文、侯卓:《财税法在国家治理现代化中的担当》,载《法学》2014年第2期。

⑲ 苏铁:《中欧关税立法内容差异的比较研究——基于欧盟海关立法嬗变之分析》,载《海关法评论》2014年第4卷。

其税收立法权也在议会，税率调整等重大事务甚至需要提交全民公决。以高速公路标签税为例，[20]2013年瑞士海关研究认为现行税额偏低且单一化，向议会提出修法提案，但在全民公投中被60%的投票率否决，仍执行现税额。此例显出瑞士海关税收立法程序严谨。由此推论，我国海关税收的技术性问题可以通过立法方式解决。

三、税制改革对海关税收立法的要求

近年来，根据国家全面深化改革的总体部署，结合经济形势的巨大变化，适应行政管理领域信息技术的运用和发展，海关税收制度也在进行改革。这些改革涉及从本体到程序、从主体到对象的方方面面，范围之大，程度之深，堪称百年关税传统的重构。改革必然涉及法律，两者相辅相成、互相促进。改革需要法律的规制手段予以保障和支持，也推动着法律的完善和进步。下一步海关税收立法，必然要充分考虑税制改革的要求、进程和成果，为税制改革提供制度依循。

（一）全国通关一体化下的税制改革要求

近年来，根据国家供给侧结构性改革以及放管服改革的总体部署，海关推进以全国通关一体化为主体工程的全面改革。全国通关一体化是中央经济工作会议和2017年《政府工作报告》作出的部署，对通关征税模式进行了整体重构，对传统的征纳法律关系和征管制度设置也进行了重新规划，具有全面性、彻底性。

第一，从全国范围讲，通关一体化是指口岸各部门围绕大通关建设开展的"三互"合作。[21] 内容包括：建设国际贸易"单一窗口"，口岸各部门全部通过"单一窗口"接受申报信息；建设口岸风险联防联控机制，执法结果互相承认；口岸现场执法各部门共同登临运输工具、共享查验检

---

[20] 瑞士海关实行复合型税制，履行部分交通类税费的管理职能，其高速公路标签税（motorway charge sticker）类似我国实施的一些地方路政费用，由瑞士海关通过"以售代税"的方式征收。

[21] 根据国务院《落实"三互"推进大通关建设改革方案》，"三互"包括信息互换、监管互认、执法互助三个方面，口岸部门主要包括行使口岸执法权的四个部门，即海关、出入境检验检疫、边防检查和海事部门。

查设备、“一站式作业”;海关和检验检疫实行“一次申报、一次查验、一次放行”。口岸部门“三互”合作对海关税制有明显影响。“单一窗口”下,海关可以获取的涉税信息更全面,但以往用以确定征税条件的许可管理信息一并申报,没有后置审核环节的缓冲,带来了一定的核税难度。由于降低部门间重复执法,口岸整体通关效率势必大幅提升,但由于其他部门多以安全准入作为执法标准,与海关征税以经济核算作为执法标准有一定差异,联合执法能否通过实货勘验达到验证征税要素之目的,需要法律予以明确。

第二,从海关范围来讲,通关一体化是指全国各海关基于统一执法、集中指挥和协同监管的大改革,涉及海关机构重组、制度重构、流程再造,以“两中心三制度”为结构支撑。[22] 其中,税收征管方式是改革的主要领域,包括:(1)在全国建设若干个专业化、高权级的税收征管中心,通过预设参数、发布指令、风险研判、放行后审核等方式,对海关税收进行统一处置。这就使得全国海关税收的执法高度一致,百关如一关,在解决各海关征税技术尺度差异的同时,也使传统的海关单证审核画上了句号。(2)推进“一次申报,分步处置”的通关缴税新流程,使海关作业分为安全准入和税收征管两个环节,所有涉税货物在确认安全准入后即可缴税放行,海关不再在放行前逐票审核税收要素,而是在放行后根据风险状况开展税收审核、税收稽查、税收核查,补税程序全部后置,信息化程度高。这就使烦琐的征管程序由集中作业向全过程转变,通关缴税时效大幅增加。(3)实行纳税企业“自主申报、自主缴税”,所有企业基于守法信用,自行提出申报,自行计算税款,自行完成税款支付,自行打印缴税凭证,其后应税货物即可放行,海关不再进行干预。这就使企业缴税的自主权大为提高,合规申报的义务和责任也由海关转移到纳税企业。(4)税收征管方式创新。[23] 海关推进汇总征税、税款担保等便利化征管措施,使企业可以灵活选择缴税时间和方式。推进归类尊重先例、

---

[22] “两中心三制度”是全国海关通关一体化的结构支撑,包括:建设风险防控中心、税收征管中心,实施“一次申报、分步处置”、改革税收征管方式、优化协同监管。

[23] 海关税收征管方式创新的内容参见《海关总署关于开展税收征管方式改革试点工作的公告》,海关总署公告2016年第62号。

原产地国际信息传输、动态价格数据库,使税收技术差异通过信息化渠道解决。推进税收事前裁定,开展纳税社会化服务,使企业运用技术能力提升。推进纳税人属地管理,以属地海关为单元开展税收绩效考评,避免各海关基于税收数量攀比形成的竞争。从这些改革的安排来看,传统的税收要素和征管程序已经发生巨大变化,征管时空进行了重新组合,目前法律所确认的"凭单验放、逐票审核、事前征税"流程已经不符合实际,法理意义上"海关审定制"也要转变为"海关受理制",征纳双方的权责也需相应调整。这些变化属于法律范畴,需要通过立法方式予以"一揽子"明确。尤其在纳税时间、征税决定形式、税收核查方式等关键节点上,立法与改革必须衔接,通过立法固化改革成果,否则可能因为与法不合而产生新的执法风险和征纳争议。

(二)贸易业态变化下的税制改革要求

海关税收以进出口贸易作为基础,海关税制也需要适应国际贸易方式。当前,全球经济出现新的发展趋势,在经济一体化的同时,多双边贸易规则面临重构,传统贸易业态发生嬗变,新型贸易业态陆续出现,进出境领域的安全、便利通关需求趋高,货物、服务、资本和技术的跨境流动方式趋于多样,海关税收征管所依托的客观环境、制度基础和技术条件都在发生深刻变化,因此需要推进各项改革。

首先,全球价值链下的产业分工推动海关计税依据变革。传统贸易环境下,各国产业分工依据比较优势,是横向分工,进出口贸易属于产业间或产品间交易。但目前国际经济已经构建全球价值链,跨国公司主导全球分工布局,各国分工处于价值链不同层级,是垂直分工,进出口贸易属于产业内或企业内交易。这就意味着企业利润转移、价格应用较之以往具有更大的模糊性。海关计税依据必须打破以成交价格为基础的估价模式,运用特许权使用费、跨国公司转移定价、合同结算公式定价等税收核算方式,这些都需要有法律的支撑。

其次,我国的贸易供需结构变化推动海关征管方式变革。长期以来,我国依据低成本优势,通过密集型产业、加工贸易和扶持外商投资,促进对外贸易超速发展,形成了"国际供原料、我国供产品"的进出口格局,也带来大量海关税收以及相对固定的税源商品结构和征管方式。但是目前国内外的经济供需结构深刻变化,在劳动力等成本趋高的条件下,大量外资转而投资东南亚等地区国家,我国加工贸易规模逐年递减并向着综合型转变,以往海关以台账核销和内销征税为标志的保税监管模式也在转型,越来越朝着自由贸易试验区以及海关特殊监管区域“圈养”的方向发展,料件和产品选择性征税成为应然之势。同时,我国对外贸易受到国际大宗商品价格异动、量化宽松的国际货币汇率、贸易保护的技术壁垒“三大影响”,海关税收在适应价格、汇率、贸易救济方面的管理机制也需要法律规范。

最后,国际贸易新趋势、新业态推动海关征管机制变革。目前,国际消费正在对传统贸易形成冲击之势,大量跨境零售直购使贸易方式日益碎片化,纳税人中的自然人比例逐步提高。长期以来海关实施以便利管理为主、税负更低的行邮物品简易税制,存在化整为零避税的风险,需要以法律规范公民义务的方式统一税制。而物质商品趋于电子化,服务贸易与货物贸易紧密结合,应税商品中同时具有有形价值和无形价值,使得海关税制必须厘清征管主体和对象,并写入法律。目前,我国大力发展跨境电子商务、市场采购、外贸综合服务企业等贸易新型业态,对于其中的涉税商品,也需要建立专门的征管机制,尤其是税率统一方面,必须由法律进行规范。

(三)“互联网+”和信息化条件下的税制改革要求

当今时代已经进入信息化技术的时代,计算机实现智能化,互联网实现全覆盖,对人类生产生活各方面都产生了影响。尤其是大数据、云计算、物联网、移动互联网、触控技术的渐次开发和应用,使传统的以纸质介质为代表的经济运行、行政管理方式已经深刻变化。国务院于2016年9月发布指导意见,在全国各部门、各行业部署推进“互联网+政务服务”工作,意味着无纸执法、联网作业将成为今后包括税收征管在内的行政管理主要方式。海关税收所依托的国际贸易,因其跨境特点,为保证普适性的诚信遵循,离不开一系列商贸类的纸质契约和证明,比如合同、发票、说明书、舱单、提单等。但随着信息技术发展,国际贸易也发生了无纸化的巨大转型,电子数据交换(EDI)的广泛应用,使得商贸看样、下单、签约、支付、后续服务等程序都可以通过网络远程传输,纸质契约和证明转变为电子形式，海关税收验核所必需的凭证更多地以虚拟化方式呈现。与此同时，各国政府、国际相关组织对于国际贸易电子化的通用规则、数据标准和贸易法律达成共识，并体现为多双边约定，国际标准化组(ISO)确立了国际电子商务基础性标准，我国基于 EDI 与其标准对接。这一切，倒推我国海关顺势征管，实行与贸易协同的数据管理和联网管理方式，并形成法律条文。

在实践层面，海关大力推进无纸化通关改革，业已取得明显成效。通关无纸化已扩大至全国所有业务现场。截至 2016 年，全国通关无纸化的覆盖率已经达到 96%(以报关单为口径)，基本实现了纸质单证为主向电子数据为主的转变。通关无纸化主要是涉税单据的无纸化，通过税收数据联网传输和网上审核，大多数征管作业(除了部分原产地证明、银行出具税款担保)都可以实现无纸化。目前，海关正在推进"互联网+税收征管"，建设税收征管一体化平台，打通海关内部网和互联网，通过"线上线下融合"，推行海关征管"一号申请、一窗受理、一网通办"。但是，与无纸化及"互联网+"的技术条件相比，海关税收征管所依据的法制还不够完善。《海关法》和《电子签名法》规定了电子数据和电子签名的法律效力，但无纸化作业的操作规程、数据标准不够规范，目前海关执法类制度主要依据纸质模式制定。特别是由于电子商务没有立法，海关对于网上申报、缴税的违规现象无权进行网络取证，对于第三方支付平台、货到付款、电子虚拟货币等新情况的监管和征税缺乏制度依循。下一步在海关税收立法过程中，需要充分考虑征管无纸化及"互联网+"作业的实际和预期，合理安排基于电子执法的征管程序，明确电子证据、数据转换、身份认证方面的法律效力。

四、海关税收立法的结论和建议

在税收法定原则下，海关各税种的立法势在必行。海关税收立法，属于法治和改革在海关税收领域的结合，不仅是法治建设的拓展，更是税收制度改革的载体。在海关税收立法中，税收法定三原则都应得到全面体现，诸如税收要素、细节、程序都要有高权级的法律确定。这些法定要求，与海关税种固有的要素复杂特点形成了一定矛盾，造成了海关税收立法的技术难度。立法固然艰难,但如果抓住法律升级这一重点、《关税法》这一关键、税制改革这一成果,全面融合全国通关一体化、贸易业态变化和“互联网+”信息发展需求,同时参考国内外的税收立法经验,就可以探索出立法的有效途径,确立起未来海关税法的基本模式。

总体来说,海关税收立法应秉持统筹规划和顶层设计的理念,兼顾整体税制的优化和税法体系的完善,做到“三准则、两结合、一目标”,即:围绕税制统一、程序高效、税负公平的准则,实现征税权力和纳税义务的结合、立法技术和税制结构的结合,保证到 2020 年,形成系统完备、科学公正、运行有效的海关税收法律体系,实现海关税收领域的良法善治。具体而言,从立法方法、新法结构、新法本体、新法程序四个方面提出建议。

(一)税种怎么立法?——立法方法之建议

从整体性来看,海关税收立法分为法律立法、行政法规制定、海关规章制定三个层面,以及立、改、废三个环节,由不同立法主体主导。首先,应由全国人大主导,制定《关税法》《船舶吨税法》等 4 个法律。其中财政、海关等决策和执行部门参与《关税法》草案起草,经国务院审定并征求意见后由人大审议颁布;其次,由国务院制定配套的、解释性的《关税法实施条例》等行政法规;最后,海关总署直接制定各税收技术的海关规章,以署令方式发布,形成具体的法律延伸和细节遵循。对于增值税、消费税,依相应程序立法,按照国内税收主管职能,应统一由财政、税务部门参与起草报审,但也应充分考虑海关作为进口环节税征管主体的程序需求。在此过程中,还应调整现行法制中不合法理的条规,清理并废止各种“规范性文件”,使海关税收法律体系突出主干、四肢协调。

在具体安排上,《关税法》的立法应当赶前加快,将其作为标志性成果和规范性大纲,进而奠定整个海关税收法律的基础。参照全国各税种的立法规划和日程,《关税法》的立法尽量能在 2018 年完成为妥,最晚到 2019 年完成。届时海关税收征管改革基本完成,改革成果也可以法律形式固化。《船舶吨税法》相对简单,可在 2017 年率先完成。至于《增值税法》,因为涉及“营改增”等一系列较大规模改革,以及营业税并入增值税的税种变化,立法时间可延后到 2020 年。《消费税法》也涉及征收范围、征收环节、税率等要素的调整,立法完成也要到2020年。至于《海关法》中关于关税的章节,出于海关职能全面性的考虑,应保留其关于关税基本要素的规定,但必须与《关税法》一致协调。

(二)税法什么面貌?——新法结构之建议

海关税收在完成立法的同时,法律体系也需要相应更新,使各法律的结构层次更加清晰。首先是关税的法律结构。新制定的《关税法》将是包括本体和程序在内的综合法,汇集各法律法规的关税重点内容,其结构可参考现《企业所得税法》和《关税条例》的优点,分总则、税率、计税依据、关税征管、税收优惠、法律救济、违法处理、特别税征管、附则9个章节,言简意赅地设定关税的本体要素和征管程序,并对行邮税、进口环节税的征管专门说明。关税立法后,现《关税条例》《海关征税管理办法》内容全部并入《关税法实施条例》,对法律进行解释和细节规定,侧重于征管程序。现《原产地条例》等行政法规、《海关审价管理办法》等海关规章可予保留,但涉及关税的本体规定的,应全部摘入《关税法》及其实施条例中,实现法律效力的升级。其次是船舶吨税的法律结构。将现《船舶吨税暂行条例》升格为《船舶吨税法》,并配套制定《船舶吨税法实施条例》,补充规定纳税争议的法律救济内容。最后是进口环节税的法律结构。以现行增值税、消费税的暂行条例为基础,融入税制改革成果,形成两个法律《增值税法》《消费税法》,现行暂行条例实施细则相应升级,形成两个配套的行政法规《增值税法实施条例》《消费税法实施条例》。按立法传统,增值税、消费税的法律将以国内部分税收的特点为主进行设计。为兼顾进口部分税收特点和海关的征管职能,建议两部法律中开设进口税的独立章节,进行要素规定和程序说明,写清海关的征管责任和职能边界,并建议配套的两部实施条例中写清海关和税务基于两个税种的协助义务,避免有可能出现的部门职责交叉。

经过调整、升级、合并之后的"立法组合拳",预计2020年,海关税收领域将会形成两部法律,以及另两部法律的专章,若干行政法规和海关规章,共同组成新的海关税收法律体系。

(三)要素怎么设定?——新法本体之建议

海关税收要素复杂,又有很强的技术性。立法关键在于将关税要素及技术要求准确写进法律。

其一,关税税率的法定。坚持法律的合理性和严肃性相结合,适当保留现有的分层、授权方法,实施税率授权制定,分散立法压力,避免主体税法过于冗长烦琐。现《关税条例》第2章关于各种税率的适用条件做了详细规定,可以整体写进《关税法》。《税则》及各类税率表仍作为附件列入。同时加入授权条款,由全国人大授权国务院关税税则委员会制定或调整《税则》,决定各种关税税率。每年的税率调整可以行使简易立法程序,由税委会报全国人大常委会审议后颁布。同时开展税则简化工作,合并税则税目,减少税级设置,在降低"技术负担"的同时提升税则简便程度。

其二,计税依据的法定。在《关税法》中应单设一章规定计税依据,将现《关税条例》及规章中关于完税价格、原产地、归类的章节整体并入。建议作出规定,"海关接受纳税人申报的价格(可置换为归类、原产地,以下同),或经过价格审核、磋商、核查等程序确认价格并经纳税人同意后,该价格产生法律效力,纳税人遵照执行"。如此,可通过技术法条款定,避免因为价格、归类不同意见而造成纳税争议。同时规定,"由于不同海关对同类或相似商品的价格认定不一致而造成的纳税争议,纳税人可申请海关行政裁定,或申请执行价格认定的先例"。如此,可在法理上规范执法尺度,在程序上降低法律救济的压力,避免执法不统一。

其三,其他要素的法定。关于税收优惠,《关税法》应单列税收减免一章,同时制定《关税优惠条例》,在融合现有减免对象、减免条件、减免幅度等内容的基础上,综合设置优惠条件,规定海关减免税审核确认的职责和程序。关于征税对象、纳税人、征税环节、征税时间的规定在《关税条例》中比较明确,可以直接写入《关税法》。但是关于违章处理的要素规定需要修订。目前海关执行的补征税款时限1年、纳税人违规追征税款时限3年的规定太短太笼统,不利于应收尽收,也不符合海关放行后审核的机制改革要求。参照国内外其他税种规定,可以调整为补征时限3年、纳税人过失少缴税款的追征5年、纳税人主观故意逃避税款缴纳的追征10年。同时为遏制日益增多的欠税行为,应在法律中明确海关税收保障受偿权,在企业产权变更中规定海关税收优先受偿。

(四)征管怎么开展?——新法程序之建议

目前,海关税收的问题集中在征管程序,税收改革也主要围绕征管程序开展。所以在对征管程序进行法定时,应当解决关键问题,实现程序优化,在法律中固化税制改革成果。

其一,征管程序的优化。一是强化纳税人的申报义务,明确海关和纳税人在税收要素准确性方面的责任分工。法律中应当规定,纳税人对其纳税申报中提供的涉税资料的真实性和完整性负责;海关在税收申报确认中对纳税人应纳税额作出调整的,应对数据信息、核定方法负责;纳税人有异议的,应当提供有效依据。二是完善海关行政裁定程序,解决税收技术认定自由裁量的问题。与预裁定社会化同步,明确税收中介服务机构的法律效力。海关的行政裁定适用于纳税争议的内部解决环节,以税法解释方式作出裁定,并严格限定为海关总署级别的事权。三是引入税收利息制度,与行政强制法的滞纳金制度相区别。纳税人未按照规定期限缴纳税款的,按日加计税收利息,作为对占用国家税款的补偿,而不是简单运用滞纳金手段实施行政强制。四是实施复议前置制度,取消先缴税后复议的规定。纳税人对海关征税决定不服提出行政复议的,不需要先行缴纳税款,使纳税争议最大限度地通过法律救济程序解决。

其二,征管改革的依循。一是由法律确立海关查验放行和核查征税可以前后换位的程序,确认不同类型企业、商品适用不同的征税流程,使征税程序在通关环节灵活组合,支持海关正在开展的通关一体化改革。二是由法律确立纳税人自我评定为基础的征管程序,由纳税人自我计税申报,再由海关进行确认,实现企业在诚信守法基础上的自报、自缴、自打税单和海关重点稽核。三是由法律确认电子资料、网络信息的有效性。适应信息化形势,在法律中规定征纳双方认可的电子签名报送的各类电子资料,与纸质资料具有同等的法律效力,纳税人自行打印税单可作为法定完税证明,支持海关的全面无纸化通关。四是由法律给予海关电子执法授权。适应电子商务的发展需要,规定从事网络交易的纳税人应当向海关提供电子商务交易记录、支付服务数据等信息,赋予海关检查纳税人相关应用系统及涉税信息的权力,为电子商务的税收征管预留下制度空间。授予海关开展网上申报缴税违规现象的取证权力,并纳入海关缉私、稽查执法范围。对于贸易新业态,以及第三方支付、货到付款、电子虚拟货币等新情况,在法规中规定其相应的法律责任和海关执法程序。

税法理论与税收制度

“资源税”探源：以租、费、税理论为切入点

褚睿刚*

目　　次

资源税是一种以自然资源为课税对象的税种，不同国家基于不同的历史因素会赋予其不同的课征目的，如增加财政收入、调节资源级差、保护资源环境等。就世界范围而言，资源税在开征初期以及其后的相当一段时间内，多数国家的资源税以调整资源级差为主要功能。① 伴随资源枯竭问题日益严峻，资源税逐渐由财产税的性质向环境税过渡，以保护资源环境、促进资源有效利用为主要功能。欧盟 2011 年的政府税制工作报告已将资源税与能源税、交通税、污染税并列，成为四大类环境税之

---

* 褚睿刚，厦门大学法学院财税法学博士研究生。

① 谢美娥、谷树忠：《我国资源税的功能缺陷研究及改革建议》，载《宏观经济研究》2007 年第 3 期。

一。[②] 2016 年 5 月 9 日,财政部与国家税务总局连续发布 53 号、54 号和 55 号文件,分别是《关于全面推进资源税改革》、《关于资源税改革具体政策问题的通知》和《关于印发〈水资源税改革试点暂行办法〉的通知》,开启了资源税改革的新篇章。此次资源税改革顺应国际趋势,有意增强"促进资源节约集约利用和生态环境保护的作用"。这在一定程度上展示了各方对资源税环保功能呼吁的甚嚣尘上,但也正是这种先入为主的对其是传统税制还是环境税的讨论,使人们忽略了对"资源税"本质的思考。"资源税"的本质上真的是一种税,还是名税实费抑或其他的收入形式?能否承担资源环保重任?此外,清费立税是此次资源税改革的重难点之一,对"资源税"本质的再认识能够为资源"费改税"的顺利推进提供一个全新的思考空间:我国资源"费改税"是否必要以及标准如何确定?以上问题是资源税改革中理论界和实务部门都无法回避的基础问题。

一、揭开"资源税"的面纱

"根据世界各市场经济国家的通例,国家参与社会产品分配的依据和形式无非三种:一是凭借财产权利参与分配,其中包括凭借国有资本取得利润和凭借国有自然资源取得的各种资金;二是凭借政治权利征税;三是凭借特殊服务收费。"[③]国家通过此三种权利分别获得三种不同的收益方式,分别对应资源组、资源税和资源费。换言之,无论租、税还是费,均是国家依据不同的权利面向相同或相近的缴纳主体获得收益的形式,如果不严格加以区分辨识,相互之间极易混淆。

恩格斯认为,在一个国家中普遍蕴含了两种权力:一种是财产权力,也就是所有者权力;另一种就是政治权力,亦即国家权力。[④] 两种权力经济分工不同,所有权是生产活动的起点,参与的是社会财富的初次分配;国家权力介入的是社会财富的再分配环节,左右社会财富的再分配。

---

② Doris Prammer, Quality of taxation and the crisis tax shifts from a growth perpective, EU Working Paper, 2011, No. 29, p. 23.

③ 王萌:《资源税与资源租、资源费的比较》,载《北方经济》2010 年第 10 期。

④ 马克思、恩格斯:《马克思恩格斯全集》(第 4 卷),人民出版社 1972 年版,第 330 页。

财产所有权是对财产所有、占有、支配和使用关系的法律表现，凭借这种权力，所有者可以将使用权出让，进而衍生出财产的收益权。当所有权与使用权分离，就产生了租金。租是一种契约关系，体现的是一种对等的交换关系。就资源的归属，世界上绝大多数国家通过立法确认多数自然资源是作为社会财富归属于全民所有或国家所有。关于这一点，联合国通过1962年的《关于自然资源永久主权宣言》早已明确了这个规则。⑤ 我国《宪法》第9条同样明确："矿藏、水流、森林、山岭、草地、荒地、滩涂等自然资源，都属于国家所有，即全民所有；由法律规定属于集体所有的森林和山岭、草原、荒地、滩涂除外。"因此，国家就大多数自然资源享有财产所有权。资源租就是，自然资源的经营者想要使用、开发、经营国有的自然资源如国有土地、矿藏、油田、水等，需要向国家缴纳租金作为报酬，体现资源的有偿使用。权利金（Royalty）是一种主要的资源租形式，体现的是对资源所有者的经济权益的补偿。世界上几乎所有国家都征收权利金，但是在名称选择上存在差异。我国依托"世界重要国家矿产资源勘查投资指南编制"项目已收录的70个国家和地区中，有46个使用"权利金"名称，其他国家则采用采掘税、矿业税、矿产税、矿产资源税、矿产开采税、矿业附加税等名称。⑥

有关费与税的比较与界分已然成为老生常谈之话题。费依赖于国家管理者权力。政府收费是政府在提供公共物品和劳务时，为达到公共物品和公共劳务的效率使用状态，有选择地对部分公共物品和劳务采取有偿提供，由此而收取的与成本相对应的费用。⑦ 政府收费存在明显的成本性，存在两种收费形式：一是使用费，即对特定的公共资源或公共设施的使用者收取的费用；二是规费，是指政府在提供服务或者实施行政

⑤ 《关于自然资源永久主权宣言》在第17届联合国大会第1194次会议通过，文中规定"应当尊重各国处置本国财富和自然资源的不可剥夺的权利""必须承认各国享有根据本国国家利益处置本国自然财富和自然资源的独立自主权利""各民族和各部族对本族的自然财富和自然资源行使永久主权时，必须为各自国家的发展着想，为有关国家的人民的福利着想"等均证实了此规则。

⑥ 孙春强：《全球矿业权利金的分类比较研究》，载《经济研究参考》2015年第33期。

⑦ 李双成：《费改税》，中国审计出版社2000年版，第12页。

管理职能时,向受益人收取的工本费、手续费等管理性费用。[8] 资源开发者在开采资源时,同时使用公共资源和需要国家提供的公共服务,国家需要履行相应社会管理职能,制定和执行相应的规则,收取资源使用费和规费。资源费的主要形式是矿区使用费和矿业权申请费,分别是资源使用费和规费的典型代表。矿区使用费是国家向资源开采者征收的一种矿区管理费用,例如以色列、印度尼西亚等国。[9] 矿业权申请费,主要是国家对矿业权人在申请各种矿业权,在矿业权登记、发证、变更、转让以及针对各项政府服务所收取的手续费。例如在巴西,勘探矿产资源必须要经过国家的许可并颁发矿产资源勘探许可证,国家从中收取联邦矿产勘探许可费。[10]

政治权力是国家管理社会的权力,其本身无法创造社会财富。为保证其运行的物质基础,国家依靠法律和行政手段强制、无偿的参与社会再分配中,即税收。相较于费,税收是一种国家依据其强制力无对待给付。因此,就税法层面而言,资源税是参与到资源财富的再分配过程中的国家收益方式,这种收益具有强制性、无偿性。但从经济学角度而言,资源税因为涉及资源开采和环境使用又与环境问题休戚相关,不得不考虑环境资源的负外部性。经济主体的活动对环境造成的正面影响或者负面影响并未被计入市场交易的成本和价格之中,其他经济主体并不会为享受到该正面影响所带来的利益而支付对价,但需要负担该负面影响所引发的损失。可见,环境具有明显的外部性[11],而在一定程度上可以说,负外部性是环境问题产生的根源。根据外部性理论,外部性可以分为正外部性或外部经济性和负外部性或外部不经济性。正外部性是指某个经济主体的生产或消费活动使另外的经济主体受益而又无法向后

---

⑧　张炳淳:《论自然资源费制度》,载《政法论丛》2006年第6期。

⑨　崔景华:《资源税费制度研究》,中国财政经济出版社2014年版,第137页。

⑩　崔景华:《资源税费制度研究》,中国财政经济出版社2014年版,第139页。

⑪　外部性亦称为外部成本或外部效应,是指某个经济主体的活动对另一个经济主体产生一种外部影响,而这种外部影响又不能通过市场价格机制予以反映。

者收费的现象,亦即边际社会收益[12]大于边际私人收益。负外部性是指某个经济主体的生产或消费活动使另外的经济主体受损而前者无法补偿后者的现象,亦即边际私人成本小于边际社会成本[13]。由人类活动引起的环境问题通常表现为生产或消费活动造成环境较大甚至是不可逆的损害,属于环境负外部性问题。

对于资源的外部效应,市场价格机制无法在交易过程对其予以反映,市场失灵的再次出现,导致了边际私人成本与边际社会成本或者边际私人收益与边际社会收益之间的不一致,而这种不一致的情况将不利于环境利益的有效配置与社会福利的最大化,因而有必要将环境外部性内部化,消除外部性所带来的不利影响。依靠"无形的手"是不可能实现其内部化的,于是就应由政府采取适当的经济政策,实现环境外部效应的内部化,保证市场价格中能够体现环境的价值。资源税应运而生。"资源税是在资源开采环节唯一产生替代作用的税种。资源税的征税目的是保护资源、减少外部性。它的作用目的不同于资源租、也有别于资源费。"[14]资源税通过价格机制把资源的消耗、开采中环境的破坏和损耗等外部性成本内部化,促进资源替代效应的发生。资源开采者和使用者因需要承担额外的负外部行为导致的税负,反思和改进相应的资本、技术,或用其他资源对征收高资源税的资本进行替代。

从理论上讲,国家依据对自然资源的所有权征收资源租,凭借政治权力对自然资源征收资源税,凭借管理者权利收取自然资源开发、勘探、转让、登记等过程中的服务费用,即资源费。不同的收益方式,源于国家不同的权力形式,承担不同的价值功能。将资源税有效地区别于资源租和资源费是其更好地发挥环境保护功能的关键所在。但是在各国实践中,特别是税费区分不是很分明的国家,极易导致以租代税、税费界分不明的问题。厘清资源租、税、费之间的本质区别,揭开"资源税"的面纱

---

⑫　边际社会收益,即指经济主体的某种生产活动或者生活行为带给社会的有利影响。

⑬　边际社会成本,即指经济主体的某种生产活动或者生活行为带给社会的不利影响。

⑭　王萌:《资源税研究》,经济科学出版社2010年版,第101页。

是研究和改良我国资源税费制度的重要前提。

二、沿革述明:我国资源税的演进径路

我国从 20 世纪 80 年代初工商税制改革和第二步“利改税”开始征收资源税。1984 年 9 月 18 日,“为调节开发自然资源的企业(单位)因资源结构和开发条件的差异而形成的级差收入,以正确反映开发单位的劳动成果,妥善处理国家与企业的分配关系”,国务院颁布《中华人民共和国资源税条例(草案)》(以下简称《草案》)。《草案》决定对从事原油、天然气、煤炭、金属矿产品和其他非金属矿产品资源开发的单位和个人征收资源税,征税范围仅仅为原油、天然气、煤炭和铁矿石,而对开采金属矿产品和非金属矿产品的企业暂缓征收资源税。资源税的设立初衷仅仅是为了调节级差收益,征收基数是销售利润率超过 12%的利润部分,这也就意味着只要没有获得超过 12%的销售利润,企业或个人就可以无偿开采国有资源。计征原则是根据应税产品的销售收入利润率(从价),按照超率累进税率计算缴纳资源税,计税依据为应税产品的销售收入额。

诚然,资源税在开征之初,在调节资源级差、处理好国家与企业利润分配方面发挥了一定的积极作用,但也暴露出征税范围过窄等问题。因为资源级差是由于资源本身的条件不同所形成的固有属性,它存在于几乎所有的矿产资源中,而《草案》仅对三种矿产资源征收税收,存在明显的不合理。再如,计税依据是销售收入,按照销售利润确定征、免的标准,出现“鞭打快牛”的现象。换言之,经营管理水平越高的企业承担的税负越重,而那些经营管理水平较差的小企业反而更易享受低税负的“优待”。⑮

从 1984 年到 1994 年,国家数次对资源税“小修小补”。1993 年 11 月 25 日颁布的《中华人民共和国资源税暂行条例》对资源税制进行了以此较大修改,突出了“普遍征收、级差调节”的原则:①将资源税的征收范围变更为规定的矿产品和盐,并细化出七类资源;②应纳税额按应税

⑮　崔景华:《资源税费制度研究》,中国财政经济出版社 2014 年版,第 157 页。

产品的课税数量和规定的单位税额计算，为每一个课税矿区规定了适用税率。具体税目分为原油、天然气、煤炭、其他非金属矿原矿、黑色金属矿原矿、有色金属矿原矿和盐类七种。相较于1984年的资源税，此次资源税改革进一步体现国有资源有偿使用和调节资源开采企业因资源条件差异形成的级差收入。资源税改革在1994年分税制的大环境，在调整资源级差的功能之外，资源税又增添了新的功能侧重。“与初创时期相比较，上述政策目标在保持资源税既定宗旨的基础上比以前更加注重其财政职能，尤其注重在分税制财政体制下资源税对增进地方财政利益的作用。”[16]1994年的资源税税收收入达到45.5亿元，而1993年的资源税税收仅为25.6亿元，增幅高达77.7%。[17]资源税的职能定位已经逐渐朝向财政筹集方面倾斜。当然，这次资源税改革仍存在征税范围偏窄、计税依据按销量或自用量、单位税额过低等问题，导致进入市场的资源性产品成本过低，在加快发展方式转变、促进环境资源保护方面仍亟待改善。

石油、天然气是我国资源税试点的重要对象。为落实2010年5月中央新疆工作座谈会精神的举措，中央决定从2010年6月1日起，率先在新疆进行石油、天然气资源税改革试点。改革的主要内容是：对原油、天然气资源以销售额为计税依据，实行从价计征，税率为5%。为提高资源回采率，对稠油、高凝油、高含硫天然气和三次采油实施减征资源税政策，暂采用综合减征率办法，减征率为0.04%～1.73%。此项改革增加了新疆的财政收入，体现了国家援疆政策中“输血与造血并重”的思路，亦符合资源税促进保护、节约资源的政策目标。2010年12月，该改革方案推广到西部12个省、区、市。

国务院在总结原油、天然气资源税改革试点的基础上决定对《资源税暂行条例》进行修订，在现有从量定额计征基础上增加从价定率计征办法，调整原油、天然气等品目资源税税率。2011年9月30日，国务院第605号令、第606号令、第607号令分别公布了《关于修改〈中华人民

---

[16] 刘植才、刘荣：《论我国资源税的职能定位》，载《税务研究》2012年第10期。

[17] 参见《中国税务年鉴》（1994年、1995年）。

共和国资源税暂行条例〉的决定》《关于修改〈中华人民共和国对外合作开采陆上石油资源条例〉的决定》《关于修改〈中华人民共和国对外合作开采海洋石油资源条例〉的决定》。修订后的3个条例自2011年11月1日起在全国范围内实施。这次修订调整了原油、天然气资源税的计征办法,由从量定额计征改为从价定率计征,税率为5%~10%。同时,取消了对中外合作油气田和海上自营油气田征收的矿区使用费,统一改征资源税。作为配套措施,2011年底,财政部发布《关于提高石油特别收益金起征点的通知》,决定从2011年11月1日起,将石油特别收益金的起征点提高至55美元/桶。更进一步地,2014年10月《关于调整原油、天然气资源税有关政策的通知》规定,原油、天然气矿产资源补偿费费率降为零,相应将资源税适用税率由5%提高至6%。同时出台了自2014年12月起煤炭资源税从价计征以及全面清理涉及煤炭、原油、天然气的收费基金等方面的政策。此一系列改革不仅增加了地方财政收入,调整中央、地方和企业的利益格局,更向环境保护方面倾斜,有利于平衡资源开发和环境保护的关系,促进资源节约和节能减排。

纵观我国资源税沿革历程,资源税的功能渐趋多元化。1984年资源税初创,是一种针对部分矿产资源征收的调节税,以调节开发自然资源的企业因资源结构和开发条件的差异而形成的级差收入为主要职能,与流转税、所得税等税种有着明确的分工。1994年税制改革时期,按照"普遍征收、级差调节"的原则扩大了征收范围,取消起征点。此时的资源税已不再单纯地调节级差收入,而是根据国家对资源的所有权取得的收入,更多的像是一种权利金。矿产资源的权利金制度是市场经济国家矿产资源有偿取得和使用的制度核心,主要调节的是资源所有权人和采矿权人之间的关系。[18] 这也就意味着,权利金无论采矿权人盈利与否,都必须要向资源所有权人即国家缴纳的一种费用。也因此,基于特定的历史因素,资源税实际上实现了扩充国家财政收入的效果,具备一定的财政功能。如前文所言,1984年的资源税以调整级差为主要职能,实际上是一种级差资源租。1994年的资源税是凭借国家对矿产资源的所有

---

⑱ 王赵宾:《外国资源税启示》,载《能源》2013年第8期。

权而形成的权利金,更具绝对资源租的特性。综上而言,我国在征收资源税之初以及相当长的一段时间内,资源税是国家以牺牲矿产资源为代价的,并非无偿的,背离了税收的根本属性,名税实租。

资源具有经济价值与环境价值的双重属性,对资源税是传统财产税还是环境税的定位较难把握。较为有说服力的说法是,资源税主要功能是调整级差收入、调整社会资源财产的分配不均,但在可持续发展的要求下被重新定位,逐渐向环境税过渡。实践中,现实经济中环境价值难以体现,更多体现的是资源租、费的经济价值,导致资源的市场价值定位整体偏低。资源市场价值偏低会导致资源需求过高,而过度的资源需求会在一定程度上引起价格的上涨,价格上涨则会导致资源的过度开采。市场机制由于存在经济外部性的缺陷,本身存在过度开发使用自然资源的内在诱因。[19] 因此,随着资源枯竭凸显,政府环保意识增强,特别是2010 年及以后的资源税改革,包括 2016 年的资源税改革,开始凸显补偿"外部成本"的倾向,环保功能加强。我国资源税将资源耗费和资源破坏的负外部行为内部化中,方能契合资源税的特质,从而有别于资源租、资源费。换言之,我国的资源税尚属于资源组的行列,更多地体现了资源的经济价值,真正的资源税应纳入环境税的范畴,更多地体现资源的环境价值。

三、税法梳理:国内现行资源费体系

资源税费政策都是国家实现经济调节、筹集财政收入,同时促进环境保护和资源节约的重要手段。税费并存的格局既是我国现有资源有偿使用制度的基本特征,亦是其主要问题产生的根源所在。在中国的当前税费体系下,资源费无论从数量、收入占比等方面都决定了其在资源税费体系中的重要地位。我国现有的资源费体系主要分为矿产资源费和水资源费两大体系,水资源"费改税"已在河北试点,并非本文探讨重点。矿产资源费又分为矿产资源补偿费、矿业权有偿使用费和石油特别收益金。下文从历史演进角度对以上费种进行剖析。

---

⑲ 崔景华:《资源税费制度研究》,中国财政经济出版社 2014 年版,第 91 页。

(一)矿产资源补偿费

矿产资源由于自然因素赋存在某一特定的地域中,且矿产资源多为不可再生资源,一旦开发、利用必然造成不可恢复的损耗。在我国,矿产资源的所有权是属于国家的,"国家"不可能成为开发矿产资源的主体,必须通过这种矿权(权利金)制度,将占有、使用等矿业权出让给具有从事勘探开发的矿权人后,矿产资源才能够得以开发、利用。因此,国家作为矿产资源的所有者必然要求因为资源的损耗而得到某种补偿,矿产资源的开发者和使用者因其利用矿产资源必须对国家支付相应的价款作为补偿。"矿产资源补偿费是国家凭借财产权力征收的被耗竭的资源代价,是矿产资源国家所有权的经济实现,也是事实国有资源资产'保值、增值'原则的必然要求。"[20]

我国《矿产资源法》第 5 条规定,"开采矿产资源,必须按照国家有关规定缴纳资源税和资源补偿费"。我国实现矿产资源有偿开采制度,开采矿产资源必须缴纳矿产资源补偿费。矿产资源补偿费正式征收源于 1994 年 4 月 1 日实施的《矿产资源补偿费征收管理规定》(国务院令第 150 号)(后文称为《规定》),该《规定》在 1997 年 7 月 3 日由《国务院关于修改〈矿产资源补偿费征收管理规定〉的决定》(国务院令第 222 号)修改。《规定》明确矿产资源补偿费的征收目的是"保障和促进矿产资源的勘查、保护与合理开发,维护国家对矿产资源的财产权益",缴纳义务人是在我国领域和其他管辖海域开采矿产资源的企业(采矿权人)。[21] 由此可见,矿产资源补偿费是采矿权人向矿产资源的所有者(国家)因开采自然资源而支付的一种补偿(矿租),是一种财产性收费。同时,矿产资源补偿费的征收机关是地质矿产主管部门会同财政部门,征收方式是销售收入的一定比例计征,收入纳入预算管理,为中央与地方固定比例分成,中央与省、直辖市矿产资源补偿费的分成比例为 5∶5;中央与自治区矿产资源补偿费的分成比例为 4∶6;[22]中央分成所得的补

[20] 文正益:《厘清税费制度关系 推进资源税费改革——关于资源税与矿产资源补偿费制度关系的思考》,载《中国国土资源经济》2011 年第 7 期。

[21] 《矿产资源补偿费征收管理规定》第 1 条、第 2 条、第 4 条。

[22] 《矿产资源补偿费征收管理规定》第 5 条、第 7 条、第 10 条。

偿费纳入国家预算，实行专款专用，主要用于矿产资源勘查支出、矿产资源保护支出及矿产资源补偿费征收部门经费补助。㉓

(二)矿业权有偿使用费

"矿业权是所有者对矿产资源占有、使用、收益、处分的权利，是在矿产勘查与开发生产过程中所产生并为矿业主所拥有的财产权。"㉔矿业权依存于矿产资源的所有权，由国家出让给某一社会主体，允许其在一定期限内勘查或开采矿产资源以及相关活动，获取经济效益，同时排除他人非法干涉。㉕ 我国《矿产资源法》第3条规定，"勘查、开采矿产资源，必须依法分别申请、经批准取得探矿权、采矿权，并办理登记"。可见，我国的矿业权存在的形式有两种，即探矿权和采矿权。探矿权是指在依法取得勘查许可证规定的范围内，勘查矿产资源并优先取得作业区矿产资源采矿权的权利；采矿权是指依法取得的采矿许可证规定的范围内，开采矿产资源和获得所开采矿产品的权利。根据《矿产资源法》第6条的规定，探矿权和采矿权可按该规定转让。换言之，我国实行探矿权和采矿权有偿转让制度，明确探矿权、采矿权在一定条件下可以转让，也即意味着明确了探矿权、采矿权的财产属性。国家作为资源的所有者，除了收取资源税(租)和资源补偿费之外，可以在转让矿业权的同时收取矿业权有偿使用费。就目前而言，我国的矿业权有偿使用费包括探矿权使用费、采矿权使用费、探矿权价款、采矿权价款四种。

探矿权使用费和探矿权价款最初的征收依据来源于国务院1998年2月12日颁布实施的《矿产资源勘查区块登记管理办法》(国务院令第240号)(以下简称《办法》)。1998年《办法》第12条规定，国家实行探矿权有偿取得的制度，探矿权使用费以勘查年度计算，逐年缴纳；第13条规定，申请国家出资勘查并已经探明矿产地的区块的探矿权的，探矿权申请人除缴纳探矿权使用费外，还应当缴纳经评估确认的国家出资勘

㉓ 《矿产资源补偿费征收管理规定》第11条、《矿产资源补偿费使用管理办法》第3条。

㉔ 罗玮琦:《中外矿业权及土地产权的法律制度比较》，载《中国土地》2016年第2期。

㉕ 王萌:《资源税研究》，经济科学出版社2010年版，第123页。

查形成的探矿权价款。换言之,探矿权使用费是国家将矿产资源的探矿权出让给探矿权人,探矿权人按规定向国家缴纳的使用费。探矿权价款则是国家转让已由国家出资勘查探明的矿产地,探矿权申请人缴纳的国家勘探被转让矿产地所花费的对价,是除开探矿权使用费额外的费用。

与之相应,采矿权使用费和采矿权价款最初的征收依据来源于国务院1998年2月12日颁布实施的《矿产资源开采登记管理办法》(国务院令第241号)。1998年《办法》第9条规定,国家实行采矿权有偿制度,采矿权使用费,按照矿区范围的面积逐年缴纳;第10条规定,申请国家出资勘查并已经探明矿产地的采矿权的,采矿权申请人除缴纳采矿权使用费外,还应当缴纳经评估确认的国家出资勘查形成的采矿权价款。由此而言,采矿权使用费是国家将矿产资源采矿权出让给采矿权人,由采矿权人按规定向国家缴纳的使用费。采矿权价款是国家转让已由国家出资勘查并探明矿产地的采矿权,采矿权申请人需要向国家缴纳国家勘探被转让矿产地所花费的对价,除开采矿权使用费额外的费用。[26]

"为维护矿产资源的国家所有权,加强探矿权采矿权使用费和价款管理",[27]财政部联合国土资源部联合印发《探矿权采矿权使用费和价款管理办法》,进一步规范、细化探、采矿权使用费、价款的征收。探矿权采矿权使用费和价款由探矿权采矿权登记管理机关负责收取,缴入各级财政部开设的"探矿权采矿权使用费和价款财政专户",收入应专项用于矿产资源勘查、保护和管理支出。[28]《关于探矿权采矿权使用费和价款管理办法的补充通知》(财综字[1999]183号)第5条规定,矿权采矿权

---

[26] 文中对探矿权、采矿权价款的定义是根据相关法律法规中法条的规定总结而来。2006年的财政部、国土资源部、中国人民银行《关于探矿权采矿权价款收入管理有关事项的通知》(财建[2006]394号)中给出了相对完整的概括:"探矿权采矿权价款收入是指中央和地方人民政府探矿权采矿权审批登记机关通过招标、拍卖、挂牌等市场方式或以协议方式出让国家出资(包括中央财政出资、地方财政出资和中央财政、地方财政共同出资,下同)勘查形成的探矿权采矿权时所收取的全部收入,以及国有企业补缴其无偿占有国家出资勘查形成的探矿权采矿权的价款。"

[27] 财政部、国土资源部《关于印发〈探矿权采矿权使用费和价款管理办法〉的通知》(财综字[1999]74号)。

[28] 《探矿权采矿权使用费和价款管理办法》第7条、第8条、第9条。

使用费和价款属于国家财政收入,纳入预算管理。由中央和省级财政分享。其中,自 2006 年 9 月 1 日起,国家出资形成的探矿权、采矿权价款收入按照 2 : 8 的固定比例在中央和地方分享。[29]

(三)石油特别收益金

2004 年以来,由于国际市场石油价格持续大幅度上涨,国内原油采掘业利润迅速增加,反观其他行业和社会用油成本加大,造成了各行业的利益分配不均衡,影响市场经济的平稳发展。国家为了调控各方利益关系,推动石油价格机制改革,促进国民经济持续健康协调发展,国家决定实行石油特别收益金制度。

财政部发布《关于印发〈石油特别收益金征收管理办法〉的通知》(财企[2006]72 号),于 2006 年 3 月 26 日开始征收石油特别收益金。石油特别收益金,是指当国内原油价格超过一定的水平时,国家对石油开采企业销售的国产原油所获得的超额收入按比例征收的收益金。[30]收入属于中央财政非税收收入,纳入中央财政管理,归入"预算科目"栏中的第 71 类"其他收入"中的第 7113 款"石油特别收益金专项收入"。[31]也正是由于特别收益金属于非税收的财政收入,意味着它可以躲避税收法定的条框制约,可以由行政机关根据石油市场的油价变动及时调整,减少油价变动给缴纳特别收益金的企业带来负面影响。但也同样意味着特别收益金的收、支无法得到像税收一样受到法律的严格规制。特别是在支出环节,收益金难以保障被用于下游行业的补贴。

四、对资源"费改税"的再思考

征税与收费都是国家组织财政收入的形式,只是在征收依据及用途等方面存在本质的区别。税收凭借国家政治权力无偿征收,主要用于国家提供社会公共物品和服务的需要。相比之下,收费的征收主体是部分行政部门和事业单位,依据的是政府在提供特定服务时征收的对价,用

[29] 财政部、国土资源部、中国人民银行《关于探矿权采矿权价款收入管理有关事项的通知》(财建[2006]394 号)第 2 条。

[30] 《石油特别收益金征收管理办法》第 2 条。

[31] 《石油特别收益金征收管理办法》第 4 条、第 12 条。

于成本的补偿。[32] 从财政筹集数量来看,税收是国家财政收入的主要手段,但是受制于一国的税制水平、征收能力和相应的法治环境,税收完全取代收费难以实现。收费的存在有其必然性,是财政收入的必要补充。从地方事权与财权的现况来看,受国家分税制改革的影响,地方政府的事权不断扩大与财权的有限存在极大的不对等。而我国的税收立法权高度集中于中央,地方通过在缺乏税收立法权限的情况下,往往依靠收费的方式弥补地方财政的空缺。当然,这也意味着收费存在相当的风险。地方财政不足催生收费"冲动",而收费又常常以自定收费的方式游离于预算之外。换言之,地方政府拥有相当的收费自主权,缺乏类似于税收法定的约束,侵害纳税人权利。

自1986年《矿产资源法》通过,并在第5条规定"国家对矿产资源实行有偿开采。开采矿产资源,必须按照国家有关规定缴纳资源税和资源补偿费",我国的"税费并存"的制度就确立下来。自此,资源收费蓬勃发展,不仅确立了矿产资源补偿费、矿业权有偿使用费等矿产收费,还对石油开采企业征收石油特别收益金,地方政府也征收一些地方性规费,例如在新疆征收的煤炭资源开发地方经济发展费,主要在山西征收的煤炭可持续发展基金、煤矿转产发展基金、采矿排水费,[33]等等。由于行政规费本身的不确定性和不规范性导致一个行业、一个项目存在数量冗杂、管理混乱的规费体系,不仅给行政相对人造成巨大的工作压力,也会给缴费人带来不甚合理的规费负担。资源"费改税"无疑可以使多数费集中于一种单一的税。[34] 但资源费体现了资源的经济价值,具有特定的行政功效和满足地方财政需求的功能。资源"费改税"不能盲目地"一刀切",具体地讲,就是厘清何种资源费应该纳入资源税中,何种资源费则应该保留,这种判断的标准是什么,都是应该慎重思考的议题。

不同资源费的自身性质是一个重要的考量标准。即便国内存在"资

---

[32] 肖兴志、李晶:《我国资源税费改革的战略选择》,载《社会科学辑刊》2006年第3期。

[33] 李刚:《煤炭资源税改革:国际视野与方案建议》,载《地方财政研究》2014年第10期。

[34] 张淑芳:《论行政费改税与行政法治》,载《政治与法律》2002年第2期。

源税”“资源费”两种征收方式,但租、费、税之间界分不清导致名税实租、费租不清、费大于税等问题严重。资源税在设立之初是一种调节税,即对部分矿产品征收,调整开发企业因为资源本身结构以及开发条件的差异而形成的级差收入。1994年税改将征收范围扩大实行普遍征收,不再单纯地调节资源级差收入,而是根据资源的所有权取得的一种补偿收入。换言之,资源税的性质已有所改变,既具有调节级差收入的性质,又具有资源补偿费的性质。现行的收费体系中也存在资源补偿费,即矿产资源补偿费,它是资源开发者对国家资源使用权利丧失的一种补偿,极为像国际上通行的权利金。而我国现行资源税与矿产资源补偿费的性质作用趋同且关系紊乱,实质上是权利金的两种不同形式,即从价的权利金为资源补偿费,从量的权利金为资源税。[35] 资源税既已实际具有矿产资源补偿费的性质和作用,将矿产资源补偿费改为资源税就具有相当的可行性。而石油特别收益金是国家对石油开采企业销售的国产原油所获得的超额收入按比例征收的费用,性质上与税类似,同样可以考虑纳入资源税的范畴。相比之下,矿业权有偿使用费就可分为两类:一类是矿权使用费,分为探矿权使用费和采矿权使用费;另一类是价款,包括探矿权价款和采矿权价款。前者是对特定公共资源的使用收取的使用费,后者更像是受益于政府提供的探测服务的规费。况且,矿业权有偿使用费是缴费人在办理登记或年检时按年缴纳,在形式上更像一种管理费。因此,矿业权有偿使用费作为一种收费改入资源税的行列并没有足够的说服力,或者说不是此次资源“费改税”优先考虑的对象。

地方财权不足是困扰地方政府的一大难题,特别是在“营改增”进一步削减地方财政收入的背景下,能否扩大地方财权是资源“费改税”应当予以考量的因素。资源税是一种地方税,税收主要划入地方财政。毋庸置疑,将原来中央分成比例较高的费种并入资源税中,无疑可以扩大流入地方的资金流。矿产资源补偿费在收费中占有不小的比重,但是矿产资源补偿费的收入纳入预算管理,为中央与地方固定比例分成,中央与省、直辖市矿产资源补偿费的分成比例为5∶5;中央与自治区矿产

---

[35] 关凤俊:《资源税和补偿费理论辨析》,载《中国地质矿产经济》2001年第8期。

资源补偿费的分成比例为 4 : 6,中央占比过高。石油特别收益金则将收入完全纳入中央财政管理,且因为是非税收入,无法受到税一样严格的预算约束,不能保证相应收入用于地方特定的补贴。相比之下,矿业权有偿使用费的分配比例相对合理,中央地方按 2 : 8 分成。出于地方财政资金的需求考虑,矿产资源补偿费和石油特别收益金更应是此次"费改税"的重点。

五、结语

资源"费改税"不仅能够进一步理顺税费关系,有效缓解资源税费交叉、功能重叠,有益于纳税人权利保护,同时能够适度分权,在不影响全国统一市场秩序的前提下,赋予了地方适当的税政管理权和增加了地方财政收入。法律制度的建立与改善并非一蹴而就,清费立税亦非刹那间完成。何种资源收费应当并入资源税中,何种资源收费应当继续存在,此类问题必须考虑现有收费的原初性质、地方财政需求等因素。当然,清费立税仅是一种改革选择,建立健全符合我国实际并与国际惯例接轨的权利金制度同样有思考必要。但无论是"费改税"还是权利金制度都要建立在厘清资源租、资源税、资源费三者关系的前提之下,否则资源税改革必将背离基本经济原理和税法建制规则,环境保护等功能的发挥也将事倍功半。

论房地产税法的城市空间形成功能：异化与矫正

吴 凯*

目 次

一、问题的提出

城市建设或者说城市化是一个古老的命题。亚里士多德即指出："人类自然是趋向于城邦（城市）生活的动物"，"城邦的长成出于人类'生活'的发展，而其实际的存在却是为了'优良的生活'"，"等到由若干村坊组合而为'城市'，社会就进化到高级而完备的境界"。[①] 城邦（城市）从其诞生之初就承载着人类构建理想生活归宿，实现诗意栖居的美好寄托，但包括中国在内的全球范围内的大规模城市化运动，却是到晚近才相继出现。《国务院关于深入推进新型城镇化建设的若干意见》

* 吴凯，中南财经政法大学法学院讲师。

① ［古希腊］亚里士多德：《政治学》，吴寿彭译，商务印书馆1983年版，第7页。

(国发〔2016〕8号)对中国的城镇化建设给予了高规格的定位:城镇化建设是"现代化的必由之路,是最大的内需潜力所在,是经济发展的重要动力,也是一项重要的民生工程"。[②] 近年来的城镇化实践,我国城市(城镇)规模的扩张、城市人口的膨胀、僵化的城乡二元结构的动摇,中央与地方财政分权体制的变革是不争的事实。

在新一轮税制改革中,房地产税被赋予改革央地财政关系的政策目标,其承担了构建地方税体系以及作为地方主体税种的时代使命,因为其具有地域性与普遍性特征,对其征税符合税收的受益原则,税源稳定、收入可靠,且不易发生周期性波动,地方税属性明显。[③] 在城镇化背景下,央地关系的一个重要面向就是中央政府与城市(区域)、城市(区域)之间的关系。房地产税法的功能理论,实际上是要回答在现代治理语境(而非传统管理模式)下"中国需要什么样的房地产税法"这一问题,[④]也就当然需要直面城市土地开发利用过程中错综复杂的利益关系。鉴于此,本文从探索房地产税法在城镇化、尤其是城市建设与发展过程中的功能为切入点,探讨房地产税法立法的可能优化路径。

二、城镇化背景下我国城市空间形成与房地产法的实施

城市空间议题发端于列斐伏尔于20世纪70年代写就的《都市革命》一书,[⑤]后在大卫·哈维的《社会正义与城市》之中得到发扬,二者都对城市权利与社会正义的关系进行了探究。不同的是,列斐伏尔主要认为城市是空间生产的结果,城市权利作为城市构成中的"表达的空间"(representational spaces)一支,扩展"表达的空间"的过程也就是推进城市权利的进程;哈维则认为城市权利是一种具体的社会权利;苏贾认为

② 2014年发布的《国家新型城镇化规划(2014—2020年)》对城镇化意义做出了更为详细的阐明:①现代化的必由之路;②保持经济持续健康发展的强大引擎;③加快产业结构转型升级的重要抓手;④解决农业农村农民问题的重要途径;⑤推动区域协调发展的有力支撑;⑥促进社会全面进步的必然要求。

③ 熊伟:《财政分权视角下的房地产税改革》,载《广东社会科学》2016年第1期。

④ 刘剑文:《论房地产税法的功能定位》,载《广东社会科学》2015年第5期。

⑤ See Henri Lefebvre, *The Urban Revolution*, translated by Robert Bononno, University of Minnesoda Press, 2003.

城市权利是一种空间权利,城市权利的推进应积极拓展由精神空间与物质空间相统一的“第三空间”来进行[⑥]。苏贾提炼建筑学与人文地理学研究范式,以美国洛杉矶地区城市发展历史作为镜鉴,指出了城市边缘区域相对城市中心区域存在高污染、高耗能产业,交通拥挤,治安混乱,配套生活设施及公共空间缺失等诸多空间异化现象,并将解决途径落脚为边缘地带居民积极的集体行动。[⑦] 在我国一些发达地区,类似的情形在重演,面对空间秩序失范的现实,法律有必要在适当时刻加以调试,以使其回归到正常运行轨迹。

(一)我国现阶段的城市空间形成的法律机制

1. 经由作为预测行政的城市规划实现城市空间形成

城市规划作为国家为了提前预防建设行为的恣意而设置的行政行为种类,具有独特的空间形成功能。同时,城市规划行政不是一种消极的权利限制和秩序维护行政,而是一种致力于积极秩序形成的行政,其形塑了公共限制的形成过程与内在构成。[⑧] 城市规划及其实施在现代城市建设过程中起到了重要的城市空间形成功能,一个较为典型的例子是美国城市规划领域近二十年间引入的形态条例(Form-based Codes),其通过适用于整个社区的统一性设计导则来对具体项目的设计过程加以管理,以最终管理建筑体量与设计风格,并保证城市中再开发项目与既有社区风格一致。[⑨]

2. 经由法定认证认可实现的城市空间确定

成型的城市规划确定了城市空间形成的方向与前景,而具体的城市建设、都市更新进展到什么程度、距离预期幅度距离几何等信息要素的获取,在表达利益诉求的法律行动中,不仅是城市居民维护自身权利时

---

⑥ See David Harvey, *Rebel Cities: From the Right to the City to the Urban Revolution*, Verso, 2013.

⑦ [美]爱德华·W. 苏贾:《寻求空间正义》,高春花、强乃社等译,社会科学文献出版社2016年版,第199~203、208页。

⑧ 陈越峰:《城市空间利益的正当分配——从规划行政许可侵犯相邻权益案切入》,载《法学研究》2015年第1期。

⑨ [美]马丁·贾菲:《20世纪以来美国土地用途管制发展历程的回顾与展望》,于洋译,载《国际城市规划》2017年第1期。

所依赖的重要证据,也是司法裁判人员建立起对案情科学、直观认识与判断的关键材料。现代国家普遍建立起了针对于人、财、物、行、事的全面监控。在解决对事实的困惑的过程中,国家逐渐形成了建立明确分类、精细规则的能力。已经有学者研究表明,有认证比没有认证,强认证能力比弱认证能力,更有利于将人们从传统的固定生存状态中解放出来,从而促进社会流动和迁徙自由。因此,民主、自由、平等和公平,都离不开身份认证,认证的现代化关乎国民权利的现代化。[10] 在城市空间中的认证与不动产的登记、规划管理部门的容积率控制等因素紧密勾连。[11]

3. 经由行政执法与相邻权、地役权诉讼的城市空间维护与再造

面对已经相对确定的城市空间,无论是城市居民还是城市管理部门都负有积极的空间维护义务。当发现特定城市空间形态存在与规划内容不一致之处或者基于现实的空间生产状态,规划内容已经落后于现实,抑或为法定认证认可所确定的城市空间形态事实上侵害了利益相关主体的空间使用需求与权利诉求,则需要对此非常态下的城市空间形态加以维护与再造。

在物权法的基本原理上,相邻关系与都市计划法和建设管理法等无疑存有促进土地或其他不动产有效及妥适利用之共同目的,则相邻关系规定之适用,自应适当运用不确定概念之规定,斟酌社会生活之实际变化,于尽可能范围内导入符合时代发展需求之不动产利用理念,积极调节不动产之用益。[12] 而在我国大陆地区的物权法实践中,根据《物权法》的规定和对《不动产登记暂行条例》以及其实施细则的解释,设定地役权的目的在于提高权利人不动产即需役地的效益,而这种效益不以具有经济价值或者财产价值为限,具有精神上或感情上之利益亦包括在内,例如为需役地之美观舒适使用而设定之眺望地役权。而且是否具有利益,并不具有客观标准,完全委诸当事人的意思来加以判断。基于《物权法》第156条"利用他人不动产"的规定,地役权的本质就是不动产役

[10] 欧树军:《国家基础能力的基础》,中国社会科学出版社2013年版,第49页。

[11] 张先贵:《容积率指标交易的法律性质及规制》,载《法商研究》2016年第1期。

[12] 谢在全:《民法物权论》,中国政法大学出版社2011年版,第181~182页。

权。不动产役权虽系私法之制度,但经由相互或自己不动产役权之设定,可营造社区风格,达成都市计划、生态环保等公法上之功能。⑬ 目前我国城市土地的开发已到达饱和程度,伴随政府可控土地资源的减少与对土地刚性需求的增加,地役权的设计就应当尽可能满足经济发展和可持续性城市建设的需要。⑭

(二)房地产税法干预城市空间形成的切入点:税基塑造

税法与城市规划法的协同作用早已为研究人员所发现,如都市计划法为发展特色农业而承认特定专用农业区,则在农业发展条例及遗产及赠与税法有关农业区免税规定,也应加以整体配合考量,承认"特定专用农业区"亦属于农业区之一种,而得享受免税待遇,才能符合各地方发展"特色农业"之农业发展需要。⑮ 而在前文厘清我国城市空间形成的法律机制的基础之上,回头审视这一机制的实效,会较为遗憾地发现,前述三个前后相继的环节在实际运行中都较为疲软。尤其是城市规划的制定、执行、修正过程仍处于"前法治"状态,"一个将军一道令,一届政府一张图"成为对城市规划"短命"乱象的生动描述。

与此同时,房地产税却在原理上表现出相对的固定性与确定性。传统的经济学观点认为,对土地征税优越于对于一般意义上的物产征税,因为土地税即使税率很高,也不会导致土地所有者将土地灭失(基于成本过高的考量)或者改变其对于如何使用土地的决策。在原理上,不动产之价值高低,与当地当局提供之公共设施及服务质量,有着相当的因果关系,也与当地社会繁荣与否密切关联,并非单纯依赖所有人之投入改良费用而获得价值利益,故基于受益负担原则(或量益原则),地方当局因财产之使用受益所产生之基础建设服务费用支出,应当以财产税加以补偿。⑯

对于地方政府因财产之用益所引起之基础建设服务(如街道、公园

---

⑬ 谢在全:《民法物权论》,中国政法大学出版社2011年版,第506页。

⑭ 宋鱼水:《关于"地役权的解释论"疑问的赏析与国情建议》,载崔建远主编:《民法九人行》(第5卷),法律出版社2011年版,第131页。

⑮ 陈清秀:《税法总论》,元照出版有限公司2010年版,第69页。

⑯ 陈清秀:《税法各论》,法律出版社2016年版,第15页。

及其他公共设施)费用支出,应以财产税加以补偿,亦即财产税是财产所有人从地方政府获得公共服务之利益所支付的代价,此即"对价说"。亦即对于不动产,可以利用课税方式,将其外部成本内部化,衡平私人经济活动所引起的外部成本,由从事该活动者负担,以矫正市场机能因外部性而失效之情事。此一对价说,也符合不动产税通常会转嫁给承租人亦即使用者负担,而就其税捐负担主体而言,也具有"地方居民税"(Einwohnersteuer)的特征。而离开了有效分区的房地产税被证明运行效果不佳。对房地产课税与对城市建设加以规划经由空间这一要素自然形成联结。一般而言,房屋税、土地税、地方道路税等税基流动性较小或完全无法移动的税目,其税捐立法权则可划归地方。而且地方团体对于不动产课税,也可以用于支持地方政府所提供有关该不动产的公共服务所需经费。[17] 作为房地产税的税基的大量不动产风貌形态与由城市规划确定下的特定地块使用方式息息相关。房地产税法对于城市空间形成产生影响的起点在于其可以通过对于税基的塑造,影响城市居民利用城市空间的行为,改变社区风貌与微观的商业、生产活动分布,进而改变城市空间形态的变化走向。

三、我国城市空间形成过程中空间形态异化风险

(一)我国现代都市空间类隔离已经事实上形成

在中国,尚未形成如西方发达国家(英国、法国等)的规划控制体系,然而基于规划的诉讼已然自然生发出来。由于住房商品化强化了不动产的财产权益,并且随着房价的不断上涨和公民对于自身居住质量要求的不断提升,住宅居民出于对自身权益的关切,对于影响其权益的行政行为,尤其是与城市规划有关的行政行为可能带来的影响极为关注。而在法律实践之中,在地价很高的优质小区与邻接的地价适中的小区间事实上已经存在了成规模、有组织的所有权对抗,以武汉银海置业有限公司与张永坚相邻采光、日照纠纷案[18]为例,高层住宅建设符合各项规

---

[17] 陈清秀:《税法总论》,元照出版有限公司2010年版,第37页。

[18] 参见武汉银海置业有限公司与张永坚相邻采光、日照纠纷一案二审民事判决书[(2014)鄂武汉中民终字第01247号]。

划要求,却被相邻低层住宅业主认定其挡了自己的阳光,并将高层住宅开发商告上法庭讨要采光权。该案的主审法官亦坦率承认:虽然业主获得了一定的金钱赔偿,但银海雅苑小区内建筑无法更改高度,一时还是无法改变采光权受影响的现实。该案最终判决结果的示范意义要大于其实质意义,该案所暴露的问题最终需要回归到产出更为优质的城市规划来解决。⑲ 无独有偶,在日本最高法院于 2006 年 3 月 30 日做出裁判的国立景观诉讼案中,尽管判定附近居民享受良好景观的利益值得法律上的保护,却也没有认可原告关于拆除引发公寓遭受日照、景观侵害的建筑物的请求。⑳ 前述中日两案背后深藏的是都市生活空间隔离的事实存在,这种隔离主要表现在两个方面:地价较高的住宅小区本身在采光、绿化、达滨等环境要素配置上明显优于老旧住宅与从计划经济时期改制转轨遗留下来的"老公房",配套的教育、医疗、文化资源也相应向价值较高的地产区域聚集。

（二）城市内部分区间公共服务供给质量差别巨大

同一座城市甚至是同一片城区之中,拥有不同地产价值的人群享有的是完全不同的城市公共服务质量。以公共服务中的环境质量保障为例,当来自不同地产价值位阶的城市居民就采光、通风、达滨、日照等环境享有问题产生争议时,地价较高的住宅小区业主享有天然先定的优势地位,难以为日照、通风、采光、静稳、达滨等环境享有权主张所撼动。其在所有权相对化以及大量既有的不动产上权利已经存在的前提下,新的土地开发行为可能触发日照、通风、噪声、震动等环境污染与相邻关系问题,因为子女就学、家庭成员就医近便程度不一引发的"学区房"被热炒与医疗资源分配不公等问题,空间利益冲突无法回避。透视其实质,则是城市空间利益的正当分配问题,尤其在因为重大选址而引发的群体性事件之中,特定项目的相邻关系人或者所在区域的公众,对于城市空间

---

⑲ 刘志月:《武汉 79 位业主讨要采光权首获胜》,载《法制日报》2015 年 5 月 23 日,第 8 版。

⑳ ［日］大塚直:《日本环境法的理念、原则以及环境权》,张震、李成玲译,载《求是学刊》2017 年第 2 期。

“配置什么”“如何配置”“谁来配置”都提出了质疑。[21]

(三)面向未来时序上社会稳定风险暗存

美国的房地产行业发展史上,财政分区制曾经引发巨大争议。财政分区的原初意涵是将那些不为地方政府分担提供公共服务费用份额的家庭排除在城镇区划之外。但现有研究表明,包括财政性分区在内的土地利用分区制度作为美国地方政府对于土地开发活动进行管理的一种主要手段,一定程度上有效保障了社区居民的健康、安全、道德水准与普遍的福利,但财政分区制也导致了“阶级和种族隔离、土地资源和基础设施开支的浪费、交通流量的增加和交通拥堵、环境污染和生态环境的破坏、中心城市的衰落和城市危机、大都市区政治体制的巴尔干化”[22]。而面向未来审度,都市空间隔离加剧与公共服务差别扩大化让我国城市建设进程重蹈美国城市规划史上覆辙、酝酿社会不稳定因素的风险骤然加大。

四、房地产税法对城市空间形态异化的矫正功能

(一)美国房地产税征纳过程中税基认定的技术分类与细节考量

在美国,对于不动产征税时税基认定与经济价值评估、分区规划与综合规划早已不是相互独立的事项,这三者在房地产税征收过程中紧密相连。在 *Martindale v. Department of Revenue*(1972)案中,俄勒冈州税务法庭在判决中指出:在未对现有的分区限制进行考量时,不动产估值人员无法进行正确的判断。标志性的 *Baker v. City of Milwaukie* 案判决强化了综合规划在俄勒冈州的作用,其认为综合规划对于地方政府而言应当是指导性的规划文件,这种指导性地位在与规划分区地位、不动产估价导则相关的州法中也有体现。如图 1 所示,以不动产所有人 A、B、C、D 拥有的四块地产上的空间利用形态为例,可以一窥美国房地产税征

[21] 陈越峰:《城市空间利益的正当分配——从规划行政许可侵犯相邻权益案切入》,载《法学研究》2015 年第 1 期。

[22] 孙群郎、郑殿娟:《美国地方土地利用分区制与大都市区的低密度蔓延》,载《郑州大学学报》(哲学社会科学版)2015 年第 11 期。

纳过程中税基认定的具体方法。[23]

在图 1 所示的情形一之中,综合规划[24]与分区规划并无冲突,综合规划与分区规划均将该片土地使用用途定位为单户家庭居住。土地所有人 A 拥有整块土地的所有权,但现有问题是对于图中空闲部分如何征税?依据美国俄勒冈州地方法律,空闲部分将会被认定为单户家庭居住单元,而由于多户家庭居住区域与综合规划与分区规划相冲突,相对于规划内容而言,其是更高密度的使用,其将根据实际用途被定义为多户家庭居住区域,以此来完成估价与征税。

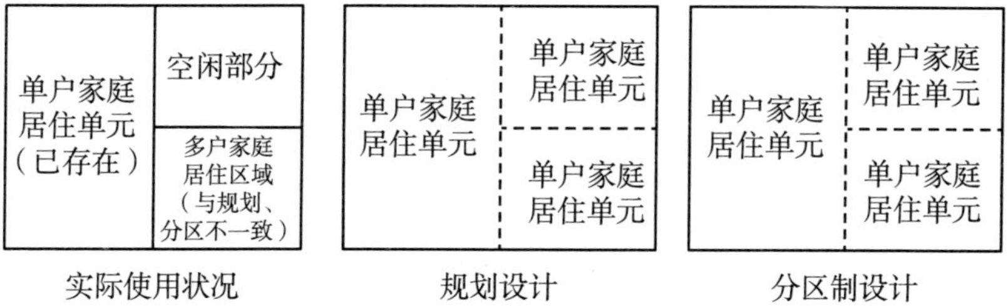

图 1

在图 2 所示的情形二中,与情形一类似,综合规划与分区规划是协调的,均将该地块用途认定为商业性使用,但是在实际使用中,一部分地块被用作单户家庭居所,另一部分处于空闲状态。土地所有人 B 所面临的情形:单户家庭居住相对于商业使用属于对规划要求而言的相对较低密度使用,这种程度的使用是被允许的。但是在认定价值时,即使考虑到了其经济利用价值的弱化,整个地块(包括居住部分与空闲部分)都应被认定为商业性使用。

---

[23] 本部分内容参见俄勒冈州立大学社区发展项目:"规划、分区与不动产税评估:内在关联",http://ir. library. oregonstate. edu/xmlui/bitstream/handle/1957/24604/ECNO958. pdf? sequence=1,最后访问时间:2017 年 6 月 20 日。

[24] 与我国《城乡规划法》中规定的城市总体规划有类似之处。

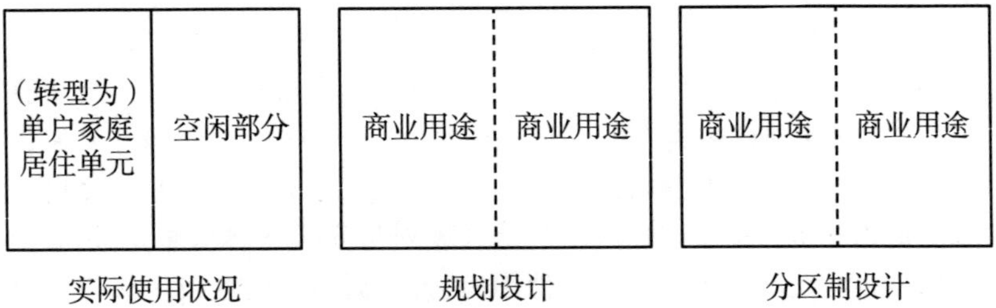

图2

在图3所示的情形三中,综合规划与分区规划相冲突,综合规划将该地域定位为单户家庭居所,而分区规划将其定位为多户家庭居所,但实际使用状况是部分地块被用作多户家庭居所而另一部分地块处于空闲状态。土地所有人C面临的估值状态则更为复杂:由于综合规划只允许该地块被作为单户家庭居所,因此空闲地块可以由于相对较低密度使用而被认定为单户家庭居所并完成估值,而多户家庭居所为综合规划与分区规划所不认可,依据实际使用原则,其将被以多户家庭居所标准估值并征税。

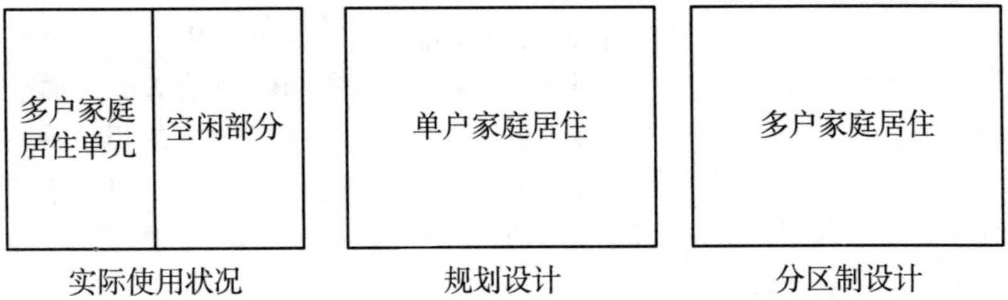

图3

在图4所示的情形四中,综合规划与分区规划依然冲突,分区规划将该地块功能定位为单户家庭居住而综合规划将其认定为商业地块,而实际上该地块上有单户家庭居所,也有多户家庭居所,还有一部分地块处于空闲。土地所有人D面临的情况则是:高密度使用与低密度使用概念的内涵将会直接影响到对其所有地块的经济价值评估。

图 4

例如,在情形四之中,低密度使用的分区规划并未与综合规划发生绝对的冲突,尽管美国部分地区的规划可能直接列明不允许低密度使用,但是在无确定说明的本案中,空闲地块将被认定为单户家庭居所并估值。本案中的多户家庭居所(已经预先存在但与分区规划不符合)将会被依据其实际使用密度来估值,对 D 最不利的情况是如果规划明确了不允许低密度使用,其将会被按照商业地块估值并征税。

在美国的房地产税征纳实践中,城市规划、分区制、居民对于空间的利用、地产价格的形成等因素交织作用,经过数十年的实践,其已经形成了相对清晰的规则体系与丰富的经验积累。考虑到我国城镇化的后发背景与全球范围内城市建设的历时性规律,其经验可以在我国房地产税制构建进程中参酌考量。

(二)房地产法税法制度设计中的城市空间异化矫正功能

房地产税如若开征,我国传统的所得税与流转税并举的主体税种格局可能转变为所得税、流转税、财产税三者并立的主体税种格局,而房产税也很可能成为地方的主体税种,在地区发展与城市建设过程中发挥重要的资金来源作用。但面临着纳税人不明确、土地与房产的关系法律规定模糊、具体征管难度大等现实不利因素考量,房地产税法的城市空间形成功能作为其社会功能的重要体现,既被忽视,也面临被异化的不利境地。为此,可以从以下两方面考虑强化房地产税法的城市空间形态异化矫正功能。首先是形成与地区城市规划的协同合作机制。实现房地产税法的城市空间异化矫正功能,有必要在立法进程中对于地方规划体系、不动产利用的整体战略、总体规划、国土空间规划与功能区规划加以关注。是否以相对明确的法律条文表述房地产税征纳体系与城市规划实施体系之间的关系,进而构建起房地产税法与城市规划法律法规之间的协同合作机制。其次是精细化征纳程序与税基认定技术。《不动产暂行条例》于 2015 年出台,不动产登记系统在逐步完善之中,借由全国范围内逐步统一的不动产信息系统,可以较为清晰地掌握作为课税对象的不动产本身的品质、性状、权属等,为夯实房地产税征收的信息基础提供了便利条件。在此基础上,细化征纳程序与税基认定技术并不是遥不可及的目标。

五、结语

以列斐伏尔发掘 20 世纪西方社会空间生产与空间压迫的机理为起点,到人文地理学与建筑学领域以城市空间和建筑空间为主轴展开空间正义的探讨,再到法学研究中法律地理学、法律与空间研究的萌芽,空间议题无疑已在社会科学研究之中拥有一定分量。与空间研究天然相容的财税法研究中的中央与地方关系、财政转移支付议题在城市治理与城市空间利益分配之中发挥应有作用也是理所当然。空间维度可能为我们认识财政税收和相关法律问题带来全新的视角,从理论层面来看,法与空间的研究或许能够打破目前中国法学语境中城市与乡村的二元格局,也能够打破部门法视域下平面化、简约化的法律观,从而走向一种人与真实的社会空间相融合的法理学。[25] 但是对这种“或许”我们要抱持一种更为警惕的目光,因为“中国并没有生成西方意义上的都市社会,不能简单地把空间理论套用到中国城市化之中。必须重新审视中国社会转型的总体特征、趋势及其城市发展所遭遇问题的一般性与特殊性,在更加自觉、规范的维度上借鉴空间理论框架,以推进中国化。”[26]房地产税法及其实施可能并不是一个专属于我国法制建设的命题,有诸多域外之音可资借鉴。美国联邦最高法院首席大法官约翰·马歇尔在 *McCulloch v. Maryland* 案判决中指出:课税的权力之中隐藏着毁灭的力

㉕ 谭俊:《法学研究的空间转向》,载《法制与社会发展》2017 年第 2 期。

㉖ 蔡运龙、任政等:《马克思主义地理学及其中国化:“跨国、跨界、跨代”知识行动》,载《地理研究》2016 年第 7 期。

量，对于关涉万千民众安居乐业的房地产征税，尤其应当力求慎重与稳健。而我国现阶段将财政作为国家治理基石的定位、各级地方政府面临事权与支出责任尚未理顺的困难、房地产税法先行试点多年却欠缺立法授权、城市规划与城市建设随意性尚未得到遏制的窘迫等诸多面向共同构成了专属于我国现阶段的特定时空下的城市空间治理中房地产税法发展遇到的需要认真面对的命题，在直面这一棘手命题时，不妨回归到治理能力“基础的基础”——具体地块上的利益识别与确认。充分重视房地产税法借由税基塑造而发挥的城市空间形成功能，在与城市规划体系相协调的基础上，夯实基础后前行，“慢慢地陪着她走，慢慢地知道结果”。

交流与对话

韩中税法学会间国际学术交流的回顾与展望*

[韩]玉武锡**

目　　次

2016 年是韩中两国税法学会之间进行国际学术交流的第 10 年,也是韩国税法学会成立 30 周年。通过本论文,可以了解到韩中两国进行的五期国际学术交流,也可以从税法历史层面上看出韩国税法学会和中国税法学会的学术发展过程。

笔者按照时间顺序以及案例类别,依次介绍两国共同关注的税法争论焦点,并且分别阐述了笔者的观点和意见。本论文的主要内容如下:

首先回顾了韩中两国学会间举行的五期交流活动,具体介绍了每期

---

* 本论文为 2016 年 12 月在首尔召开的韩中税法学会学术交流研讨会的主旨发言论文,在韩国税法学会《租税法研究》第 23 卷第 1 号(2017 年 4 月)上发表。

本论文由 Young-ae Joo(中国律师,韩国梨花女子大学法学硕士)、Hee Jeon(韩国梨花女子大学博士生)、李瑟(北京大学博士生)翻译。

** 玉武锡,韩国梨花女子大学教授。

提议的主题和发表人的演讲内容,紧接着介绍了中国税制法治化十年的变化过程。在本文中,笔者一目了然地整理并详细介绍了中国新企业所得税的法典化以及直接税的单一化过程、增值税的引进和大型间接税的单一化过程,还有类似于韩国在与国家财富管理密切相关的抑制房地产投机引进的土地税制相关议论,国际税收中税收条约政策执行的变化,以及转移定价税制的内容。

其次,本文还提及两国学会未来可能共同关注的话题:两国交流产生影响的税制即股票境外转让税的外国纳税控除问题、增值税的代理征税问题、对股息所得的外国纳税控除问题等遗留问题和东亚三国学者将探讨的长期性课题即引进环境税问题、中国税收通则法的引进等课题。

最后结论部分,笔者提议,韩国、中国和日本在世界税制的协调发展的国际议程中,需摆脱过去的周边性立场,应该更加积极地扮演国际性讨论的核心角色。

一、欢迎两国税法学会的交流

在亚洲,普遍认为世界化的第一步是欧化,称其为“脱亚入欧”。但这并不说明亚洲整体文化水平上升至欧洲水平,其形容的是亚洲的周边地域性即以当时的标准先达到欧洲水平世界化的国家依次进入欧洲体制,以税法为主题的两国间学会也可以看作是试图克服周边性而进行的交流。

进入 2000 年后,韩国、中国以及日本等东亚地区的税法学会认识到需克服税法体系的周边性及为实现东亚地区税法领域法治化进行学术交流的必要性。因此到了 2006 年韩国税法学会与中国财税法学会间依次相互访问并为进行学术讨论交流而签订了两国间的学术交流协议。原定为 5 年的交流期限目前自动延长至今天第 5 期的交流活动。

回望过去,玉武锡教授在 2005 年作为韩国税法学会的研究理事来筹划韩中之间的国际学术交流时,还不确定韩中间的学术交流是否能成功,但从目前持续进行的中韩税法方面的学术交流来看,不禁大有今昔之感。尤其今年是韩国税法学会成立 30 周年,在首尔举行的中韩税法学会间的国际研讨会对两国都是意义非凡的学术活动。

因此在正式地发表主题之前,对参与此研讨会的中国各代表团成员表示热烈的欢迎,并且向为了此次学会的成功召开奉献的韩国税法学会高管、各成员,韩国方面的主持人、发表人以及讨论人致以最诚挚的感谢。

二、韩中税法学会间为实现税法领域法治化的合作过程

(一)了解两国学术交流开始的背景

韩国与中国在 1992 年 8 月 24 日签订了具有历史性意义的建交协定,称之为"历史性"是因为尽管存在体制上的差异,但两国的建交可以把错综复杂的历史遗留问题更加明朗化,成为探索两国间新发展的契机。韩国与中国税法方面的交流也是在两国之间这样的背景下开始的。

回顾早期交流时的初衷,两国间进行交流的契机是为建立更加系统的学术体系,以中国法学会财税法学研究会(现"中国财税法学研究会")为中心召开定期学术例行会议之外,为获得国际上的税法资讯,开始邀请各国学者举办专门研讨会。尤其韩中税法学术交流开始于 2006 年 11 月 22 日至 24 日在首尔举行的韩中学术研讨会中两学会之间签订的学术交流协议。①

2006 年韩国与中国间的税法领域学术交流开始的背景反映了两国对学术交流的期待及其必要性,当时中国为了吸引外资,借鉴韩国加入 OECD(经济合作与发展组织)及 WTO(世界贸易组织)的经验,为克服经济发展带来的经济开放压力,不得不重新制定基于本外国人平等原则的税法制度,但也缺乏与之相关的理论知识。即使在这种背景下,也不能忽视两国 10 年的交流历史对韩国税法学会 30 年研究道路上产生的重要意义,在中国财税法学会的角度考虑也是为实现中国财税法治海外研究成果的过程。

(二)回顾两国学会间国际学术交流历史

1. 第一届韩中研讨会

两国税法学会间历史性的交流始于 2006 年 11 月 23 日至 24 日为期

① 参见刘剑文:《走向财税法治;信念与追求》,法律出版社 2009 年版,第 14~15 页。

两天在首尔举行的研讨会。第一届研讨会在全国银行联合会研讨会举行,其最大的意义为此研讨会是包括韩国、中国、日本三国参会的国际性的研讨会。参加人员有现北京大学法学院张序文院长、刘龙亨会长,中央财经大学汤贡亮教授,中国人民大学徐孟洲、朱大旗教授,中国政法大学施正文、吴日焕教授,首都经济贸易大学的周序中教授等。[②] 2004 年 10 月作为事前研讨会,韩国税法学会及韩国国际税收学会以"对外交易投资和国际租税"为大主题,邀请韩国、中国、德国、美国、日本的著名学者及实务专家参会并进行了发表。[③]

2. 第二届韩中研讨会

2007 年 11 月 24 日,在北京人民大学法学院国际会议室以圆桌会议的形式举行了第二届中韩学术研讨会。此次会议中,韩方发表的主题包括玉武锡教授的"中国企业所得税法的制定与东北亚地区的税制协调",安庆峰、吴允教授的"韩国的租税回避防止规定和一般的租税回避防止规定导入方案",朴薰教授的"韩国税法上内国法人和外国法人的区别基准",还有李镇永会计师的"国际的资本移动和过少资本(资本弱化)税制"。[④]

玉武锡教授的上述主题中针对中国 2007 年 3 月 16 日第十届全国人民代表大会第五次会议上通过后于 2008 年 1 月 1 日开始施行的《中华人民共和国企业所得税法》[⑤]提到了以下内容。首先,在中国经济成长的背景下,该新企业税法与其他的法律制度共同被评价为是试图转换成世界先进水平体系的努力成果,并且也与其他东北亚国家的法制拉近了距离,为已进军中国的相邻国家企业提供了企业运营所需的适当性调查(feasibility study)和税务危险管理(tax risk management)方面公开的

---

② 第一次研讨会"2006 年韩中日共同参与首尔国际税法学术大会"相关资料参考韩国税法学会,《租税法研究》第 13 集 1 号。

③ 与此相关的内容,记载于韩国国际租税协会,"2006 年 6 月东北亚三国间国际税法会议",《租税学术论集》第 21 集 1 号,2005 年。

④ 有关第二次研讨会的记录收录于韩国税法学会,《租税法研究》第 14 集第 1 号,2008 年 4 月。

⑤ 此法的原始名称是《中华人民共和国企业所得税法》,以下简称新企业税法或者新税法。

标准,以此来提高预测可能性。⑥

此研讨会上韩国税法学会的李泰鲁教授亲自参会,并对亚洲税的未来发展进行的贺词印象尤为深刻。⑦

3. 第三届韩中研讨会

第三届学术大会韩国税法学会依次邀请了中方的学者和相关人士来首尔参会。2011 年 4 月 28 日、29 日为期两天的时间,在韩国国会立法调查处会议室里举办了以“韩中企业所得税的诸问题”为主题的韩中国际学术大会,当时获得了韩国国会立法调查处的积极赞助,国会立法调查处处长以及作为韩国税法学会的顾问李周永国会议员也进行了贺词。

中方演讲主题中,汤贡亮副会长以“中国的企业所得管理方面的问题和对策”为演讲题目、中国政法大学的施正文教授以“中国合伙企业所得税收制度”为演讲题目,首都经济贸易大学的周序中、彭艳芳教授共同发表题目为“企业借款息所得税前控除制度的法律探讨”的演讲,韩国的金锡焕、李恩美、金完镒等演讲人介绍了与之对应的韩国制度。

此外北京大学教授、刘剑文会长发表了题为“中国反避税法的新进展”的演讲,华东政法大学的陈少英教授发表了题为“论非居民企业股权转让所得税的法律问题”的演讲,笔者对此印象非常深刻。当时仍然

---

⑥ 参照玉武锡,同发表文及韩国税法学会,《租税法研究》第 14 卷第 1 号所收论文,2008 年 4 月。

⑦ 此时,中方的发表内容如下。俞光远(中国法学会财税法学研究会副会长、全国人大预算工委法案室原主任、研究员):《中国企业所得税的优惠政策和反避税措施》;马海涛(中国法学会财税法学研究会常务理事、中央财经大学财政学院院长,教授):《企业所得税改革中的计税工资、附加福利问题研究》;朱大旗(中国法学会财税法学研究会常务理事兼副秘书长、中国人民大学教授):《对中国〈个人所得税法〉修订的思考》;汤贡亮(中国法学会财税法学研究会副会长、中央财经大学教授):《国际上地方税制建设的经验借鉴及完善中国地方税收法律制度的思路与建议》;滕祥志(中国北京君泽君律师事务所律师):《试论实质课税原则应成为我国税法的基本原则——以一起房地产预售与回购引发的税案为例》;陈少英(中国法学会财税法学研究会常务理事、华东政法大学教授):《受控外国公司所得归入规则比较研究》;李荣(律师,北京市君泽君律师事务所高级合伙人):《〈企业所得税法〉优惠规定之于企业竞争力》;涂龙力(中国法学会财税法学研究会常务理事、辽宁税务高等专科学校校长、教授):《完善企业所得税优惠制度的若干思考》等。

是以新制定的企业所得税法的内容和以此为中心的避税防止为核心主题。刘剑文教授演讲中强调从 2008 年 1 月 1 日起施行的《中华人民共和国企业所得税法》是本国企业所得税和外资企业所得税统一的单行法税制，其中需关注的课题是与反避税相关“特别纳税调整”的规定，⑧对此提及了初期的运营经验。总共由 8 个条文构成的特别纳税调整规定，主要有独立价格原则、纳税人的资料提交义务、作为限制性规定的分则规定有受控外国企业、过少资本（在中国称为资本弱化）⑨。另外明确企业避税行为的责任，由此追究避税行为和征收滞纳税，⑩转移定价调整程序、转移定价事前合议制度等，笔者对转移定价调整程序和转移定价事前合议制度在之前的第二届学术大会发表的论文中已提及，当时高度评价了共同开发费用分担约定（cost sharing agreement）的新颖性。此制度在韩国是接受 OECD 的建议并在当时新增的规定。另外从陈少英教授的发言中可知上海市作为中国经济的中心，上海股票交易所也作为股票交易的大本营，因此对于股票交易的征税问题税法专家们已经进行过探讨，回顾目前的沪江通股票相互交易（韩国称为交叉交易）时代可知是非常好的研究课题。

4. 第四届研讨会

2013 年 10 月 11 日召开的第四届中韩财税法国际研讨会，受中国山西太原山西财经大学薛建兰教授的邀请以“韩中不动产（房地产）税制”为主题举行，活动由中国财税法学研究会和韩国税法学会筹划会议形式并由山西财经大学主办。韩国方面参加人员有玉武锡会长、金完镒副会长、卞慧正教授、郑盛允检察官、金泰浩地方税研究院本部长、金雄熙税务社会研究部长人士，会议上从多方面介绍了国税、地方税以及金融危

⑧ 另外，具体执行规定有 2009 年 1 月国家税务总局发表的《特别纳税调整实施办法（试行）》，此办法在后期成为中国转让。定价税务调查方面里程碑式的规范。

⑨ 《特别纳税调整实施办法（试行）》第 7 条：资本弱化管理指税务机关根据所得税法第 46 条的规定，就企业从特殊关联人获得的债权性投资和企业获得的权益性投资比例是否符合所规定的比例或者依据独立交易原则而进行审核评价、调查和调整的业务总称。

⑩ 韩国税法学会 2011 年韩中国际学术大会发表论文集，《韩中企业所得税的若干问题》，2011 年 4 月，第 335~345 页。

机以后根据韩国不动产价格变动趋势的税制变迁过程。[11]

另外还有很多中国台湾地区教授以及中国大陆教授参加。主要包括,刘剑文会长、华东政法大学陈少英教授、山西财经大学的薛建兰教授等。当时中国处于房地产价格暴涨时期,除了依据房地产税法的房产税(相当于韩国地方税的财产税),对房地产开发者征收转让所得税也成为热议话题,特别是重庆、上海等以地方政府为中心的房地产税制改革问题被集中探讨,因此当时研讨会成为诸多人关注的对象。[12] 当时第一次经历离开中国北京的华北地区的旅行,就如珀尔·布克所言,华北广阔大地(the good earth)晚秋的素颜和中国德国式ICE列车(城际快车)的组合及列车华丽的特等座至今令人印象深刻。

三、韩中研讨会中的中国税收法治化道路

在这一部分应该均等地介绍韩国税法法治化道路和中国为追求税法法制所付出的努力,但在韩中的国际交流期间将从韩国的角度介绍中国为了税收法治所付出的学术上的努力。[13] 每次学术大会基本上针对当时热点主题进行讨论,因此若综合每个章节介绍的主题可知都是围绕中国税法上的热点话题展开的。

(一)中国企业所得税法制定与其法典化

中国的税制变化的基本理念始于中国宪法开始的税制法制主义的完善。自2008年开始施行的中国《企业所得税法》中可知,中国从1980年年初开始对外资企业以及沿岸特区进行社会主义性质的资本主义试验结束后,中国经济进入了依赖于中国资本的自主资本主义建设阶段,并且从中国制定的上述先进税制可看出与已经编入此制度的日本以及即将

---

⑪ 以上韩国方面发表的论文收录于中国财税法学会刘剑文主编、薛建兰执行主编:《财税法论丛》(第15卷),法律出版社2014年版,第1~88页。

⑫ 介绍不动产税制改革的中国趋势,可知从2013年后到目前为止,中国的不动产税制改革进行得比较稳定,尤其是2015年6月1日,全国人民代表大会常务委员会发表("十二届全国人大常委会立法规划"(中国人大网2015年8月3日,http://www.npc.gov.cn/npc/xinwen/2015-08/03/content_1942908.htm)后,正式将房地产税法作为34个立法规划中的一项。

⑬ 若再有机会希望可以接触有关中国方面的回顾资料。

进入此制度的韩国将共同在世界经济全球化的舞台上发挥重要的作用。

20世纪90年代初期中国拥有针对外资企业和本国企业区别适用的双重税法体制,但目前适用单一的企业所得税纳税制度。中国通过新的企业税法取消本国与外国企业间的区别适用是自加入WTO后为形成本国企业和外国企业间公平竞争的环境而进行的。

而且,通过分析新的企业税法可反映出,除了借鉴亚太地区的韩国和日本的经验外,中国税务局参加了为形成国际性税法法规而成立的各个国际机构并取得成效。世界主要交易国之间为了防止自由贸易中发生的双重纳税问题,认识到贸易中国际税法的重要性,并且为了形成成文且规范的国际税法而努力。成文化意味着克服中国依赖“关系”的惯例,建立客观且透明公开的税法法律关系。

(二)增值税的引进和单一间接税

中国在1994年废除作为间接税的工商统一税并引进了增值税。此前韩国在1977年7月引进了增值税和补充税即特别消费税(之后改为个别消费税),日本在1989年引进消费税,中国台湾地区在1986年引进了消费税,这些地方共同采用了欧洲式的“前段阶买入税额控除方式”。中国大陆引进增值税时并没有把商品和服务都作为征税对象,在服务方面一直征收营业税⑭,但从2016年5月在服务方面也开始征收增值税。⑮ 因制度的变化与海外企业税务方面好像存在一些摩擦,⑯另外最近个人开设购物(electronic shopping mall)网站等引发的电子商务贸易

---

⑭ 营业税是阶段性消费税,因此发生累计效应(cumulative effect;cascade effect)。但与德国进行相似消费税改革的中国,没有忽视营业税税收的比重。

⑮ 中国财政部国家税务总局2016年3月23日发布《关于全面推开营业税改征增值税试点的通知》(财税〔2016〕36号),从2016年5月1日起在营业税转换增值税的范围中包含了房地产行业、建筑业、金融服务业和生活服务业,规定了对上述行业中替代营业税适用增值税的规定。增值税率以6%为原则,房地产租赁业适用11%的税率,有形动产租赁服务提供行业适用17%的税率。参考附件1:《营业税改征增值税试点实施办法》第15条。

⑯ 对于最近征税方面的问题点将在后面进行陈述。

的征税以及海外直购贸易税法上的征税问题也急需解决方案。[17]

增值税的结构在全世界范围内基本相似,因此不需要特别说明,但是与增值税税率的调整和商品的进出口相关如何解决原产地主义和目的地主义以及电子商务的消费税征税问题需要慎重考虑。[18] 在增值税中采用原产地主义(origin principle)或者目的地主义(destination principle)并非简单的问题,要考虑在统一单位内所有的贸易与国内贸易是否被同等地对待。若如欧洲一样取消国际间贸易中的关税壁垒,从要求边境调节的增值税特点上分析,可能会采用原产地主义。

(三)抑制不动产投机税制的引进

不动产与经济的浮沉有着密切的联系。中国在 2010 年出现不动产投资过热情况后,征收制裁性不动产(房地产)税成为持续议论的话题。尤其在 2012 年 6 月,由陈少英教授主导,在上海华东政法大学举办的房地产涉税法律问题国际高峰论坛中共发表了 32 篇论文,特别是不动产开发公司(real estates developer)对此有着极大的兴趣也参与了讨论。

此次的学术大会是以江南地方政府为中心,针对上海和重庆不动产价格的暴涨如何制定抑制投机税制方面获取信息的国际研讨会。研讨

---

[17] 但最近由于美国贸易保护主义引起的边境调节税(border adjustment tax)的议论时超越了与目前讨论相关的政策性前提(美国边境调节税相关的新闻参见 Barney Jopson, Sam Fleming and Shawn Donnan, "Trump and the tax plan threatening to split corporate America", *Financial Times*, February 14, 2017, https://www.ft.com/content/008532fa-ef7a-11e6-ba01-119a44939bb6)。

[18] 1996 年之后会员国之间出口的货物中变更了原始的消费地征税问题,决定适用原产地征税原则,意味着会员国之间不承认出口的概念。因此不承认出口免税(VAT exempt),但原产地国的增值税从进口商应缴纳的增值税中作为前阶段的税额扣除[Council Directive of 16 December 1991supplementing the commoc system of valve added tax and amending Directive 77/388/EEC with a view to the abolition of fiscal frontier(91/680/EEC),相关内容可在现行欧洲共同体委员会的"增值税共同体之的施行指南"(Council Directive 2006/112/EC of 28 November 2006 on the common system of value added tax)中查找。TITLE IV—TAXABLE TRANSACTIONS, Chapter 2—Intra-Community acquisition of goods; TITLE VI—CHARGEABLE EVENT AND CHARGEABILITY OF VAT, Chapter 3—Intra-Community acquisition of goods; TITLE IX—EXEMPTIONS CHAPTER 8 Exemptions relating to certain Transactions treated as exports, Article 151]。

会由主要国家专家参加会议，除美国和澳洲教授外，韩国方面由笔者和安庆丰教授受邀参加。参会后发现此研讨会中参加人士替代“不动产投机”而使用了“不动产价格暴涨”的中立性的词语来叙述案例并准备对策。另外，此研讨会中对于引进作为新税种的房产税的制度适当性问题进行了激烈讨论。房产税在研讨会召开一年前的2011年已在重庆和上海进行了示范性的引进，上海方面规定大型新建住宅，而重庆方面规定包括高级公寓和别墅的高级住宅为不动产税的征收对象，并且两个地区的不动产税率定为1%。[19] 根据最近的消息，对地方不动产税的征收存在批判性的观点，但全国人民代表大会制定了截至2020年将扩大至全国的方案。[20] 外国媒体对此报道了专家意见，“不动产税法草案已完成，最快在2017年内可以提交到全国人民代表大会常务委员会，若按照中央的计划[21]，2020年前可在全国范围内施行”[22]。此外参加上海的研讨会后，闲余时间游走上海市区，感受到上海因为过去曾经作为法国租界以及与法国南部植被相似，其建筑以法国南部的形象为基础建设，以黄浦江作为画幅，受到夜间景色照明的外滩以西地区和新天地浦东地区以东的景象，仿佛印象派画家画的一幅画，色彩斑斓照射在河面上，我对这个景象印象特别深刻。

日后韩、日、中三国共同关注和可以相互合作研究的不动产相关主题包括：第一，随着中国经济规模的扩大，考虑对外房地产投资政策变动

---

[19] 对中国房地产税制具体试行详细介绍：参见申锦美：《中国房地产税制改革和展望》，《中国专家论坛》对外经济研究员，2016年10月6日；之前相关过程介绍，参见金恩敬《中国最近房地产税制改革及动向和日后的展望》“China Insight 2, Future Strategy & Business Development”，新韩银行，2009年3月10日。

[20] Money today“中国房地产税关心暴增……拥有多处房产所有人是否存在保有税”，参见2017年2月26日新闻(http://news.mt.co.kr/mtview.php?no=2017022611430656145)。

[21] 全国人民代表大会常务委员会法律工作委员会发起草案于2015年3月通过中国共产党中央委员会的审议《贯彻落实税收法定原则的实施意见》，计划至2020年为止废除所有的暂行条例或提升至法律的形式。

[22] 这一部分作为北京大学刘剑文教授的意见，参见新浪网新闻中心：《房地产税草案已成型 专家：2020年前或出台》，2017年2月28日，载 http://news.sina.com.cn/c/nd/2017-02-28/doc-ifyavrsx5360159.shtml。

趋势的对韩不动产投资;第二,日本尤为关注的作为大地震灾害对策的对韩房地产投资;第三,考虑日本经济恢复所带来的不动产投资激活趋势,作为不动产投资政策的一部分可能引进的税法上的促进制度(Golden Visas 制度)和相关监管制度等。[23]

(四)外国人、国际税收,转移定价税制

国际税法可以说是以转移定价为中心展开的。2008年的中国的新企业所得税法规定了对外商投资企业的税法内容,尤其是废除了只承认针对外资企业的税法特别措施,引进了国际上公认的概念,被认为是中国的税制拥有国际标准(international standard)的整合性并逐渐向着可预测的形态变化,可以评价为中国已经拥有国际化的税制。中国转移定价的税制和其他亚太地区的国家不同,共同适用于外国企业和本国企业,因此十分特殊,初期的立法是根据 OECD 1995年的指南(Transfer Pricing Guidelines for Multinational Enterprises and Tax Administrations)[24]和 OECD 创新性金融交易特别委员会(Special Sessions on Innovative Financial Transaction)在1998年3月公布的国际金融贸易转移定价的指南草案(OECD, Taxation of Global Trading of Financial Instruments)[25],目前中国是作为 OECD 的观察员国家身份参加会议。除此之外还有外国纳税控除(同法第23条),转移定价税制(transfer pricing)(同法第41~

---

[23] 对这一部分的现行研究参见玉武锡:《济州特别自治道的房地产投资促进制度以及对其监管制度的研究》,载《汉阳法学》2017年2月。

[24] 确切地说,OECD 转移定价税制指南在1995年制定第一章至第五章,1996年制定第六章到第七章,1997年制定第八章并陆续公布。指南的章节目录里可以看出第一章是独立企业的原则,第二章是传统方法,第三章是其他方法,第四章是防止转移定价纠纷及其行政性对策方案,第五章是文件的制作及管理,第六章是无形财产,第七章是关于集团内部劳务观察,第八章是经费分担契约。在步入1999年后公布了为事前价格合议有关的相互合议程序附件。(修改内容的简单介绍有 John Neighbour, OECD Releases Two New Annexe and a Revised Glossary to the Transfer Pricing Guidelines for Multinational Enterprises and Tax Administrations, Inter Tax, 1998. 6-7. p. 200。)

[25] 传统的论议有 John Neighbour, "The Taxation of Global Trading of Financial Instruments", *Tax Notes International*, April 20, 1998。

44 条)[26],资本弱化税制(thin capitalization)(同法第 45 条)所在地在国外的子公司部分所得分配视为本国的居民或本国法人股东的股息征税的外国子公司税制(controlled foreign corporations)和避税区税制(tax haven)(同法第 24 条),不当行为计算否认规定(同法第 47 条),如后面所述转移定价还包括共同费用分担约定(cost sharing agreement)的问题。

此外,与国际税法相关还有税收条约的滥用防止(the anti-abuse of tax treaties)或者非正常的条约优惠限制(limitation of tax benefit;LoB)和为此寻找有利税收条约的滥用税收协定(treaty shopping)等税收相关的主要规定等。目前实行转移定价的税制已过去多年,韩国诸多企业进军中国市场看似有着相当丰富的经验,但根据中国税务局的立场变化也引发部分税收争议。

四、对韩中遗留问题——税务课题的整理与提议

韩中之间的税务方面历史遗留问题可以理解为作为韩国和中国税务制度发展背景的经济发展情况相异引起的,将来可能需要两国的税法专家集团或者政府间的研讨会通过协商管理税务危险(tax risk management),下面分析这种税务危险产生的原因。

(一)韩中公司法制的不一致导致的问题

作为税法适用基础的企业法制上,两国存在很多不同点。中国公司法中,在合并税制方面不存在合并以外的分割、股权转让及交换等制度,公司的治理结构上虽有经理制度(参考中国《公司法》第 49 条)但没有支配人制度。因此存在"韩国的经营支配人制度是否为填补其间隙的中间制度"这样的疑问。

另外,韩国在国内母公司对海外子公司的借款支付保证(即内外保证)征税问题上围绕着企业集团出现了税务上的很多争论,中国好像也在外汇管理法中作为指南对其进行规制但还未到像韩国成为征税问题

---

[26] 国际投资中作为遗留问题的转移定价税制是通过 1990 年中期美国财务部规则(Treasury Regulations)第 481 条至第 482-9 条,美国本国税法(the Internal Revenue Code)的处罚规定第 6662(e)条和通过 OECD 指南(Guideline)成为目前现行体系。

议论的阶段。[27]

另外,中国的“沪港通”“深港通”即大陆的上海及深圳股票交易所与香港交易所之间的交叉交易被许可后,预测需要更加完善税制与交易相关法律,如果出现市场扩大效果,则需要改善的制度问题将大量出现。在这些问题点上,税法上的混合不一致导致的征税问题研究[28]及对衍生商品市场的交易税征收问题[29]等可能成为共同研究课题。

(二)韩中税收条约上的适用问题

韩中之间境外征税问题中作为其第一性的税收条约的适用上发生诸多法律上的征税问题。

近几年,韩国的学会中很多关于“税收绕让”相关问题发表的论文,也是法院保留观点的主题。[30]

中国的企业所得税规定对外国企业股息原则上以20%的税率征收所得税。但是中国《企业所得税法实施条例》第91条中规定,为了促进经济发展或其他的吸引税收措施,可减轻税收、免除或适用10%的税率。另外,韩国与中国之间签订的为避开双重征税与预防逃税的协议中(以下称为中韩税收协定)第10条第2项甲中规定了股息所得税率的限制税率为5%。因税收协定优先适用于中国国内法,所以中国子公司向韩国母公司支付股息时,实际代扣代缴的税率是5%,但在中国扣除的税额在韩国法人缴纳法人税时可作为国外缴纳税额,进行税额控除。

但是,中韩税收协定第23条第1项规定,“如是韩国居住者,可以用如下的方式避免双重征税。对在韩国以外的国家缴纳的税款,以遵守韩

---

[27] 对此参见玉武锡:《有关海外分公司境外借款母企业的支付保证相关研究》,载《法学论集》,花子大学校法学研究所,2016.9。

[28] 对此韩国国内研究成果参见具成权:《因混合不一致引起的征税问题研究》,载《租税法研究》,22-3,2016,第541页。

[29] 对此韩国国内研究成果参照俊奉,《衍生商品引进交易税对资本市场和国家财经产生的影响》,载《韩国税法学会研讨会资料》,2012.9.12。

[30] 分析韩国判例的相关趋势,最初的事件是首尔行政法院2013.12.3.宣告2013guhap6374判决;首尔高等法院2014年5月28日宣告2013nu53402判决;大法院2014年10月15日宣告2014du38019判决;大法院审理不速行驳回最终纳税人胜诉,但在最近的首尔行政法院guhap80123,2016年8月11日又判决纳税人败诉,正进行上诉程序。

国税收税额控除相关韩国税法规定为条件,对在中国获得的收入,不论直接支付或通过扣除,就根据中国法律与本协议缴纳的中国税收(在股息的情况下,对分配股息前的利润进行征收的税收除外)允许对该所得税征收的韩国税收中抵免。但是抵免额不应超过来源于中国境内所得占适用于韩国税收总所得的份额”。代替之前的第23条第3项,第2议定书第5条第1项规定“……3.本条第1项甲及第2项涉及的在一方缔约当事国缴纳的税若没有减轻、免除税收或为促进经济发展以外的税收引诱措施的话,将被视为包含应缴纳的税。该项在第10条第2项(股息所得)、第11条第2项与第12条第2项的情况下,将税款定为股息、利息及使用费最总额的10%”。即存在根据中国税法的减轻、免除税收或为了经济发展的税收引诱措施时,对股息所得的代扣代缴税额(实际上只有5%)为10%,可知在韩国是否适用外国缴纳税额控除对象是裁判争论的焦点。

另外在2008年1月1日中国开始施行新企业所得税法时,针对“从中国子公司收取的股息税款”,韩国国税厅的意见如下:㉛(1)2007年12月31日之前,中国子公司向韩国母公司支付股息时,免除股息所得的代扣代缴,对在韩国免除的税额适用“税收饶让”;(2)但在2008年1月1日起适用的新企业所得税法中废除了代扣代缴免除制度,因此对中国内没有固定营业场所的外国法人支付股息时要以5%(10%)的限制税率征收(韩中税收协定第10条);(3)并且2006年7月4日韩中第2次议定书生效后(2007年1月1日施行),从10%以上的中国子公司收取股息时,对子公司向中国缴纳的法人税方面韩国母公司可适用“税收饶让”。

(三)新《企业所得税法》与中国香港、内地之间税收协定关系

目前中国香港是亚洲金融中心(core finance center),同时也是通过深圳向中国内地投资的主要据点。因此,韩国也有很多企业在中国香港设置了通过进军本土迂回投资的基地公司(base company)。但是进入中国内地的本地法人即便有这样的投资环境,仍然适用中国新企业税法

㉛ 国税厅,国税厅发布的为进军中国企业的中国税法新闻,2008-3号,2008年3月。

上的基本法人税率 25%的税率(同法第 4 条第 1 项)[32],很难视为符合适用避税区税制的特定外国子公司等,从而通过香港向中国的大部分迂回投资可以利用该条约的优点。

但是,若在其他国家的国内法(home country)中将中国香港指定为避税区(tax haven),适用避税区税制时,中国香港当地法人未分配的留存收益会与该国国内母公司的(parent company)其他所得一并计算,从而失去迂回利用中国香港和内地税收协定税务上的优点。

最近发现中国税务总局将通过香港向内地的大部分迂回投资视为条约滥用事例或转移定价滥用事例,视为重点征税对象。根据中国国税总局 2015 年第 60 号[33]公告,税收条约适用方面从原本的许可制变更为申报制,表面看似放宽了对税收条约适用的监管,但实际上是税务当局强化了相关监管,大幅度增加了相关申报材料。因此预测对没有具备相关申报材料的纳税义务人或扣缴义务人的追缴案例将剧增。根据对 OECD BEPS Action Plan(经济合作与发展组织税基侵蚀和利润转移的行动计划)的立法留用相关措施,由于纳税资料(documentation)强化了对其管理措施,也偶尔发生韩国投资者香港法人的税收条约滥用追缴事例。

(四)增值税代理征收问题

接下来对服务方面的增值税代理缴纳相关问题进行分析。如上所

---

[32] 中国境内没有固定的营业场所或者与固定的营业场所无关的所得适用 20%税率(同法第 4 条第 2 项)。

[33] 中国国家税务总局公告,《非居民纳税人将通过自行评估享受税收协定待遇》(2015 年 第 60 号),2015 年 8 月 27 日公告,此公告开始实行于 2015 年 11 月 1 日,废除了关于《国家税务总局关于印发〈非居民享受税收协定待遇管理办法(试行)〉的通知》(国税发〔2009〕124 号)、《国家税务总局关于〈非居民享受税收协定待遇管理办法(试行)〉有关问题的补充通知》(国税函〔2010〕290 号)、《国家税务总局关于执行〈内地和香港特别行政区关于对所得避免双重征税和防止偷漏税的安排〉有关居民身份认定问题的公告》(国家税务总局公告 2013 年第 53 号)、《国家税务总局关于发布〈非居民企业从事国际运输业务税收管理暂行办法〉的公告》(国家税务总局公告 2014 年第 37 号)第 11 条至第 15 条以及《国家税务总局关于〈内地和香港特别行政区关于对所得避免双重征税和防止偷漏税的安排〉有关条文解释和执行问题的通知》的内容(国税函〔2007〕403 号)(参考包含于本附则的第 26 条)。

述,在中国,对境外提供服务废除了之前的营业税而征收了增值税。其中向境外提供的服务符合免税标准、范围时,也有不少因免税程序等不明确导致现实中征收增值税的情况频频出现,导致与外国企业发生许多纷争。比如,法务法人与税务法人的情况下,韩国国内母公司对在上海的当地法人委托咨询服务时,即使属于适用增值税免税条款对象,也会代理征收增值税。[34] 与此相关的问题若大范围地出现,对无形财产的增值税征税问题将被正式提起,因此需要对两国之间为协调适用税制方面进行探讨。

五、祈愿确保更加广泛的协作平台

以上回顾了十几年并不短暂的韩中税法学会之间的交流,能向各位韩中学者及实务专家进行介绍,对此深表感激。但是今天还没能来得及介绍与全球变暖相关引进环境税的讨论[35]、中国税收通则法制定相关的问题[36]、子公司境外股份转让相关的税制等遗留问题,但期待将来可以

㉞ 参照中国国税总局《关于全面推开营业税改征增值税试点的通知》(财税〔2016〕36号)第2条、第7条。

㉟ 在韩国对于环境税的议论可分为环境税制的引进和环保两部分。前者可以在国际税收协会(IFA,International 第50周年例行总会中议论的第1主题"变化的税收环境和税收行政"和包括第2主题并作为第50周年纪念研讨会资料的"21世纪税收体系的展望"(Visions of the Tax Systems of the 21 Century)(整理上述资料后出版的刊物为 International Fiscal Association IFA: Visions of the Tax Systems of the XXIst Century, Kluwer Law International,10/01/1997参考)中可找到。

第一主题是作为英国英格兰银行总裁的 Mervyn King 发表的提出作为新税源的环境税(这一时期与污染物质排除相关的《京都议定书》已经协议完成正等待各国的批准)相关论点为:(1)环境税是否成为税源缺乏的对策或只是单纯带来财富的、税收转移的手段;(2)环境税对生产和国际竞争带来怎样的影响;(3)多方协议或者条约的形式等国际上已经协议的环境税是否出现等作为关注的重点(玉武锡:《变化的税收环境和税收行政》,载《租税学术论文》第14集,韩国国际租税协会,1998,第48页)。东亚地区的环境问题把黄海作为内海的三国大气环境的特殊性、三国之间衰退产业的相互传播借鉴经验、考虑移动渠道因黄沙引起的大气污染的对策等是东方三国共同面临的解决课题,因此需探索其解决方案。另外韩国税法协会在2011年夏季学术大会作为主题也讨论了环境税。

㊱ 中国方面比较详细的资料是刘剑文:《重塑半壁财产法》,法律出版社2009年版,第145~169页;施正文:《税法要论》,中国税务出版社2007年版,第72~120页。

有讨论的机会。

此处想强调目前东北亚国家(包括日本)的财税法学术交流中三国应相互辅助,分析东北亚三国之间的税制世界化的过程,并且也是确定三国合作课题的必要时期。尤其,就韩、中、日三国自贸协议可能导致的税制协调问题,仍需一个以互惠互利的原则为基础共同探讨的平台。

税收是国家收入的主要来源,因此也作为很多国家的共同关注事项。希望以这些共同关注事项作为连接点,以“通过税法的学术交流”为旗帜,使中韩财税法国际研讨会成为促进亚洲国家之间友谊的契机。

图书在版编目(CIP)数据

财税法论丛. 第17卷 / 刘剑文主编. -- 北京 : 法律出版社, 2019
ISBN 978-7-5197-0182-6

Ⅰ. ①财… Ⅱ. ①刘… Ⅲ. ①财政法—法的理论—研究—中国②税法—法的理论—研究—中国 Ⅳ. ①D922.204

中国版本图书馆CIP数据核字(2019)第001846号

财税法论丛(第17卷)
CAISHUIFA LUNCONG(DI 17 JUAN)

刘剑文 主编
侯 卓 副主编

责任编辑 孙东育 王 珊
装帧设计 李 瞻

出版 法律出版社
总发行 中国法律图书有限公司
经销 新华书店
印刷 北京玺诚印务有限公司
责任校对 王晓萍
责任印制 陶 松

编辑统筹 学术·对外出版分社
开本 A5
印张 7
字数 198千
版本 2019年1月第1版
印次 2019年1月第1次印刷

法律出版社 / 北京市丰台区莲花池西里7号(100073)
网址 / www.lawpress.com.cn
投稿邮箱 / info@lawpress.com.cn
举报维权邮箱 / jbwq@lawpress.com.cn
销售热线 / 010-83938336
咨询电话 / 010-63939796

中国法律图书有限公司 / 北京市丰台区莲花池西里7号(100073)
全国各地中法图分、子公司销售电话:
统一销售客服 / 400-660-6393
第一法律书店 / 010-83938334/8335 西安分公司 / 029-85330678 重庆分公司 / 023-67453036
上海分公司 / 021-62071639/1636 深圳分公司 / 0755-83072995

书号: ISBN 978-7-5197-0182-6
定价: 46.00元
(如有缺页或倒装,中国法律图书有限公司负责退换)